● Japan's Automobile History
日本自動車史

都道府県別
乗合自動車の誕生
写真・史料集

Automobile Historian & Author
自動車歴史考証家

Isao Sasaki
佐々木 烈

MIKI PRESS
三樹書房

はじめに

執筆の依頼をいただいて平成18年7月から4年間、日刊自動車新聞の「車笛」欄に月1回各都道府県最初の乗合自動車について連載した。

そもそも乗合自動車の誕生について調査することとなったのは、新潟県の友人から乗合自動車が出ている熊本県の古い絵ハガキを送って戴いたことから、この自動車がどういう自動車なのかと興味をもち調べ始めたのが発端であった。調査はかなり苦労したが、解明できた喜びは大きかった。そこで、鹿児島県、宮崎県、長崎県と九州全県に手を伸ばし、ついに全国の乗合自動車の誕生の歴史を調べることとなったのである。

24年間日本の自動車史についての研究を続けているが、私の調査方法には手順があるので、それを熊本県の場合を例にして述べてみたい。

1．まず第一に地元の新聞を丹念に見ることである。熊本県では白川新聞、九州日日新聞、熊本新聞、九州新聞が国会図書館に保存されている。同紙の大正元年10月3日付けに「自動車試乗記」という記事があり、その前後から自動車の記事がたびたび報道されている。新聞は事件の年月日がはっきりしているので、最も重要な資料である。

2．次は自動車取締規則である。これについては私の恩師故大須賀和美先生から頂戴した「自動車日本発達史・法規資料編」が座右にある。自動車取締規則が公布されなければ、営業が許可されない。新聞に自動車を購入して乗合自動車を開始する、という記事が出ているからといって、必ずしも営業が開始されたとは限らない。これは注意する必要がある。

3．次は営業した人物調査である。熊本県で最初に営業を開始したのは熊本自動車運輸組で、社長が友常穀三郎、専務取締役が林千八郎である。この2人がどういう人物かを調べなければならない。林千八郎は九州日日新聞に「九州の人」という写真入りの紹介記事が出ているので略歴調査は省けた。社長の友常穀三郎は国会議員名鑑に出ていた。それによれば栃木県選出衆議院議員で、東京外国語学校に学び、明治法律学校教授、神戸の貿易商、長野の南信自動車会社社長、九州商業銀行頭取、九州東肥鉄道株式会社社長と、幅広い経歴の持ち主である。

4．次は会社登記簿である。これは私が20年間かけて官報と、法務局から収集した自慢の武器がある。明治16年から昭和21年までの全国自動車会社が収録されている。その中から南信自動車株式会社を引き出してみると、同社は明治44年12月10日設立、本店長野県下伊那郡飯田町886番地、資本金10万円、1株50円、払込14円で、社長神戸市山本町通3丁目1番地、友常穀三郎とある。そして取締役の1人に下伊那郡飯田町493番地の鷺津光之助がいる。九州日日新聞には、この鷺津光之助が、南信自動車株式会社が購入した2台のうちの1台を横浜から熊本まで運んで来て試運転を披露した、という記事が出ている。南信自動車株式会社と熊本自動車運輸組は同族会社ということになる。

南信自動車株式会社については15年ほど前に、この会社登記簿を頼りに取締役、監査役の住所を探し歩いたことがあるので、調査済みであった。
５．次は県の統計書である。統計書を見ると、熊本県では大正２年に２台、３年に３台となっている。熊本自動車運輸組の使用車は３台ということになる。
６．最後は購入した自動車の車種であるが、南信自動車株式会社が使用した自動車と同じものとすれば、これは日本自動車倶楽部が発行した業界誌「自動車」に掲載されていたフランス製クレメント・バイヤールとドイツ製のロイドである。つまり友人が送ってくれた熊本城を背景にした乗合自動車はロイドで、日奈久温泉入り口で撮った乗合自動車はクレメント・バイヤールということになる。

以上のように、熊本県の場合は長野県の自動車史を研究しないと解決できない問題を含んでいる。あるいは大阪自動車株式会社などは、会社は解散したが、後に残ったまだ何とか使えそうな中古車12台を売りに出した。安かったので全部売れた。大阪市以外に三重県、奈良県、島根県、鳥取県などで買ったことが判っている。島根県、鳥取県などは最初の乗合自動車である。これもなかなか複雑なことがあって調査が難しい。難しいだけに解決した楽しみはまた格別である。加えて全国の乗合自動車誕生の歴史が１冊にまとまり、今後の日本の自動車史研究に役立つのであればさらなる喜びである。

佐々木　烈

目 次

北海道・東北地方

北海道地方

北海道最初の
乗合自動車を検証する

1、北海道に自動車出現

明治43年（1910年）5月3日の「小樽新聞」を見ると、札幌大通り西6丁目の多力商会主ほか2、3名が購入した自動車が既に到着したので、近々札幌～円山間を1人片道20銭で運転を開始する、と報じている。

これが北海道に自動車が出現したことを伝える最初の報道である。

多力商会は医療器具の販売店で、小樽区手宮町にも支店を持っていた。多力商会の他に資金を出したのは、札幌区北一条東2丁目5番地の乾物、荒物商諸橋熊吉、札幌区南3条西4番地の薪炭商高橋栄祐、小樽区色内町11番地の砂糖、小麦粉卸業今井六郎らである。

自動車が到着したのはちょうど花見の季節で、1週間後には円山公園は花見客でにぎわった。

同年5月11日の「北海タイムス」を見ると、「自動車大当たり」という見出しで、

「札幌では（自動車を）初めてみる人が多い故か、この花見時を当て込んで開業したただ1台の自動車の繁盛といったら夥しい。勿論これは珍しいばかりでなく一つは経済的でもあるからで、花見時を見込んだ人力車の高値といったらない。皆が皆までとも言えないが、市内から円山まで6、70銭という法外な貪り方だ。然るに自動車は20銭だ。それもただ1台しか無いのだから、目の回る繁盛も無理のない」

と報じている。

また同年6月30日の新聞には、

「南一条西3丁目の路上で、自動車に驚いた荷馬車が暴れだし、制止させようとした馬車曳きが馬車の下敷きになって大怪我をした」

と報じている。直接衝突した事故ではないが、自動車による事故には違いない。

しかし1年後の44年5月6日に新聞に再び、「南一条新川側より円山間を往復する自動車が運転を開始」という広告が出ている。と言うことは、その後一時運行を中止し、1年後に再開したもので、別の営業者が開業したのではない。

2、自動車はベンツの中古車

さて、諸橋氏らが購入した自動車であるが、今井デパートの社史「丸井今井百年のあゆみ」に、今井呉服店前で自動車を見ようと集まった人々の写真が出ている。

写真が小さいので、株式会社丸井今井の秘書広報室にお願いして原版からコピーを送っていただいた。写真は2枚で、別に自動車の説明文が1枚あった。説明文には次のように書かれている。

「北一条東二丁目の商業諸橋さんと薪炭商高橋さんの共同で札幌で遊覧自動車を目的として東京から買ってきた中古車だった。間もなく使用出来なくなり、見世物として見料5銭で見せた」という。ドイツ・ベ

資金を出したひとり、諸橋熊吉

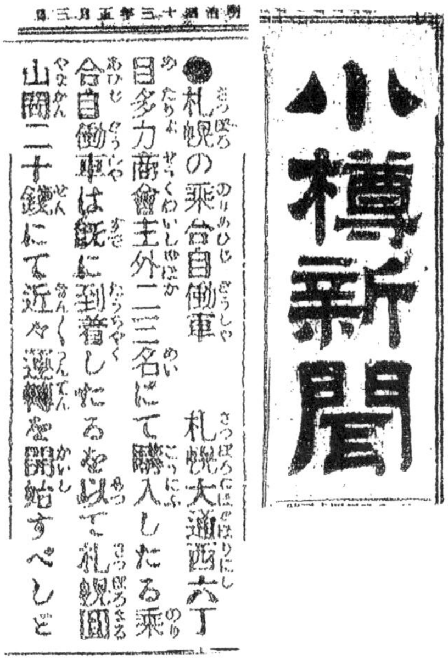

明治四十三年五月三日

小樽新聞

●札幌《さつぽろ》の乗合自働車《のりあひじどうしや》　札幌大通西六丁《さつぽろおほどほりにし》目《め》多力商會主外《たりよしやうくわいしゆほか》二三名《めい》にて購入《こうにふ》したる乗《のり》合自働車《あひじどうしや》は既《すで》に到着《たうちやく》したるを以《もつ》て札幌圓《さつぽろまる》山間《やまかん》二十錢《せん》にて近々運轉《きんくうんてん》を開始《かいし》すべしと

札幌大通り西6丁目の多力商会主のほか2、3名が購入した自動車が既に到着したので、近々札幌～円山間を1人片道20銭で運転を開始すると報じている

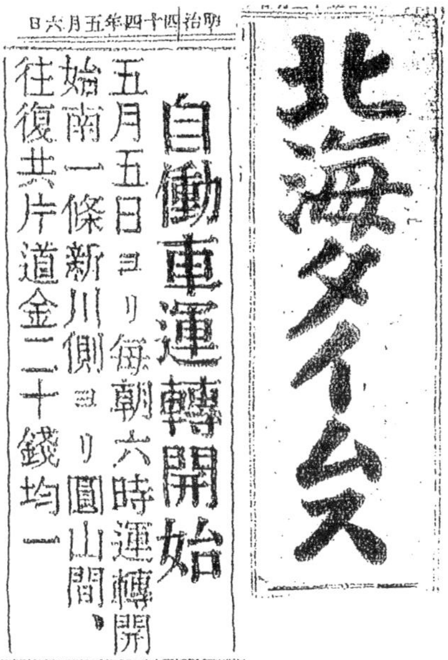

明治四十四年五月六日

北海タイムス

自働車運轉開始

五月五日ヨリ毎朝六時運轉開始南一條新川側ヨリ圓山間、往復共片道金二十錢均一

北海タイムスに掲載された運転再開広告（明治44年5月5日から）

ベンツを見に集まった人々で大混雑する今井呉服店前

ンツ製、ライトはアセチレン・ガス燈、エンジンは水冷式4サイクル、電気は乾電池でバイブレーション・コイルにより誘導、プラグ点火で発動したら、乾電池を切り換えイグニターを使い点火させて運転するという複雑なものであったという。

さらにこの自動車購入の経緯については、かつて丸井今井洋品店に勤めていて、昭和51年8月、北海道開発振興功労者として表彰された小柳周吉という人の回顧談を録音したテープが、道立文書館に残っている。その録音の中で小柳氏は、その自動車について次のように語っている。

「最初、横浜に自動車を買いに行った。そこで東京築地の帝国ホテルで中古のベンツを売りに出しているとの話を聞き、それで東京から横浜まで試乗して、具合が良かったら買うことにした。代金3千円はみんなの合資で、このうち千円くらいを今井六郎さんが出した。買ったベンツで円山へ花見に2、3回行った」

帝国ホテルが築地の、というのはおかしいのでその点を調べてみた。

柳田諒三著『自動車三十年史』に明治42年末の警視庁登録自動車が掲載されているが、それによると当時東京でベンツを使用していたのは、日本橋の三越呉服店と築地の精養軒北村重昌だけである。北村氏は当時、マルゴーとベンツ2台を所有していた。

ベンツは12馬力、5人乗り、価格4000円で、明治42年3月に購入している。

従って今井氏らが購入した中古車は築地の精養軒北村氏が使用していたベンツと考えられる。

3、大正3年末に道内には 4台の自動車が運行していた

大正3年に入ると江差、寿都、苫小牧、留萌など各地で乗合自動車を計画する者が現れる。

そこで道庁も放任するわけにはいかず、大正3年3月8日、庁令第21号で自動車取締規則を制定公布したのである。

業界紙「モーター」の大正3年末調査によれば、道内には自家用車1台、乗合自動車3台と記載しているし、「東京輪界新聞社」の同4年4月の調査では、4台の内訳を、自家用車は函館区船見町59番地の米国代弁領事館に1台、乗合自動車は根室郡根室町松ヶ枝1丁目10番地の大津瀧三郎、小樽区稲穂町14番地の小樽自動車株式会社、日高国三石郡三石村本桐の大塚四郎が各1台と記載している。

根室の運送業者大津瀧三郎の乗合自動車は、町内有志の後援で大正3年7月14日から運転を開始したもので、根室～歯舞間、根室～落石間を運行した。

小樽自動車株式会社の設立は大正3年8月20日で、資本金4千円、社長が堺町の佐野徹三、取締役に山田町の倉田嘉橘、相生町の中村精治、監査役に奥沢町村の野口小吉という経営陣だった。

しかし経営は不振で、2年後の5年10月15日には解散している。

日高の大塚四郎の自動車は当初、函館の洋品雑貨商博品館主藤野武平が経営したもので、浦河～沙瑠太間を計画し、大正3年2月22日に、自動車が函館に到着して試運転を行ない、そのまま浦河に運んでいる。しかし、三石～浦河間の道路工事が進まず、とりあえず下々方～沙瑠太間で運行された。

この他、大正3年5月21日の「函館新聞」を見ると、

「区内タナゴ澗町の白鳥泰平が自家用車を購入して、さっそく自宅付近を試運転したところ、警察官に見つかり、当局に届け出なかったというので説諭された」と報じている。

道内の自動車はその後増加が鈍く、内閣統計局の調査によれば、大正7年3月末に20台、大正8年同42台、大正9年同84台、大正10年同95台、大正11年同103台となっている。

今井呉服店のベンツの全景

小樽自動車株式会社の自動車

東北地方－青森県

青森県最初の
乗合自動車を検証する

1、明治時代の東京～青森間ドライブ

明治 41 年（1908 年）陸軍技術審査部が購入したフランス製ノーム・トラックの試運転に、今沢義雄工兵大佐を隊長とする遠征隊が東京～青森間のドライブを敢行した。

それぞれ 1 トン半の貨物を積んだ 2 台のトラックは 7 月 22 日東京を出発、悪路に悩まされ、通行不能な橋などは地元の工兵隊に修理してもらうなど、悪戦苦闘の末に 8 月 7 日ようやく青森市にたどり着いた。実に 17 日間を要するドライブであった。

次いで 42 年 8 月、横浜のライジングサン石油株式会社取締役エム・スペンサー・スミスが営業部長近藤賢二と運転手の 3 人で、フランス製ド・ディオン・ブートンを運転して、三戸、青森市、五所川原、弘前と県内各地の石油販売代理店を訪問した。

その後、45 年の 4 月から 5 月にかけて、ライジングサン系列のサミュエル・サミュエル商会の専務取締役スコットが、これも県内の石油販売店を一巡した。

さらに同年 6 月には東京の明治屋が、キリンビールの宣伝にイギリス製アルジル（アーガイルと販売広告する資料もある）商用車で東北地方の販売店回りをして青森市内まで足を伸ばしている。

2、取締規則の他に命令書

こうした文明の利器を目撃した西津軽郡木造町の町長葛西末吉は、自動車を購入して、木造を起点に鯵ヶ沢、五所川原、川辺、弘前方面に乗合自動車を運転し、積雪時期にはロシア式自動橇（そり）を運転する計画を立てて、県に営業許可を出願し、各町村有力者に出資を勧誘した。

また、九戸郡野田村玉川の岩山継太も、岩手県久慈町の有志らと八戸～久慈間に乗合自動車と貨物自動車の営業許可を出願した。

これらの出願を受けた県では、明治 45 年 6 月 14 日、県令第 67 号で本文 9 条、付則 2 条の自動車取締規則を作成公布した。

しかし他府県の取締規則がだいたい 35 条から 40 条、石川県のように 50 条のところもあるのに、わずか本文 9 条というのは、とりあえず制定した不備なものであった。

そのため、県では大正 2 年 2 月、青森市蜆貝町（現本町 4 丁目）の守川安次郎に営業許可を与えるに際して、取締規則の他に、さらに 17 条の「命令書」を追加公布している。

取締規則を改正せずに、命令書を追加公布したのは青森県をおいてほかに例がない。

3、自動車ブーム起こる

葛西木造町長の計画も、岩山継太らの計画も、共に実現しなかったが、これらが動機となって、その後青森県内に乗合自動車ブームが起こる。

五所川原、木村長吉の津軽自動車商会のフォードＴ型

●自動車營業許可

▲消雪と仝時に開業の豫定

市内《しない》蜆貝町守川安次郎は市内《しない》の運轉並《うんてんならび》に青森淺虫間《あをもりあさむしかん》の運轉《うんてん》をなして乘客《じようかく》の便《べん》を計《はか》らんとて自動車《じどうしや》の營業《えいげふ》を出願中《しゆつぐわんちう》の處今回《ところこんくわい》許可《きよか》せられ仝時《どうじ》に左《さ》の命令《めいれい》ありたりと因《ちな》みに許可《きよか》になれる日《ひ》より六ヶ月間《げつかん》に開業《かいげふ》せざるに於《おい》ては許可《きよか》の指令《しれい》を取消《とりけ》す由《よし》

命令書

第一條　營業者は許可の指令交付の日より六箇月以内に開業すべし△第二條　車体は左の制限に遵ふべし（一）制御機、制動機及音響機を具ふること（二）最高速度計を具ふること（三）客車には屋根及幌を設くること（四）客の座席は一人一尺二寸以上たるべきこと（五）乘客の昇降口には堅牢なる踏段を設くること（六）各車に番號を定め其の番號及行先地を車体の前頭及后部に標示すること、標示は遠方より認識し得べきものにして行先地變更の場合は速に之を更改し得べきものたること、

第三條　車体及之に附屬する機械器具は毎年二回定期の檢査を受くべし但し檢査期日及場所は所轄警察官署に於て通達す警察官署に於て必要ありと認むるときは臨時檢査を行ふことあるべし△第四條　各車には車体檢査證及車掌運轉手の氏名乘客定員及賃錢表（營業線路の終、端及重なる場所に至る賃錢を記載す）を標示すべし前項の賃錢表は接續鐵道停車場前及各駐車場前に標示すべし△第五條　自動車を運轉するには必ず車掌及運轉手を乘込ましむべし△第六條　自動車は所轄警察官署の許可を受くるに非ざれば營業線路以外の場所へ行進せしむること得ず△第七條　運轉手を雇入れむとするときは其族籍住所氏名生年

東奥日報

大正元年八月六日　東奥日報

●自働車會社設立

▲弘前五所川原鰺ヶ澤間に於ける

弘前市《ひろさきし》と北郡《きたぐん》五所川原《ごしよがはら》、西郡《にしぐん》鰺ヶ澤地方《ちはう》との商取引《せうとりひき》は從來密接《じうらいみつせつ》の關係《くわんけい》を有《いう》し殊《こと》に一般生活程度《はんせいくわつていど》の向上《かうぜう》に從《したが》ひ一層各地間《そうかくちかん》に於《お》ける物貨《ぶつくわ》の集散《しふさん》著《いちじる》しく其數量《そのすうれう》を增加《ぞうか》し頗《すこぶ》る頻繁《ひんぱん》を極《きは》むるに至《いた》りしも交通機關《かうつうきくわん》の設備《せつび》依然《いぜん》として舊《きう》の如《ごと》く弘前《ひろさき》より鰺ヶ澤間《さはかん》は行程《かうてい》十一里《り》に過《す》ぎざるも一日の長時間《じかん》を費《つひや》す始末《しまつ》にて商取引上の不便《ふべん》不經濟《ざい》言ふ許《ばか》りなきを以《もつ》て交通機關設備《かうつうきくわんせつび》の件は相互《さうご》有志者《いうししや》の一問題《もんだい》となれるも未《いま》だ解《かい》決《けつ》に至《いた》らず地方發展《ちはうはつてん》の一大阻害《だいそがい》となれるもの甚《はなは》だしきを感《かん》し弘前市《ひろさきし》の少壯商業家《せうさうせうげふか》岩川收平《かはしうへい》、雨森潤三郎、百石町工藤濟六、同永澤規の諸氏發起人《しよしほつきにん》となり自働車株式會社《くわいしや》を設立《せつりつ》し其資本金《そのしほんきん》は一萬二千圓《ゑん》、其《その》株式《かぶしき》は六百株《かぶ》一株《かぶ》を二十圓《ゑん》とし來《きた》る八月中旬に其四分一《そのぶん》を拂込《はらひこ》み來《きた》る九月中旬より兎《と》に

守川安次郎に許可された自動車営業許可と追加公布された命令書。大正元年8月6日の東奥日報に掲載された弘前五所川原鰺ヶ沢間における自動車会社設立の記事

まず大正元年12月8日、八戸水力電気株式会社社長橋本八右衛門らが、八日町28番地に資本金5万円の八戸自動車株式会社を設立して八戸〜鮫間を3台で運行する。

八戸〜湊橋間10銭、八戸〜鮫港間15銭、1日往復12回の運行で、これが青森県最初の乗合自動車となった。

次いで大正2年7月11日、青森市浜町の菅野武蔵、横内忠作らが浜町96番地に、資本金5千円の青森自動車株式会社を設立し、安方を起点として大町〜塩町〜公園間〜沖舘〜油川〜蟹田間を運行し、また八戸の米田宇兵衛が中古車1台を購入して野辺地〜大湊間の運行を開始した。

さらに同年7月、黒石五盟会の鳴海定正らが、板柳を起点に藤崎間、川辺間、黒石間を運行し、また同年9月10日には五所川原の材木商木村長吉が津軽自動車商会を設立、五所川原を起点に大釈迦間、金木間、鯵ヶ沢間を運行した。

次いで同年10月18日、鯵ヶ沢町の長谷川義ら土手町青年会の有志が、弘前を起点に藤崎、鯵ヶ沢間を運行し、これは翌年3月5日に株式組織に変更して、西津軽郡鯵ヶ沢字本町3番地に資本金5475円の、鯵ヶ沢自動車株式会社となった。

その後多少の変遷はあるが、東京輪界新聞社の大正3年末調査によれば、自動車数は八戸自動車株式会社と青森自動車株式会社が各3台、鯵ヶ沢自動車株式会社、北津軽郡五所川原町の木村健吾、同郡金木村の葛西市五郎の各1台、総数9台となっている。

大正3年末に乗合自動車が9台以上あった府県は京都、兵庫、神奈川、山形と青森だけである。まさに突如として起こったブームであった。

4、ブーム去る

しかし、このブームも長くは続かなかった。

最も有望視された八戸自動車株式会社でさえ、創業当初こそ月給40円の運転手3名を雇って半期に600余円の利益を出したが、やがて自動車の故障が頻繁になり、時間通りの運行が出来なくなると、次第に乗客の足が遠のき、さらに冬季は積雪のため運行出来ず、会社はついに定期の乗合をやめて2台を売却し、1台でしばらく貸し切りを経営した後、大正5年2月27日、臨時株主総会を開き解散してしまった。

その他も同様、乗合自動車経営は不振で、2、3年の経営ではほとんど敗退し、7年には県内から自動車の姿が消えてしまった。

5、乗合自動車の再開

その後大正8年11月25日、下北郡田名部字柳町17番地に白浜政太郎らが資本金3万円の「下北自動車株式会社」を設立し、これが乗合自動車復活の先駆けとなった。

続いて10年9月2日、同郡風間浦村大字下風呂33番地に、八谷伝助らが資本金2万円の「斗南自動車株式会社」を設立。

12年5月26日には北津軽郡五所川原町字雛田7番地に秋元金四郎らが、資本金3万円の「開北自動車株式会社」を設立した。

徐々にではあるが、青森県に再び乗合自動車が復活することになる。

八戸自動車株式会社の乗合自動車

株式會社設立

一商號八戸自動車株式會社本店三戸郡八戸町大字八日町二十八番地 目的一般運輸業ヲ營ミ附帶ノ事業トシテ土地家屋ノ賣買貸借並ニ娯樂機關ノ經營ヲナス 設立年月日大正元年十二月八日資本ノ總額金五万圓一株ノ金額金五十圓各株ニ付拂込ミタル株金額金十二圓五十錢公告ヲナス方法 所轄裁判所ニ於テ廣告ヲナス新聞紙ヲ以テス會社ヲ代表スヘキ取締役橋本八右衛門取締役ノ氏名住所 三戸郡八戸町大字八日町一番地橋本八右衛門同所大字長横町十九番戸花村益同所大字鍛治町六十四番戸 近藤元太郎同所大字堀端町三番地横澤新太郎同所大字島谷部町五番戸今淵正苗監査役ノ氏名住所 同所大字新荒町三十一番地瀧澤治兵衛同郡北川村大字館吉四十七番戸出町甫存立時期設立登記ノ日ヨリ満二十五年トス満期ニ至リ株主總會ノ決議ニ依リ繼續スルコトヲ得

右大正元年十二月二十三日登記

八戸區裁判所

八戸自動車会社の設立登記簿と岩手日報に掲載された八戸自動車会社の広告

大正元年十月三日　岩手日報

八戸《はちのへ》より申上候《まをしあげそうらふ》

▲豫報《よはう》の如《ごと》く這般自動車《じどうしや》一臺《だい》を購求《こうきう》し來《きた》りて廿六日着荷《ちやくに》するや直《たゞ》ちに株主諸《かぶぬししよ》氏《し》を乘《の》せ鮫港《さめこう》まで試運轉《しうんてん》を行《おこな》ひたる由《よし》翌《よく》廿七日は各新聞記者《かくしんぶんきしや》を招待《せうたい》し試乘《しじやう》せるが速力《そくりよく》は往復《わうふく》二十五分間《かん》を要《えう》せり、尤《もつと》も此《この》自動車《じどうしや》は米國製《べいこくせい》に係《かゝ》るもの和《わ》製《せい》の堅牢《けんらう》に比《ひ》し或は破損《はそん》し易《やす》きやの憂《うれひ》有之候も、兎《と》に角《かく》地方の爲《た》め至便《しべん》の交通機關《かうつうきくわん》を得《え》たるものとして大に歡迎《くわんげい》すべき也《なり》

▲承《うけたまは》り候《そうら》へば八戸町《のへまち》より湊橋《みなとはし》までを一區《く》となし夫《そ》れより鮫港《さめこう》までを二區《く》とする由《よし》、而《しか》して一區《く》は十錢、二區《く》は十五錢に定《さだ》め毎日午前《まいにちごぜん》七時《じ》ゟ后九時《じ》まで運轉《うんてん》する筈《はず》、尤《もつと》も往復《わうふく》二十回の豫定《よてい》し居《を》るも段々寒冷《だん／＼かんれい》を加《くは》ると共《とも》に湊橋《みなとはし》より鮫間《さめかん》の往復《わうふく》回數を減少《げんせう》するやの方針《はうしん》に聞及《きゝおよび》候、而して速力《そくりよく》に就《つい》ては法規《はふき》に從《したが》ふならんも危險《きけん》ならざる限《かぎ》り迅速力《じゆんそくりよく》を以《もつ》て運轉《うんてん》するならんか

東北地方－岩手県

岩手県最初の乗合自動車を検証する

1、盛宮自動車株式会社

岩手県で最初の乗合自動車会社は、盛宮自動車株式会社で、社長が三陸汽船株式会社取締役で衆議院議員の菊池長右衛門、取締役が下閉伊郡宮古町15地割本町の菊池長七、十三日町の水原庄兵衛、鉈屋町の村井源三、柴波郡日詰町の平井六右衛門、監査役が盛岡市志家の菊池美尚、下閉伊郡岩泉村の八重樫長八という経営陣であった。

本店は下閉伊郡宮古町乙第一地割字築地15番地、支店が盛岡市鉈屋町125番地、資本金が5万円で、大正元年（1912年）10月6日に設立された。

使用した自動車は東京芝区琴平町2番地の日本自動車合資会社からフィアットの16人乗り2台と、同1トン半積みトラック2台を3万4200円で購入し、盛岡と宮古間を、乗合は乗車賃1人3円50銭で運行した。

自動車購入については、最初三井物産機械部から購入する予定で、物産に道路事情や所要時間の調査を依頼した。

明治45年6月24日、三井物産機械部の販売と整備部門を委任されている吉田商店主吉田真太郎が、米国製ビュイック6人乗りを持参して盛岡に到着、翌日、菊池氏をはじめ市の内務部長、保安課長らを乗せて試運転を行なった。

午前7時半に盛岡を出発して午後2時半に宮古に到着した。

途中の食事や休憩時間を除くと、実質4時間半の所要時間だった。

2、会社設立までの経緯

この試運転の結果を踏まえて菊池氏は7月17日、内丸秀清軒に発起人を集めて、これまでの経過を次のように説明している。

「まず試運転をした吉田技師の話では、道幅に問題はないが凹凸が激しく、しかも軟弱で運転が大変困難な場所があるとのことなので、県知事に道路改修工事費を来年度予算に組み入れてもらうよう働きかけている。資本金は5万円とし、宮古側で2万円、盛岡側で2万円を集め、残り1万円は私（菊池長右衛門）が出す。

本店を宮古町に置き、盛岡を支店とする。

自動車は注文してから納車まで6カ月かかるということなので、営業開始は来年6月頃になる。

株式の募集については、盛岡銀行はもとより、特に宮古漁業組合や津軽漁業組合、重茂漁業組合など漁業関係者が魚類のトラック輸送に期待して、現時点ですでに満株に達している」
等々であった。

会社は大正元年10月6日に希望をもって設立された。

盛宮自動車のフィアット（岩手公園入り口で）

試運転中のフィアット。乗合自動車とトラック

3、自動車の出稼ぎ

自動車の購入であるが、はじめ三井物産機械部に依頼して試運転を行なっているが、その後、どういう事情があったのか、三井物産とはライバルの日本自動車合資会社から購入している。

会社の設立は順調であったが、事業は開業当初から苦難の連続であった。

開業したばかりの大正２年10月に、豪雨による道路の決壊で川井〜宮古間が通行不能となったため、盛岡〜川井間を自動車で、川井〜宮古間を馬車で運行することとなった。

そうこうしている間に降雪時期になったので、会社では鉄道院神戸管理局や大阪管理局と契約を結び、トラック２台を関西地方の鉄道小荷物の配送に派遣した。つまり、自動車の出稼ぎであった。

大正２年７月から翌年６月までの「事業報告書」によれば、乗合自動車の乗客収入797円、京都駅賃貸収入2820円、大阪駅賃貸収入2925円と、収入のほとんどが出稼ぎによるものであった。それでも、欠損1069円と大きな赤字になっている。

翌年にはトラックだけではなく乗合自動車も京都遊覧自動車会社や丹後自動車会社などに出稼ぎをしている。

また道路事情が悪いため事故が頻発した。

大正３年７月16日、門馬付近で転覆事故を起こした。乗客の中に郷土の名士新渡戸稲造が乗っていて、負傷して大騒ぎになった。

翌年10月27日には、乗客14人を乗せて川井付近の断崖から転落し、死亡１名、重軽傷者４名を出してしまった。

さらに翌５年10月26日、梁川村で崖から転落し、これも重傷者２名、軽傷者９名を出している。

4、菊池長右衛門の執念

毎年の事故と赤字に、会社は経営危機に陥り、盛岡側の株主たちが手を引いたため、大正５年12月10日の臨時株主総会で解散の声も出たが、菊池社長が、

「この自動車事業は盛岡と宮古を結ぶ重要な公共事業である。ご承知のように鉄道の建築は度々の陳情にもかかわらず目途がまだ立っていない。原敬代議士からも、苦しい事情は察するが、鉄道敷設が実現するまで頑張ってくれと言われている。私は全財産を失っても、鉄道が開通までやり通すつもりだ」

と宮古側の株主たちに訴えた。

その結果、資本金を半分の２万５千円に減額して会社は存続した。

その後、道路の改修工事も進み、翌年から事業は好転する。大正６年11月５日の「岩手日報」を見ると、「本年に入り旅客夥しく増加せるを以って相当な利益を上げ、配当をなし得べしと伝えられる、目下４台の自動車を隔日に運転して、旅客の便を図り居れり」と報じている。

5、山田線の開通と菊池長右衛門の他界

大正７年９月29日、原敬が総理大臣に就任すると盛岡〜山田間の鉄道敷設案が国会で承認され、10年10月から着工する。

着工した１カ月後、原敬は東京駅頭で兇漢に刺殺され、菊池長右衛門は翌11年５月16日に他界するが、継嗣義三郎が三代目長右衛門を襲名して社長に就任する。

山田線工事は昭和３年９月に区界まで開通し、９年11月６日、ついに宮古まで完成する。

宮古郷土誌編集委員会が編集した「宮古のあゆみ」には、

「盛宮自動車は山田線区界駅が開通した昭和初頭も、ここから宮古間に連絡の使命を果たし、宮古駅開通まで国鉄の足に代わって交通に尽力した。

その功績は大きく、永久に讃えられる」

と記述されている。

わが国の乗合自動車史の中でも、特筆すべき会社であった。

衆議院議員でもあった菊池長右衛門社長

大正二年六月十日　　岩手日報

盛宮 自動車開通祝《じどうしやかいつういはひ》

盛岡《もりをか》、宮古《みやこ》間《かん》に自動車《じどうしや》を運轉《うんてん》して旅客《りよかく》貨物運輸《くわぶつうんゆ》の為《た》め自働車會社《じどうしやくわいしや》を組織《そしき》し右《みぎ》に要《えう》する自動車《じどうしや》四臺《だい》の内《うち》二臺到着《だいたうちやく》したれは過日試運轉《くわじつしうんてん》をせし事《こと》は既報《きはう》の通《とほ》りにて昨今《さくこん》は道路面《だうろめん》の修繕工事中《しうぜんこうじちう》にて竣工次第營業開始《しゆんこうしだいえいげふかいし》の準備中《じゆんびちう》にして多分《たぶん》は七月中旬《げつちうじゆん》を以《もつ》て開業式《かげふしき》を擧行《きよかう》の豫定《よてい》なるが式《しき》は宮古町本社《みやこまちほんしや》にて盛大《せいだい》に賑々《にぎにぎ》しく擧《あ》くる由《よし》に聞《き》けるが當市《たうし》播街《はんか》藝妓《げいき》連《れん》は開業《かいげふ》のお祝《いはひ》に宮古街道《みやこかいだう》の名勝《めいしやう》を讀《よ》み込《こ》みし新物《しんもの》を出《いだ》す筈《はず》にて稽古《けいこ》に取《と》りかゝり居《を》りしが作者《さくしや》は麗中庵不染、節《ふし》附《つけ》は杵屋榮三郎、鳴物《なりもの》は望月久吉、振《ふり》付《つけ》は若柳力代『花盛宮路栞《はなさかるみこぢのみちのき》』なる長唄《ながうた》にて中々優美《なかなかゆうび》のもの左《さ》に紹介《せうかい》すべし

花盛宮路栞《はなさかるみこぢのみちのき》

作者　麗中庵不染
節附　杵屋榮三郎
鳴物　望月久吉
振付　若柳力代

「うち日《ひ》さす宮古《みやこ》の空《そら》をたてこめし霞《かすみ》の閉伊《へい》にほのくらき黒森山《くろもりやま》や横山《よこやま》の神《かみ》に禰宜《ねぎ》ごと掛《か》け巻《ま》くものやゝ畏《かしこ》き君《きみ》が代《よ》にオートンビール通《かよ》ふら、

上は大阪管理局に出稼ぎに行ったフィアット・トラック。中央は岩手日報に掲載された盛岡～宮古間の自動車開通祝いの記事。下は赤十字社の前のフィアット・トラック

東北地方－宮城県

宮城県最初の乗合自動車を検証する

1、自動車取締規則の制定

明治36年（1903年）10月、仙台市新伝馬町の針生安次郎らが、資本金3万円の「仙台自動車合資会社」を設立し、仙台市内と石巻～松島間、さらに仙台～関山峠を経て山形に至る路線の運行を計画して県に営業許可を出願した。

また針生氏らとほとんど同時に、仙台の山田勝太郎、佐藤庄助、高橋広人らも資本金5万円の「陸羽自動車株式会社」を設立して、これも第1区を仙台～石巻間、第2区を仙台～作並間、第3区を作並～山形間を運行する計画で許可を県に出願した。

これら2件の出願を受け、県内務部では、橋本保安課長らを東京に派遣して、自動車とは一体どんな交通機関なのか、どんな保安対策が必要なのか、どんな取締規則を制定したらよいのか、などを調査させることにした。

橋本氏らが上京してみると、警視庁でもいまだ自動車取締規則は制定していなかった。出願者が無かったわけではなく、明治36年6月に、芝区三田四国町の服部三樹之介や同区葺手町の江副廉蔵、麹町区二番町の村岡致遠ら3件の出願があったが、警視庁では内務省と対策を協議した結果、電車の第2期工事も始まっているし、何よりも人力車が町にあふれている現状では、その上危険な乗合自動車を許可するわけにはいかないと、出願を全部却下してしまい、自動車取締規則は制定しなかった。

また、自動車販売店3社を訪ねたが、輸入したのは2人乗りと4人乗りの小型車ばかりで、しかも売り切れて在庫品はなかった。

それでも橋本課長らは、警視庁や自動車販売店から聴取した情報や資料をもとに、明治36年12月28日、宮城県独自に全文40条の「自動車取締規則」を作成公布した。全国第6番目の制定である。

2、中根式国産蒸気自動車

針生氏や山田氏が購入を予定していた自動車は、大阪市西区立売場南通2丁目の中根鉄工所が製造する大型の蒸気自動車だった。

中根鉄工所というのは中根庄太郎が、明治25年5月に設立した海陸用蒸気機関や工作機械を輸入、製造販売する工場で、工員50人ほどを使用する、当時として業界でも名の通った鉄工所だった。

中根式蒸気自動車については、中国地方の「岡山県最初の乗合自動車を検証する」のところでも述べるが、岡山県三幡港の伊達芳太郎らも自動車を注文している。

中根鉄工所では大阪朝日新聞の明治36年11月1日号に、

「岡山自動車会社設立され、同社使用の分一切我が工場に依頼され、目下10人乗り自動車を製作中、引き続き他の方面より続々照会これ有り、大小その他多数設計いたし居り候あいだ続々注文あらんことを乞

○縣令第五十八號
自動車取締規則左ノ通定ム
明治三十六年十二月二十八日
宮城縣知事　田邊輝實

自動車取締規則

第一章　通則

第一條　本則ハ瓦斯電氣若クハ蒸汽等ヲ原動力ト爲シ乘合又ハ貨物運送用ニ供スル自動車ニ適用ス

第二條　車體ハ堅牢ニシテ其構造及附屬品ハ左ノ制限ニ從フヘシ

一　車輪ハ護謨製ニシテ三輪以上トシ適當ナル制動器及警鈴ヲ備フヘシ但線路ノ

百四十七

狀況ニ依リ鐵製車輪ノ使用ヲ特ニ許可スルコトアルヘシ

二　車體ハ相當ノ屋根又ハ母衣ヲ備ヘ客席ハ清潔ニ裝置シ一人ノ座幅一尺四寸ヲ下ルヘカラス

三　車輪ハ相當ノ泥除ヲ設クヘシ

四　車體前面ノ兩側ニハ赤色硝子燈各一個後面ニ青色硝子燈ヲ備フヘシ

五　車體ノ長サハ拾尺幅六尺以内タルヘシ

六　乘客ノ昇降口ニハ堅牢ニシテ且適當ノ踏段ヲ附スヘシ

七　車體兩側面ノ見易キ場所ニ檢査證ノ番號ヲ明記スヘシ

自用車ニアリテハ第二號第三號第六號及第七號ハ便宜省略スルヲ妨ケス

第三條　車體及原動機ハ使用前知事ノ指定シタル日時場所ニ於テ檢査ヲ受ケ其證ヲ受クヘシ檢査證ヲ有セサルモノハ運轉スルコトヲ得ス檢査證ハ車體内ノ見易キ場所ニ掲示スルヲ要ス

第四條　車體及原動機ノ檢査ヲ行フニ當リ必要ト認メタルトキハ車體又ハ原動機ノ一部若クハ全部ノ解剖ヲ命スルコトアルヘシ但檢査ニ依テ生スル費用ハ所有者ノ負擔トス

第五條　自動車ハ幅員三間以上ノ道路ニアラサレハ運轉スルコトヲ得ス

土地ノ狀況ニ依リ前項ノ制限ニ拘ハラス特ニ運轉ヲ許可スルコトアルヘシ

第六條　自動車ノ行進速度ハ市街ニアリテハ一時間七哩以内其他ニアリテハ拾哩以

百四十八

全国６番目に公布された宮城県の自動車取締規則

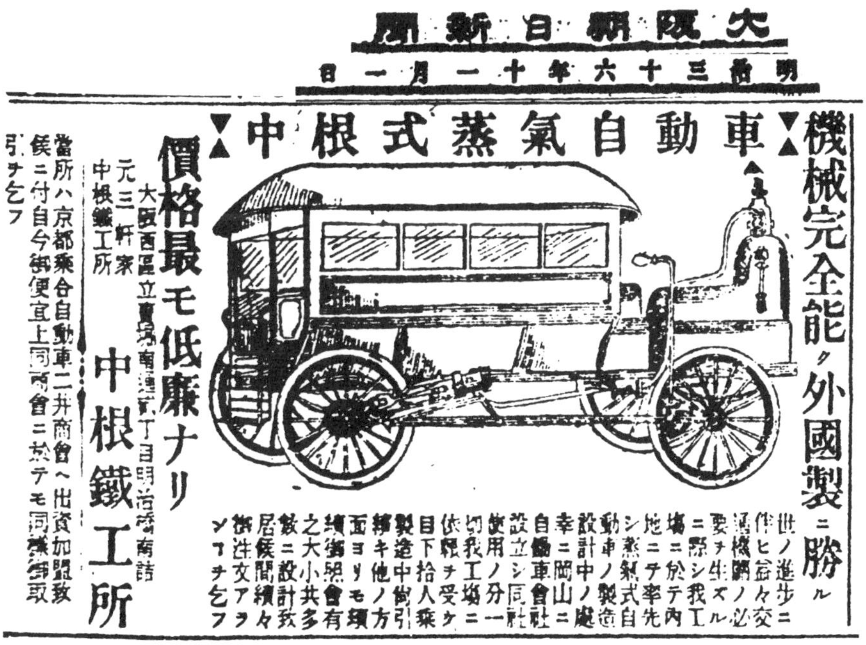

山田勝太郎、針生安治郎らが購入しようとした大阪中根鉄工所のバス広告

ふ」、「機械完全、外国製に勝り、価格は最も低廉なり」
とイラスト入りで宣伝していた。

しかし日本人がつくる初めての自動車だったから、そう安々と出来るはずもなかった。

中根氏は国産で出来ない部品は輸入するつもりだったが、伊達氏らは待ちきれず、半製品を引き取って後は地元の山羽電機工場に依頼して組み立てたが、結局実用にはならなかった。

仙台の針生氏らも中根鉄工所から完成したという知らせが来るのを待っていたが、一向にその連絡が来ず、年が明けると間もなく日露戦争が起こった混乱で、新事業どころではなくなり、すべてご破算になってしまった。

3、石巻自動車株式会社と仙台自動車株式会社

その後、大正元年11月18日、宮城県桃生郡牛田村の西條芳太郎らが、牡鹿郡石巻町仲町4番地に資本金1万円の「石巻自動車株式会社」を設立し、石巻～松島間を運行する。これが宮城県最初の乗合自動車である。

西條芳太郎は蚕糸業と北上川の水運事業で成功した人であるが、不況の蚕糸業を解散して、海運、陸運、倉庫業を一体化した事業を計画し、合資会社だった龍丸汽船を資本金50万円の株式会社組織とし、新たに石巻自動車株式会社と株式会社丸北運送店を設立、協同倉庫合資会社の拡充を実行した。

これは、塩釜に進出してきた東京湾汽船株式会社や岩手県の釜石に新設された三陸汽船株式会社の大資本に対抗する事業だった。

しかしこの計画は失敗であった。

西條氏は龍丸汽船株式会社の取締役を大正3年1月に辞任し、石巻自動車株式会社は大正3年2月20日に解散。

協同倉庫合資会社も同年5月15日に解散し、翌年10月、彼は株式会社丸北運送店の社長も辞任することになる。

石巻自動車株式会社が設立された翌年7月6日、仙台市新坂通の細谷徳治、河原町の針生徳治郎らが、仙台市大町3丁目61番地に、資本金5万円の「仙台自動車株式会社」を設立する。

この会社については福島県の乗合自動車と関係が深いので、後の「福島県最初の乗合自動車を検証する」で述べることにするが、この会社もわずか半年ほど経営して大正2年12月17日に解散している。

4、その後の自動車事情

宮城県統計書を見ると、県内の自動車数は大正2年に3台、大正3年から6年までの4年間、仙台市立町通7番地黒田栄蔵の1台だけである。

東北地方第一の都市、仙台を県内にもつ宮城県としては実に寂しい限りの自動車事情である。

宮城県に自動車時代が訪れるのは大正も7年末になってからで、大正7年12月に刈田郡白石町に資本金3万円の「白石自動車株式会社」が設立。

翌年8月に宮城郡塩釜町に資本金7万5千円の「塩釜自動車株式会社」が設立される。

栗原郡一迫村に資本金3万円の「栗原自動車株式会社」が設立。

9月に仙台市南町通17番地に資本金20万円の「仙台市街自動車株式会社」が設立され、本吉郡気仙沼町に資本金5万円の「株式会社親興会」が設立された。

大正9年3月末の統計では、乗用自動車69台、トラック3台と、ようやく東北地方各県と肩を並べる自動車数となる。

明治四十五年五月七日

松石間運解計劃の自働車
新傳馬町武田肥料店に來る

●乗合自働車《のりあひじどうしや》到着《たうちやく》　目下《もくか》出願中《しゆつぐわんちう》なる松島《まつしま》石《いし》の巻間《まきかん》乗合《のりあひ》自働車《じどうしや》は一昨日《さくじつ》新傳馬《しんてんま》町武《てうたけ》田《だ》商店《せうてん》に到着《たうちやく》昨日《さくじつ》市中《しちう》を試《し》運轉《うんてん》せしが成《せい》績良好《せきれうこう》にて運轉手《うんてんしゆ》二名《めい》を除《のぞ》き優《いう》に六名《めい》を乗車《ぜうしや》し得《う》可《べ》く認可《にんか》次第《しだい》直《たゞ》ちに營業《えいげふ》を開始《かいし》する由《よし》なり

松島～石巻間を運行した石巻自動車株式会社のフォード

一 商號　石卷自動車株式會社
一 本店　牡鹿郡石卷町石卷仲町四番地
一 目的　自動車ヲ使用シテ旅客及荷物ノ運送業竝ニソレニ對スル附帶スル業務ヲ營ムヲ目的トス
一 設立ノ年月日　大正元年十一月十八日
一 資本ノ總額　金一万圓也
一 一株ノ金額　金五十圓也
一 各株ニ付キ拂込ミタル株金額　金十五圓也
一 公告ヲ爲ス方法　管轄區裁判所ノ公告スル新聞紙ニ掲載ス
一 取締役ノ氏名住所　山口縣阿武郡奈古村大字奈古千四十九番地池田英太郎、宮城縣桃生郡桃生村牛田字雷四番地西條芳三郎、同縣牡鹿郡石卷町石卷新田町四十七番地鈴木源助
一 監査役ノ氏名住所　宮城縣牡鹿郡石卷町石卷裏町百五十五番地吉田惣助、同縣同郡石卷町石卷横町十八番地和泉金右衛門
一 存立ノ時期又ハ解散ノ事由　大正元年十一月十八日ヨリ大正二十年十一月十七日迄滿二十箇年
右大正元年十二月十四日登記
石卷區裁判所

株式會社登記簿第八十五號ニ左ノ通登記ス
一 商號　仙臺自動車株式會社
一 本店　仙臺市大町三丁目六十一番地
一 目的　自動車ノ乗合營業、貸貸、修繕、保管及自動車ノ委托賣買
一 設立ノ年月日　大正二年七月六日
一 資本ノ總額　金五万圓也
一 一株ノ金額　金五十圓也
一 各株ニ付拂込ミタル株金額　金十五圓也
一 公告ヲ爲ス方法　本店所轄裁判所ノ登記事項ヲ公告スル新聞紙ニ掲載
一 取締役ノ氏名住所
仙臺市新坂通百七十四番地　細谷鐵治
同市片平丁六十九番地　青山秀次郎
同市河原町三番地　針生德治郎
同市東二番丁百二番地　谷井文藏
同市北三番丁四十七番地　岩崎六之進
一 監査役ノ氏名住所
同市北四番丁百番地　兒島鐵風
同市大町一丁目百十四番地　佐藤二郎
伊具郡西根村高倉六十九番地　大沼梅治
一 存立ノ時期　會社設立ノ日ヨリ滿二十箇年
右大正二年七月二十一日登記
仙臺區裁判所

石巻自動車株式会社の登記簿と仙台自動車株式会社の登記簿

東北地方－秋田県

秋田県最初の乗合自動車を検証する

1、自動車営業取締規則

秋田県では明治37年（1904年）3月1日に「自動車営業取締規則」を制定している。

まだ全国に自動車が指折り数えるほどしかなく、1カ月前に日露戦争が起こって、国内が戦争一色に沸き返っている時期である。

こんな早い時期に、秋田県内に乗合自動車を計画して県当局に営業許可を出願した者が果たしていたのだろうか、と思い地元の新聞や業界紙を調べてみたが、そのような記事はまったく見当たらなかった。

隣の宮城県では当時、仙台と石巻間、仙台と山形間の同じ路線に2件の出願者があって、新聞紙上でもかなり話題になっている。

そのため宮城県では保安課長らを東京に派遣して、自動車というものが一体どんなものなのか、また取締状況について販売店や警視庁を訪ねて調査し、その調査をもとに明治36年12月28日に自動車取締規則を制定している。

そうした当時の事情からみて、秋田県では恐らく宮城県の取締規則を参考にして作成したのではなかろうか、と考えられたので、両県の取締規則を比較対照してみた。

しかし、両者は第1条から第35条まで、すべて違っている。秋田県が宮城県を参考にして作成したものではないと明白であった。

では、いったい秋田県はどこの取締規則を参考にしたのだろうか。

秋田県以前に制定している宮城県以外の10府県を調べてみると、これは宮城県の2カ月ほど前に制定した京都府の自動車営業取締規則と第1条と第35条まで、そっくりである。1、2カ所字句を変えているところがあるが、それ以外は項目に至るまでまったく同じであった。

秋田県では近い将来、自動車の営業許可を出願する者が出ることを想定して、わが国で最初に乗合自動車を走らせた京都の取締規則をそのまま転用して公布したのである。

しかし、秋田県ではその後8年間、乗合自動車の営業を出願する者はいなかった。

2、秋田自動車株式会社

大正元年になって、9月11日、秋田市田中町10番地に、資本金2万円の「秋田自動車株式会社」が設立された。

社長は秋田市川口新町の佐藤小太郎で、自動車は東京赤坂の合資会社二葉屋から米国製エベリット1台3500円を2台購入し、10月24日から秋田市と本荘町間を営業した。

所要時間2時間30分。

これが秋田県最初の乗合自動車である。

開業当初の乗車賃は片道1人1円50銭だったが、4人乗りの自動車では採算がとれず、11月18日から

株式會社設立
一商號 秋田自働車株式會社
一本店 秋田市田中町拾番地
一目的 交通運搬ニ關スル一般ノ業務ヲ營ムヲ以テ目的トス
一設立ノ年月日 大正元年九月拾壹日
一壹株ノ金額 金五拾圓也
一資本ノ總額 金貳萬圓也
一各株ニ付拂込ミタル株金額 金拾貳圓五拾錢
一公告ヲ爲ス方法 秋田區裁判所ノ公告スル新聞紙
一取締役ノ氏名住所
秋田市川口新町貳拾八番地 佐藤小太郎
同市茶町菊ノ丁拾壹番地 鎌田政吉
同市西根小屋上丁拾五番地 嶋田文之助
由利郡本荘町大町四拾四番地 伊藤敬三郎
秋田市中川口參拾參番地 鈴木勘左衛門
同市茶町扇ノ丁貳拾八番地 西村福藏
一監査役ノ氏名住所
秋田市大町參丁目參番地 田中太吉
河邊郡新屋町百三段新屋字押切拾六番地 大嶋榮太郎
南秋田郡土崎港町御藏町五拾番地 前田治平
由利郡本荘町中横町四拾貳番地 武田九藏
一存立ノ時期 設立ノ日ヨリ滿貳拾ケ年
一解散ノ事由 定メス
一開業前ニ配當スヘキ利率ナシ
右大正元年拾月拾八日登記
秋田區裁判所

秋田自動車株式会社の登記簿

秋田自動車株式会社の自動車。車は米国製エバリット

大正元年十月二十四日

秋田本荘間乘合自働車開業廣告

左之時刻割ニテ愈々明二十四日ヨリ營業開始仕候

大正元年十月二十三日

秋田市田中町十番地
秋田自働車株式會社
電話六〇六番 電略(アジ)

秋田發	本荘着	本荘發	秋田着
午前七時	午前九時三十分	午前十時	午後十二時三十分
午後一時	午後三時三十分	午後四時	午後六時三十分

賃金(片道) 金壹圓五拾錢
但當分の中御手荷物は御斷り申上候

秋田自動車株式会社の開業広告

大正元年十月十七日

○當市《たうし》の自働車《じどうしや》

新設《しんせつ》秋田自働《あきたじどう》車株式會社《しやかぶしきくわいしや》は愈々《いよいよ》來《きた》る二十日《か》より運轉《うんてん》を開始《かいし》する由《よし》にて過日《くわじつ》來《らい》市内《しない》土崎《つちざき》其《そ》の他《た》を試運轉中《しうんてんちう》なるが該車《がいしや》は土崎行《つちざきゆき》と本荘行《ほんぜうゆき》の二車《しや》あり一臺《だい》に付《つ》き三千五百圓《ゑん》の最新式《さいしんしき》米國製《べいこくせい》にして一時間《じかん》の疾走《しつそう》を十哩《まいる》平均《へいきん》とし乘客《じようきやく》の定員《ていゐん》は五人《にん》なるが乘《の》り心地《ごこち》宜《よ》し尚《なほ》燃料《ねんれう》は揮發油《きはつゆ》にて疾走中《しつそうちう》は煙《けむり》は車臺《しやだい》の下部《かぶ》に送《おく》り出《だ》す設備《せつび》になり居《を》るを以《もつ》て何等《なんら》異臭《いしう》を感《かん》せず兩車《りやうしや》とも全速力《ぜんそくりよく》を出《だ》す時《とき》は一時間《じかん》に三十哩《まいる》乃至《ないし》三十五哩《まいる》を疾走《しつそう》し得《う》と

2円50銭に値上げした。
しかし乗客から、いきなり1円の値上げは高すぎるという苦情が出たので、翌年4月からは2円に値下げしたが、10月にはまたまた2円50銭に値上げしている。どうも綿密な計画なしに運行を開始したようである。
それでも乗客が多かったので翌年4月からフォードの9人乗り1台と5人乗り1台を増車して4台で運行した。
ところが、間もなく欧州戦争が起こり、タイヤをはじめ部品が高騰し、また高給な運転手の雇用、冬季の降雪による休業など、会社組織の経営は採算が取れず、大正5年6月25日の株主総会決議で解散することとなる。

3、その後の自動車事情

会社は解散したが、取締役西村福蔵、鈴木勘左衛門らが社名を「秋田自動車商会」と改称して、そのまま事業を継承して、その後、本店を茶町扇ノ丁に移転するのである。
その他、大正元年の年末に秋田市本町4丁目にもう1軒、「秋田貸自動車営業所」というハイヤー業者が出来る。
料金は秋田市内から土崎までの往復が3円、新屋までの往復が3円、本荘までの往復と半日の貸切りが20円、1日貸切り30円、待ち時間1時間につき1円50銭だった。
大正3年末には、仙北郡南楢岡村坊田の伊藤九左衛門が神宮寺を中心に刈和野、北楢岡方面にハイヤーを営業する。
さらに大正5年10月には秋田市土手長町の佐々木定治が「佐々木自動車商会」を設立して自動車2台で秋田〜本荘間の定期乗合を始めた。
そのため秋田〜本荘間の路線に、秋田自動車商会、秋田貸自動車営業所、佐々木自動車商会の3者による乗客の奪い合いや採算を度外視した値下げ競争となった。
その上、先業者である客馬車屋も自動車に負けじと車体を高級化して対抗したため三つ巴ならぬ四つ巴の争いになった。
その結果、秋田貸自動車は解散し、秋田自動車商会は3台売却して鈴木勘左衛門が残った1台で営業。佐々木自動車商会も1台に縮小して細々と営業を続けた。

4、自動車時代が到来

秋田県に乗合自動車時代が到来するのは大正9年になってからである。
3月に秋田郡米内沢字薬師下に木村作右衛門らが資本金5万円の「阿仁自動車株式会社」を設立。
また秋田郡大館町字松木境に平泉喜八らが資本金8万円の「大館自動車株式会社」を設立。
さらに同年4月には平鹿郡横手町大町中丁に湊谷兵衛らが資本金5万円の「県南自動車株式会社」を設立する。
これらの会社はいずれも相当数の車両と修理部門を持っていて、定期の乗合運行に支障がなかった。
内閣統計局の統計年鑑によれば、秋田県の自動車総数は大正10年3月末に乗用車36台、トラック3台、同13年3月末に乗用車80台、トラック19台となっている。

大正５年６月、秋田自動車株式会社は解散し、秋田自動車商会が使用自動車を全部引き継いで営業を継続した

大正五年六月二十三日

自動車開業廣告

當商會事元秋田自動車株式會社に於て使用の自動車全部を譲受け夫ゝ改善を施し該營業致度其の筋へ出願中の處今般許可相成候に付き本月**貳拾五日**より秋田、本荘間乘合及び貸自動車營業開始致候間倍舊御引立御用命被下度奉願上候

一秋田發　午前八時　午後一時
一本荘發　午前八時　午後一時
一賃金貳圓五拾錢

貸切は精ゝ勉強御用命に應じ可申候

大正五年六月二十三日

秋田市田中町
秋田自動車商會　電話六〇六番

本荘町大町
本荘停車場　電話五五番

秋田自動車商会の社屋と乗合自動車

秋田県北楢岡～神宮寺を走った伊藤九左衛門のフォード（大仙市・伊藤直人氏提供）

東北地方－山形県

山形県最初の
乗合自動車を検証する

1、鶴岡自動車株式会社

明治44年（1911年）7月27日、西田川郡鶴岡町五日町7番地に鶴岡自動車株式会社が設立された。資本金が2万5000円、経営陣は社長が鶴岡町五日町の田林富吉、取締役が三日町の平田吉郎、荒町の真島明文、監査役が家中新町の田辺重剛、五日町の平田富蔵という鶴岡町の有志たちだった。

営業路線と所要時間は、鶴岡～酒田間が1時間15分で料金は70銭、鶴岡～清川間が1時間で料金は50銭と、料金がほとんど客馬車と変わらなかったので、利用者から大変に歓迎された。

自動車は新潟県三島郡深才村大字上富岡1番戸の田中二四郎から購入したフランス製ド・ディオン・ブートン・クレメントで、これは田中氏が来迎寺と小千谷間の乗合に使用していた3台中の1台で、彼が事業を解散するに際して売り出した中古車だった。

しかもこの中古車は、わが国最初のトラック会社である帝国運輸自動車株式会社が使用していたトラックを、同社の解散にあたって金山銀行の米山利之助が買い取り、芝自動車製作所を設立して乗合自動車に改造した車で、つまり中古車の中古車という代物であった。

2、馬車屋たちの妨害

鶴岡自動車の乗合は非常に好評だったので、会社では同年10月にもう1台、14人乗りの自動車を購入した。

今度の車は、東京麹町区有楽町1丁目3番地の東京自動車株式会社から購入した英国製レーカー14人乗りで、会社では1号車を鶴岡～清川間に2号車は鶴岡～酒田間専用に使用し、両路線とも1日2回の往復運行を実施した。

ところが、自動車1台でも乗客を取られて生活が脅かされると騒いでいた客馬車屋たちは、自動車が2台になったことから、露骨に妨害するようになった。

明治44年10月24日、自動車が鶴岡に向かって進行中、前方を客馬車がのろのろと進行しているので、運転手が道を譲るよう警笛を鳴らしたが、いっこうに道を譲ろうとしない。

運転手が車から降りて御者に詰問すると、「私は耳が悪いもので、まったく警笛が聞こえなかった」と詭弁を弄し、その後も相変わらず道を譲ろうとしなかったのである。

さらに甚だしいのは、酒田から鶴岡に向かう最終便が船形村付近にさしかかると、道に釘を打ちつけた板が敷いてあった。

夕方ですでに暗くなっていたので、運転者は避け切れず板を踏んでタイヤがパンクした。その後も同様の事件が絶えなかった。

この妨害事件を取り上げた山形新報は最後に、

「…かかる乱暴極まれる妨害の絶えゆる時なく、その筋に於いても厳重警戒中なるが野蛮、劣等なる悪車

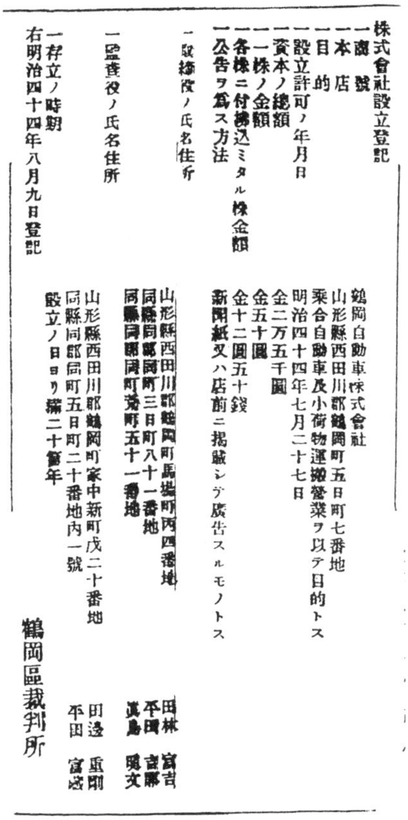
株式會社設立登記
一商號 鶴岡自動車株式會社
一本店 山形縣西田川郡鶴岡町五日町七番地
一目的 乘合自動車及小荷物運搬營業ヲ以テ目的トス
一設立許可ノ年月日 明治四十四年七月二十七日
一資本ノ總額 金二万五千圓
一一株ノ金額 金五十圓
一各株ニ付拂込ミタル株金額 金十二圓五十錢
一公告ヲ爲ス方法 新聞紙又ハ店前ニ掲載シテ廣告スルモノトス
一取締役ノ氏名住所
山形縣西田川郡鶴岡町馬場町丙四番地 田林富吉
同縣同郡同町三日町八十一番地 平岡吉藤
同縣同郡同町荒町五十一番地 眞島曉文
一監査役ノ氏名住所
山形縣西田川郡鶴岡町家中新町戊二十番地 田邊重剛
同縣同郡同町五日町二十番地内一號 平田富咸
一存立ノ時期 設立ノ日ヨリ滿二十箇年
右明治四十四年八月九日登記
鶴岡區裁判所

鶴岡自動車株式会社の設立登記簿と山形日報7000号を祝う鶴岡自動車株式会社の広告

鶴岡自動車株式会社の１号車、ド・ディオン・ブートン・クレメント。新潟の田中二四郎から譲り受けた中古車であった

夫、馬車屋どもには実に今更、呆れるの外なきなり」と報じている。

3、明治時代の自動車税

山形県では明治44年12月の通常県議会で、自動車1台に年税10円の課税を可決、翌年から施行した。45年度の自動車税収入を見ると20円計上されている。これは鶴岡自動車株式会社の2台から徴収したものである。

ここで明治時代の自動車税について述べてみよう。

自動車税の制定が最も早かったのは岐阜県、名古屋市、京都市、兵庫県で、いずれも明治36年の県議会や市議会に提案、可決されて、37年から実施しているのである。

税額は各府県まちまちで、岐阜県が1人乗り3円、以後1人を増すごとに1円を加算である。

京都市が2人乗り以上10円、3人乗り以上15円、5人乗り以上20円。

名古屋市が1台20円の定率。

神戸市が自家用と営業用に分けて、1人乗り自家用10円、営業用6円、2人乗り以上自家用15円、営業用10円、6人乗り以上自家用20円、営業用15円であった。

別に神戸市を除く兵庫県内は1人乗り4円、6人乗り以上8円としている。1人乗りというのはオートバイである。

続いて39年に大阪府、40年に東京府と続き、大阪府は乗員数の他に自家用、営業用と分け、さらにトラックも積載量1千ポンド以上、500ポンド以下などと大阪人らしく細かく分類して、最高が80円、最低20円を課税している。

東京府は1台30円と定率である。

41年に栃木県15円。

42年に愛媛県が9人乗りまで7円、10人乗り以上10円。

43年に茨城県が10円。

44年に山形県、静岡県が10円、神奈川県が自家用車20円、営業用15円。

45年に群馬県、新潟県、石川県、三重県、島根県と続き、前記4県はいずれも10円であるが、島根県だけは6人乗りまで6円、1人増すごとに1円加算としている。

4、その後の自動車事情

明治45年3月に、湯田川温泉の有志らが鶴岡自動車株式会社に湯田川まで乗合自動車を運行してくれないか、と頼んだが、そこまではまだ手が廻らないと断られたため、大塚栄三郎は上京して1台を購入し、販売店から運転を習って帰郷し、鶴岡から湯田川までの乗合自動車を運行した。

また大正元年9月、西置賜郡長井町の佐藤信孝、横沢仲右衛門、梅津利助らが発起人となって、フォード1台を購入して長井町と赤湯温泉間を運行した。これに刺激された山形瓦斯株式会社監査役五十嵐太右衛門、七日町の柿本昇らもフォード2台を購入して山形〜寒河江間を運行する。

「東京輪界新聞社」の大正4年4月末調査では、

鶴岡自動車株式会社が5台。

湯田川温泉の大塚栄三郎が1台。

山形市七日町の柿本昇の2台。

酒田町山椒小路の遠田重吉が1台。

鶴岡町三日町の鈴木武七が4台の計13台と、他にリストに欠と書かれているものが1台ある。

欠はおそらく長井〜赤湯間を走った乗合自動車で、大正4年にはすでに解散していたと考えられる。

当時、乗合自動車が13台というのは神奈川県の41台、兵庫県の14台に次いで、全国第3位であった。

鶴岡自動車株式会社が２台目に購入したイギリス製レーカー

東北地方－福島県

福島県最初の
乗合自動車を検証する

1、自動車をチャーターして営業

明治43年（1910年）3月30日から4月14日まで、河沼郡坂下町で農産物品評会が開催された。

この品評会期間中、会津若松から会場までの足の便を図るため、坂下町の運送業麻山新蔵らが東京自動車株式会社から12人乗り自動車2台をチャーターして坂下～若松間を運行した。

所要時間は片道1時間、料金は1人50銭、営業時間は朝の6時から夜8時まで、最終便終了後は、乗客の希望で東山温泉までの客も運んだ。

これが福島県最初の乗合自動車である。

2、東京自動車株式会社

東京自動車株式会社というのは、明治43年9月26日に小栗銀行の小栗常太郎と神田商業銀行の福岡長平らが、東京市麹町区有楽町1丁目3番地に、資本金20万円で設立した自動車販売会社である。

疑問に思われるのは、この会社が設立されたのは43年9月だから、坂下町に農産物品評会が開催された日から5カ月ほど後である。とすれば、まだ東京自動車株式会社は設立されないことになる。

3月15日の「会津日報」を見ると、

「坂下と若松間に自動車を使用して観覧者の便を図らんため東京に申し込みたるも、名古屋より注文にて、未だ回答なき由」

と報じている。

小栗銀行の本店は名古屋で、小栗常太郎は頭取小栗富治郎の長男である。4年ほど米国に留学し、明治40年にフォードB型1台をもって帰国している。

持ち帰った自動車を東京京橋区木挽町4丁目の東京自動車製作所に預けて乗り回していたが、会津坂下の麻山氏から自動車賃貸の要請を受けたのを機会に、小栗氏は東京自動車株式会社の設立を思い立ったものと推測される。

会社設立の登記はしていなかったが、すでに東京自動車株式会社という社名を使っていたと考えられる。

東京自動車株式会社が販売した車種には、米国製のハップモビル、フォード、リーガル、フランス製のダラック、英国製レーカーなどがあり、明治44年10月にレーカー14人乗りバスを、山形県の鶴岡自動車株式会社に販売したことは本書の「山形県最初の乗合自動車を検証する」のところで述べた通りである。

3、自動車営業取締規則制定

坂下町の品評会に運行された乗合自動車が好評だったことから、翌44年3月から平町（現いわき市）で開催された農産物品評会でも、平町2丁目の三井呉服店が東京自動車株式会社から自動車をチャーターして品評会の開催期間中、湯元～平間50銭、市内15銭で営業した。

これも坂下町の品評会同様好評だったことから、品

明治40年に小栗常太郎が米国留学を終え、持ち帰ったフォードB型

評会の期間中だけではもったいないと、湯本温泉の井坂梅太郎、伊達郡梁川町の代議士堀江寛治らは平町～湯本間の乗合自動車営業を計画して県に許可を出願した。

こうした情勢を見て、県では明治45年1月12日、県令第4号、全文29条の「自動車営業取締規則」を制定公布した。

4、仙台自動車株式会社

明治45年5月、宮城県仙台市新伝馬町の武田辰之助が、福島信夫郡飯坂町の佐藤勇三郎、石堂仁三郎らと協力して6人乗りのフォード車2台を購入して、福島～飯坂、福島～長岡間に乗合自動車を運行した。運賃は福島～飯坂間50銭、飯坂～長岡間25銭であった。

しかし、同じ頃に、仙台市の細谷徳治、谷井文蔵、針生徳治郎らによって仙台自動車株式会社が計画された。

営業路線は、松島～石巻間、新田～登米間、大河原～村田間の運行で、この計画に前記武田辰之助も参加した。

仙台自動車株式会社は大正2年7月6日、仙台市大町3丁目61番地に、資本金5万円で設立され、福島～飯坂、福島～長岡間の路線も仙台自動車株式会社に編入された。

しかし会社が設立して間もなく東北地方を襲った未曾有の大台風の被害で仙台地方の道路が破断され、随所で運行不能に陥ったため、会社は同年12月17日の株主総会決議で解散してしまった。

同社の解散に当たって、精算人に選任された武田辰之助は、しばらくは仙台自動車株式の名義のままで従来どおり福島～飯坂地方を運行することになる。

5、会津自動車株式会社

大正2年7月21日、東京麹町内幸町1丁目3番地に資本金3万円の会津自動車株式会社が設立された。社長は相馬電機会社の社長佐久間栄であるが、彼は東京人であり、その他の取締役、監査もほとんど東京人で、福島県人は佐藤佐中だけで、彼が取締役支配人になっている。

若松～東山間30銭、若松駅～坂下間が60銭で、貸切は4人乗り1時間3円50銭、7人乗り1時間6円であった。

しかし、この会津自動車株式会社も、支配人の佐藤佐中が病に倒れて退社すると（大正3年10月22日死亡）、「株主7人未満に減少したるにより」という理由で、大正3年7月30日の株主総会決議で解散してしまう。

福島県の乗合自動車事業は明治43年に始まり、大正2、3年までは前記した以外にも多くの計画者があったが、いずれも途中で挫折している。

挫折したことは、次のような原因もあった。

福島市大字曽根田字古舘の渡辺安太郎が飯坂～川俣間の営業許可を出願すると、県内務部では認可条件として、自動車の運行に支障がないように道路の改修と、松川橋と小川橋の補強を命じている。

自動車の購入がやっとの彼らにはそんな余裕などまったくなかった。

福島県に自動車時代が訪れるのは大正7年も後期になってからで、7年3月末に乗用車7台だけだったのが、8年3月末には乗用車49台、トラック7台に増加している。

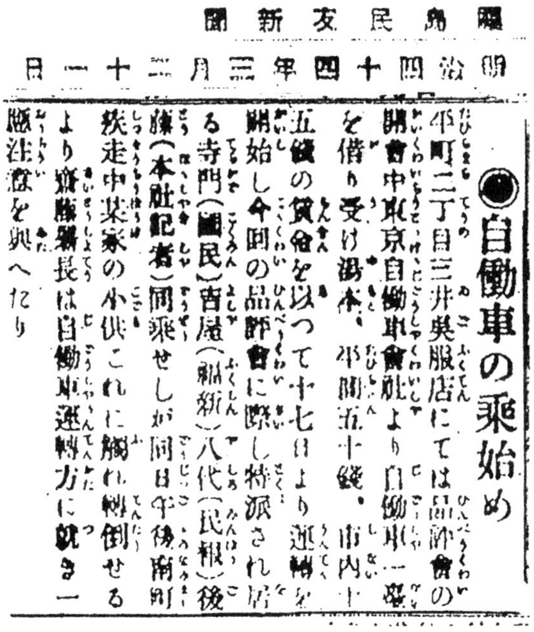

福島民友新聞　明治四十四年三月二十一日

●自働車の乗始め

平町《たひらまち》二丁目三井呉服店《ごふくてん》にては品評會《ひんぴやうくわい》の開會中《かいくわいちう》東京自働車會社《とうけいじどうしやくわいしや》より自働車一臺を借り受け湯本、平間五十錢・市内《しない》十五錢の賃金を以って十七日より運轉《うんてん》を開始《かいし》し今回《こんくわい》の品評會《ひんぺうくわい》に際し特派され居る寺門《てらかど》(國民)吉屋《よしや》(福新《ふくしん》)八代(民報《みんぽう》)後藤《ごとう》(本社記者《ほんしやきしや》)同乘せしが同日午後南町疾走中某家の小供これに觸れ轉倒せるより齋藤社長《さいとうしやちやう》は自働車運轉方に就き一層注意を與へたり

開会中、東京自働車会社より自動車１台を借り受け、湯本～平間を運転する車を伝えた福島民友新聞の記事

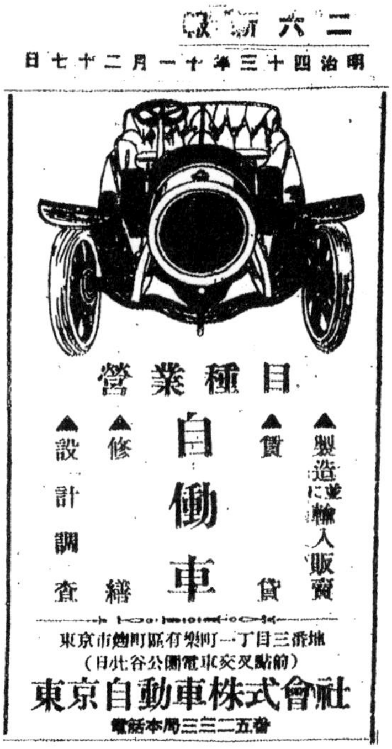

東京自動車株式会社の広告

平町２丁目の三井呉服店では東京自動車株式会社から農産物品評会の期間中、英国製レーカー１台を借り受けて、平～品評会場間を１人50銭で運行した（前の大型乗合自動車）

若松新聞　（大正二年九月五日）

◎自動車運轉廣告

◎若松驛東山間　一人　金參拾錢

◎若松驛坂下間　一人　金六拾錢

但若松驛發車　毎日午後三時
坂下町發車　仝　四時　當分一回

一團四人以上隨時發車

◎貸切　四人乘　一時間　三圓五十錢
七人乘　一時間　六圓

一團四人以上の御申込はお宅迄御迎ひに參上可仕候

◎若松市內　壹人　一拾錢均一

會津自動車株式會社
若松營業所
電話百十八番

株式會社登記簿第二八冊第一二〇五號

一商號　會津自働車株式會社

一本店　東京市麹町區內幸町一丁目三番地

一目的　一、自働車ニ依ル旅客貨物ノ運送及貸自働車營業　二、自働車及附屬品販賣　三、同一事業ニ對スル投資

一設立ノ年月日　大正二年七月二十一日

一資本總額　金三万圓

一一株ノ金額　金五十圓

一各株ニ付キ拂込ミタル株金額　金十二圓五十錢

一公告ヲ爲ス方法　所轄區裁判所カ登記事項ヲ公告スル一以上ノ新聞紙ニ掲載ス

一取締役ノ氏名住所
東京市麹町區中六番町一番地　佐久間榮
廣島縣若松市新橫町六番地　佐藤佐中
東京市麻布區龍土町六十三番地　安樂榮治
東京府豐多摩郡大久保町字百人町百七十八番地　浪岡具雄

一監査役ノ氏名住所
東京市芝區愛宕町二丁目十四番地　高田源次郎

一存立時期　大正二年七月二十一日ヨリ大正二十二年七月二十日迄滿二十箇年

若松新聞に掲載された会津自動車株式会社の自動車運転広告と設立登記簿

武田辰之助が福島駅～飯坂温泉間を営業した乗合自動車、フォード３台

関東地方

茨城県最初の
乗合自動車を検証する

1、自動車取締規則の制定

明治41年（1908年）11月筑波郡北條町の山口峰太郎が、東京市麻布区龍土町の木村秀実ら6名と協同で、北條町と新治郡土浦町間、土浦町と下館町間に乗合自動車の営業願を県に提出した。

茨城県ではまだ自動車営業取締規則を制定していなかったので、県内務部では急きょ東京府の取締規則などを参考にして明治42年1月14日、県令第2号で自動車営業取締規則を制定公布し、山口氏らの営業を許可した。

取締規則が公布されると、さらに2件の許可願が提出された。

1件は4月9日、真壁郡下館町字新花町の鶴見孫四郎が、東京市本郷区湯島天神下の清水広吉らと下館と下妻間を運行するというもの。

2件目は東京市下谷区清水町の菱井新三郎らが、同年5月に提出した水戸市と大洗町間を運行するというものであった。

これは水戸市仲町の弁護士林賢之助を通じて提出され、いずれも許可された。

2、人力車夫らの反対運動

これら3件のうち、水戸市と大洗町間は人力車夫たちにとってドル箱路線だったことから、彼らは死活問題だと猛烈な反対運動を起こし、大挙して警察本署に押しかけ、許可を取り消すよう申し入れた。

しかし県では、取締規則に則っていれば警察としては許可せざるを得ない、すでに全国28府県で許可を与えていることであり、茨城県が許可しないわけにはいかない、と取り合わなかった。

憤まんやるかたない彼らは、小黒善作ら14名の「談判委員」を選出して林弁護士らと交渉した結果、営業開始を6カ月間延長することで合意し、人力車側は出願者に600円支払った。6カ月というのは自動車営業取締規則の第21条1項に「許可の日より6カ月以内に正当の事由なく営業を開始せざる時は許可を取り消す」と明記されているからであった。

しかし、その後6カ月が過ぎても営業を開始する様子はまったくなく、自動的に営業許可は取り消されたのである。

水戸市同様、許可を受けた下館や土浦でも、人力車夫や馬車屋たちの妨害を恐れたためか営業を開始せず、許可を取り消されてしまった。

3、茨城自動車株式会社

その後、大正2年6月23日、新治郡土浦町3030番地に資本金4万円の茨城自動車株式会社が設立された。

営業路線は土浦と北條間で、7月23日から営業を開始している。

使用した自動車は三井物産機械部から購入した米国

三井物産が輸入したビュイック

茨城自動車株式会社の取締役吉田真太郎。右は会社設立の登記簿。大正2年7月5日登記とある

株式會社設立登記

一商號　茨城自働車株式會社
一本店　茨城縣新治郡土浦町三千三十番地
一目的　茨城縣新治郡土浦町ヲ起點トシ北條下館筑波谷田部水海道間ニ於テ自働車ヲ運轉シ乗客貨物ヲ運送スル營業
一設立ノ年月日　大正二年六月二十三日
一資本ノ總額　金四万圓
一株ノ金額　金五十圓
一各株ニ付拂込ミタル株金額　金十二圓五十錢
一公告ヲ為ス方法　所轄裁判所カ商業登記ヲ公告スル一新聞紙ニ掲載ス
一取締役ノ氏名住所
茨城縣新治郡土浦町九百十一番地　櫻井平兵衛
同町九百三十三番地　坂野五兵衛
同町二百三十六番地　五頭庄三郎
東京市芝區通新町十三番地　吉田真太郎
同市同區高輪南町三十番地　内藤　直吉
一會社ヲ代表スヘキ取締役　坂野五兵衛
一監査役ノ氏名住所
茨城縣新治郡土浦町四百十一番地　野村　太助
同町五百二十四番地　海上為四郎
同町六百六十七番地　今泉忠右衛門

右大正二年七月五日登記

土浦區裁判所

製ビュイック 12 人乗り幌型 2 台。

土浦と北條の双方から午前 7 時に同時発車して午後 6 時まで 1 日 9 回の往復で、運賃は全区間を 3 区に分けて、1 区が 20 銭、2 区 35 銭、全区間 50 銭だった。

社長は、新治郡の郡会議長で保険代理店を営む板野五兵衛で、経営陣のほとんどが地元の有志であるが、取締役の中に東京人が 2 人いる。

合資会社吉田商店主の吉田真太郎と同社の社員内藤直吉で、運転手の松田孝一、中島喜一、北村吉太郎の 3 名も吉田商店から派遣されている。

吉田真太郎が東京自動車製作所を設立して、有栖川宮殿下から注文を受け、明治 40 年 10 月、わが国最初の国産吉田式自動車を製作、さらに森村市左衛門、日比谷平左衛門ら財界人から続々と注文を受けて、国産車 10 台ほどを製造販売したことは、わが国の自動車史上あまりにも有名である。

そんな彼が、三井物産機械部が初めて輸入したビュイック、英国製ウーズレー、コマーシャルなどの自動車販売と修理を委託されるまでの波乱に満ちた遍歴は、紙面の都合で割愛せざるを得ない。

さて、綿密な収支目論見書をつくり、ビュイックという優秀な自動車と優良な運転手を揃えてのスタートだったが、地元の馬車所有者 5 名、人力車夫 200 名たちの妨害にあって思うような営業が出来ない。紅葉の季節に筑波山観光に訪れる東京の旅行客が頼りでは採算が取れず、会社は 1 年半ほど営業して、大正 4 年 1 月 26 日の株主総会決議で解散してしまった。

4、龍ヶ崎自動車株式会社

茨城自動車株式会社の設立に 2 カ月遅れて 8 月 31 日、稲敷郡龍ヶ崎町 3903 番地に資本金 1 万円の龍ヶ崎自動車株式会社が設立された。

路線は龍ヶ崎と江戸崎間で、自動車は日本自動車合資会社から購入したドイツ製のＮ・Ａ・Ｇ 1 台であった。

社長が稲敷郡生坂村の石山庄次、取締役が龍ヶ崎の田中政之助、岩佐源之助、飯田富蔵、八原村の菊池勘右衛門。

監査役が龍ヶ崎の松田福太郎、島田利助、井原治兵衛という経営陣だった。

しかし、2 年ほど経過した大正 4 年 3 月 6 日の常総新聞を見ると、「龍ヶ崎自動車の改革」という見出しがついて

「同社は収支あい償はず、本年に入りて維持さえ困難という悲境にあったが、竹中徳次郎が経営に乗り出し、賃金や発着時間を改正し、従来は停留所でしか乗車できなかったものを、乗客が自由に何処ででも乗り降りできるようにし、乗車券も車中で販売するように改めたため、乗客が従来の 3、4 倍に増加し、現在の負債を半年で償還できるまでに改革した」

と報じている。

しかし、その後どうしたわけか、1 年 4 カ月ほど経った大正 5 年 7 月 22 日の株主総会決議で解散しているのである。

5、その後の自動車事情

その後、茨城県の自動車界は、茨城自動車や龍ヶ崎自動車の失敗が影響したものか、内閣統計局の調査（いずれも 3 月末統計）を見ると、大正 5 年に 1 台、6 年には 0、7 年に 1 台、8 年に乗合 4 台、トラック 1 台という低迷ぶりである。

また、大正 8 年末の県保安課調査を見ると、全数 10 台で、乗用自動車 8 台、トラック 2 台。

乗合営業者は水戸市の木橋頴一、同二木伊勢松、磯浜町の白田周三郎、太田町の小池丑松、太子町の樋口政次郎、下館町の佐藤龍三郎ら 6 名で、全部個人営業である。

その後も急激な増加はなく、乗用車、トラック合わせて 100 台になるのはやっと大正 13 年 4 月末である。

龍ヶ崎自動車のNAG

株式會社設立登記	
一商號	龍崎自動車株式會社
一本店	茨城縣稻數郡龍ケ崎町三千九百三番地
一目的	稻數郡龍ケ崎町ヲ起點トシ江戸崎町、木原、臨磯川岸、将川、佐賀間ニ於テ自動車ヲ運轉シ乘客及貨物ヲ運送スル事業ヲ營ムヲ以テ目的トス
一設立ノ年月日	大正二年八月三十一日
一資本ノ總額	金一万圓
一一株ノ金額	金一百圓
一各株ニ付拂込ミタル株金額	金五十圓
一公告ヲ爲ス方法	本縣管内ニ於テ發行スル日刊新聞紙ニ掲載ス
一取締役ノ氏名住所	茨城縣稻數郡生板村生板七十三番地 石山庄次 同郡龍ケ崎町四千八百九十九番ノ二 四千九百番 合併 田中政之助 同町五百十二番地 岩佐源之助 同郡八原村泉六番地 菊地勘右衛門 同郡龍ケ崎町四千百十番地 飯田富藏
一監査役ノ氏名住所	茨城縣稻數郡龍ケ崎町四千九十七番地 松田福太郎 同町二百十六番地 島田利助 同町五百六十番地 井原治兵衛
一存立ノ時期	設立登記ノ日ヨリ滿十箇年

右大正二年九月十三日登記

土浦區裁判所龍ケ崎出張所

日本自動車合資会社の広告。右は龍崎自動車株式会社設立の登記簿。大正2年9月13日登記と記されている

栃木県最初の
乗合自動車を検証する

1、自動車税の制定

栃木県では、明治40年（1907年）2月から5月までに4件の乗合自動車営業許可願が当局に提出されている。しかも、4件ともすべて東京の住人から提出されたものであった。

恐らくこれは次のような事情が関係しているものと考えられる。

40年の年明け早々に、渋沢栄一を発起人代表として資本金1千万円という巨大な乗合自動車計画が発表された。

会社設立趣意書によれば、関東地方一円を営業地域として、漸次全国各都市に普及させるというものであった。

そのため、関東地方各県に営業路線の権利を先ず取っておこうという「先願権」を狙った許可願と考えられる。

これらの出願に対して栃木県の対応がまた素早かった。2月7日の県議会に、年税15円の「自動車税」導入が提案可決され、3月6日には全文33条の「自動車営業取締規則」が制定公布されている。

自動車税の制定は、明治37年の京都府、名古屋市、神戸市、岐阜県が最初で、次いで38年の大阪府、39年の東京府と続き、栃木県は東京府に次いで全国7番目である。

また、税率15円というのは2頭立て馬車7円、人力車の2円、自転車の4円と比較してかなりの高額である。

さらに運転手、修理工に対しては1級職として年税3円の職工税も制定している。

栃木県では、職工の税金を1級から4級までとし、1級職は汽車機関職、金庫職、蹄鉄職、自転車職のわずか4職種で、それに新たに自動車職が加わったわけである。

大工などの2級78職種が2円、仕立て職など3級43職種が1円50銭、炭焼き職など4級28職種が1円だった。

しかし、渋沢栄一らの大乗合自動車計画は1年間も揉めた挙句の果て、実現しなかったので、浜田清蔵らの計画も水泡に帰してしまった。

2、西那須野駅～塩原温泉間の乗合自動車

その後、明治43年に東京の山本音次郎、伊藤芳次郎、今井鉄次郎らによって西那須野駅から塩原温泉入口関谷まで14キロの乗合が計画され、これは8月8日から営業を開始した。

これが栃木県最初の乗合自動車である。

所要時間30分、料金は片道40銭、往復70銭、営業時間は午前8時から午後6時まで、汽車の発着にあわせた運行であった。

自動車は東京有楽町3丁目3番地の帝国自動車株式会社が使用していたトラックの車体を、8人乗りの乗合自動車に改造したもので、山本音次郎らはこれを

中正不偏

下野新聞

年中無休刊
(大祭翌日以外)

明治四十三年八月十日

塩原行自働車《しほばらゆきじどうしや》

八日試運轉《しうんてん》昨日《さくじつ》より開始《かいし》

東京《とうけう》山本音次郎伊藤芳次郎今井鐵次郎三名《めい》の共同經營《きようどうけいえい》に係《かゝ》る塩原行《しほばらゆき》西那須野《にしなすの》關谷間《かん》の自働車開通《かいつう》は既記《きき》の如《ごと》く一昨《いつさく》八日試運轉《うんてん》を行へ本縣廳《ほんけんちやう》よりは係技手《ぎて》及《およ》び大田原《おほたはら》川島矢板中村の両警察署長《りやうけいさつしよちやう》其他《そのた》同乘《どうじやう》午後《ご》一時三十分大雨《たいう》を衝《つ》いて西那須野《にしなすの》を出發《しゆつぱつ》段々《だん／＼》上《のぼ》りの道路《だうろ》を僅《わづ》か一時間足《た》らずに關谷《せきや》駐車場《ちうしやぢやう》たる梅屋《うめや》に到着《たうちやく》少時《せうじ》休憩《きうけい》の後《のち》西那須野《にしなすの》に引返《ひきかへ》したるが歸路《きろ》は三十五分《ぷん》にて(三里半《りはん》)西那須野《にしなすの》に到着《たうちやく》したり當日《たうじつ》開通《かいつう》の披露宴《ひろうえん》を西那須野《にしなすの》停車場《ていしやぢやう》前《まへ》旅舍《りよしや》大和屋に開催《かいさい》し來會者《らいくわいしや》四十余名《よめい》大田原郡書記席上を斡旋《あつせん》し盛《さかん》なりしと尚ほ第二回の試運轉《しうんてん》を狩野村三島子爵別邸前迄《まへまで》行へたるが往《ゆき》十三分歸り六分《ぷん》にて(約《やく》十八町《ちやう》を)往復《わうふく》頗《すこぶ》る好成績《かうせいせき》を得《え》昨日《さくじつ》より一時間毎《ごと》に西那須《にしなす》關谷《せきや》間《かん》の運轉《うんてん》を開始《かいし》せり

明治43年8月10日の下野新聞に掲載された塩原行き自動車の試運転開始の記事

都新聞

明治四十三年十月五日

塩《しほ》原《はら》の秋《あき》

眞山生

子供《こども》の時分《じぶん》に那須野《なすの》が原《はら》と聞《き》けば鬼婆《おにばゝ》や魔もの の住家《すみか》のやうに想《おも》ひ怖《おそ》れてあつた、それが今自働車によつて坦々《たん／＼》とした路《みち》を驅《かけ》つて行《ゆ》く、秋老ひたる一望の平原《へいげん》天《てん》濶《ひろ》く雲《くも》一抹、地《ち》は遙《はるか》にして際涯《さいがい》なし、野《の》を過《す》ぎ林《はやし》を縫ふ、平原《へいげん》の風《かぜ》は寒《さむ》い

明治43年10月5日の都新聞に掲載された塩原温泉行きの乗合自動車のイラスト

帝国自動車から運転手付きでチャーターしている。

帝国自動車から西那須野に派遣された運転手の高橋佐太郎（後に郷里岩手県に帰り岩手トヨタ自動車、岩手いすゞ自動車、宮城いすゞ自動車など各社の社長、会長を歴任して東北地方における自動車業界の大立者になった）は、その著書『草分け運転手』の中で当時の追憶として次のように書いている。

「私が西那須野に着くと、土地の人たちの歓迎振りは、現在の映画スターのように熱狂そのものであった。（中略）

また運転を始めると沿道の家々から老若男女を問わず飛び出してくる。跳ねる、手を振る、叫ぶ、すさまじい興奮状態を巻き起こした。（中略）

関谷から塩原温泉までは道路事情が悪くて自動車が通らなかったので関谷に着くと（筆者註・梅屋旅館前）そこにいつも十数台の人力車が待っていて、客はそこから人力車に乗り換えて温泉に行くのである。（中略）

土地の人は殆ど乗らない。東京、横浜方面からの贅沢な湯山客が主として利用した。

この乗合自動車は採算的にほぼ釣り合った状態にあり、紅葉の季節には相当の収入が期待されたが、あたかも９月６日、降り続く豪雨に全国的大洪水となり、交通機関が寸断され、東北本線も運行中止となった。

バスの運行路線も各所で決壊して、復旧の見込みが立たず、会社からの指令によって私は東京に引き上げた」

運行したのはごく短期間であった。

3、大正２年から４年頃までの自動車状況

大正２年１月、臼井助三郎が上都賀郡鹿沼町1609番地に鹿沼自動車運輸事務所を開設して、東京市京橋区銀座１丁目の高田商会自動車部から米国製クリット３台を購入し、鹿沼～栃木間60銭、鹿沼～宇都宮間30銭で乗合を運行した。

この路線は間もなく臼井氏が営業権一切を小林佐重に譲渡している。

東京輪界新聞社の大正４年４月末の調査を見ると、栃木県には８台の自動車があり、１番から３番までの３台は前記小林佐重の所有車。

４番と６番の２台は下都賀郡栃木町203番地の岡部峰松。

５番が上都賀郡日光町682番地の星野惣作。

７番が那須郡黒磯町の北川平吉。

８番が日光町102番地の大島忠二となっている。

この調査には漏れているが、大正２年に日光の金谷ホテルと日光ホテルがそれぞれ１台ずつ、宿泊客送迎用の乗合自動車を運行している。

4、金谷ホテルの自動車

大正２年９月４日の「下野新聞」を見ると、金谷ホテルの自動車が小西本店に滞在していた岡警保局長や峰村日光警察署長らを駅に送る途中、路地から飛び出した子供を避けようとハンドルを切り損ねて横転し、局長ら４名が重軽傷を負う事故を起こしたことを大きく報じている。

金谷ホテルではその後、大正５年12月１日、金谷善一郎、同町の小西喜一郎らが、資本金１万円の「日光自動車株式会社」を設立した。

その後増車して、大正８年６月には総数17台と、栃木県内随一の自動車所有者になった。

内閣統計局の大正８年３月末によれば、栃木県には乗用車29台、トラック５台と記載されている。

西那須駅前（東北線）旅館大和屋自動車部の乗合自動車

日光金谷ホテルのハイヤーたち

関東地方－群馬県

群馬県最初の
乗合自動車を検証する

1、乗合馬車から馬車鉄道、電気軌道へ

群馬県の高崎は明治5年（1872年）に東京との間に郵便馬車が運行されたわが国最初の長距離馬車発祥の地である。

明治12年8月、東京から伊香保に旅行した文学者大槻文彦によれば、

「神田万世橋の袂（たもと）に馬車屋が数件あって、広運舎が午前2時に、開盛舎が午後4時に高崎まで毎日1便ずつ運行していて、所要時間は12時間、料金は1円40銭の前払いだ」

と述べている。

また、上毛新聞の明治42年8月9日号には、当時、群馬県の駅丁課長に磯村応という人がいて、彼が馬車を奨励したので、市の有志たちが広運舎とか西北舎とかをつくって競争をしていた。

それが明治12年に合併して遊龍軒となった。

その後、伊勢崎、前橋をはじめ県内各地に乗合馬車が普及したが、遊龍軒がそれらの総元締めで、その勢力は大変なものだった、と報じている。

群馬県にはそうした歴史的な背景があって、以後乗合馬車や馬車鉄道が普及し、さらに明治時代後期になると水力発電事業が盛んになって、馬車鉄道から電車への転換も非常に早かった。

明治22年に設立された前橋馬車鉄道株式会社、26年の群馬鉄道馬車株式会社に始まり、以後43年までに、利根軌道株式会社、伊香保電気軌道株式会社、吾妻温泉馬車軌道株式会社、草津馬車株式会社、四万温泉馬車合名会社など会社組織の馬車鉄道や電気軌道が7社も設立されている。

これは他県に見られないことで、そうした馬車鉄道や電車の発達は、反面、乗合自動車の発達を遅らせた傾向が見られる。

2、吾妻地方の乗合馬車と自動車の出現

明治43年10月17日、中之条町の田中甚平、桑島竹治郎、田村喜八らが東京赤坂区青山北町の松岡弁、東京府豊多摩郡渋谷村の山名金明と資本金15万円の「吾妻温泉馬車軌道株式会社（中之条町大字伊勢町乙988番地）」を設立。

同社は大正2年7月に社名を「吾妻軌道株式会社」と改称する。

こうした鉄道網の充実に伴って大正4年頃になると草津や四万、川原湯など吾妻地方の温泉場に東京の有名人などが避暑や湯治に多数訪れるようになった。

そこで、大正4年9月20日、吾妻軌道株式会社が主体となって長野原町の萩原太一郎を社長に「草津馬車合資会社（草津町大字草津107番地）」を設立。

さらに翌年3月1日には、従来小暮雄平、佐々木潔らが経営していた乗合馬車に吾妻軌道会社と四万温泉馬車合名会社が出資して「四万馬車合資会社（中之条町大字伊勢町乙988番地）」を設立して乗合馬車の充実を図った。

中之条町の草津行き場車集合地

草津温泉入口と亜細亜貿易商会のキャデラック

THE ASIATIC TRADING CO.,
IMPORTERS & EXPORTERS
Room 403　　149 CALIFORNIA ST.
SAN FRANCISCO, CAL.

亞細亞貿易商會

米國・桑港カルホルニヤ街百四十九番

營業項目

新古自動車
新古モーターサイクル
同タイプライター
自動車、自動自轉車附屬品
電氣機具
化學工業用品
其他何品ニ不拘低廉ナル口錢ヲ以テ買次輸出仕リ候間何卒多少ニ不拘御用命ノ程願上奉リ候
御注文ハ銀行信用狀添付。
値段ハ桑港渡シ或ハ橫濱渡シ

大正四年七月九日

○草津溫泉行
▲自動車
七月一日開通

今回浴客諸君の便宜を圖り草津溫泉中之條町間に定時運轉を開始し最大快速力を有する新式自動車數臺を備付け二時間餘にて到着致候間何卒續々御來浴の程奉願上候

草津鑛泉場取締所
草津旅館組合

草津温泉旅館組合の要望で、亜細亜貿易商会（社長谷村清衛）が大正4年7月1日から中之条～草津温泉間に乗合自動車を運行した一方、東洋制帽株式会社取締役谷村清衛（東京市芝区田町3丁目1番地）は、草津旅館の要望もあって大正4年7月、所有していた米国製キャデラック2台を中之条に持ち込んで、草津温泉までの輸送に使用したものである。

上毛新聞には、「7月1日から定期運転を開始、中之条から草津温泉まで2時間余で到着する」と広告している。

大正5年7月24日の上毛新聞はそうした吾妻地方温泉場の盛況と交通状態を、

「吾妻郡各温泉は霊泉の効験と天下の絶勝が普く知られたるためか、今年は七月上旬より盛況を呈し目下渋川・中之条間の軌道馬車、中之条・四万間の普通馬車及び草津行の赤馬車共に満員を告げ、草津往復の自動車も許可となり2、3日前より運転を開始し、避暑に入浴に続々入り込み居り、四万温泉は既に満員にて、草津温泉の一千三百名、川原温泉の四百名、沢渡温泉の二百名、川中温泉の八十余名その他非情の賑わいなり」

と報じている。

この記事を見ると、乗合自動車が営業を許可されて運行したのは5年の7月のようで、先の同紙に掲載された開業広告とは1年の差があることになるが、いずれにしてもこの中之条～草津間の乗合自動車が群馬県で最初であることには変わりはない。

その後大正8年5月に、四万馬車合資会社が米国製スチュードベーカー1台とフォード1台を購入して、中之条から四万温泉間に乗合自動車を運行させるのである。

3、上野自動車株式会社

大正8年12月20日、前橋市田中町75番地に、資本金20万円の「上野（こうずけ）自動車株式会社」が設立された。

経営陣は社長に前橋市本町の永井篤三郎。

取締役に同市田中町の飯田正雄、伊香保町の小暮八郎ら6名。

監査役に利根郡川場村の桑原吉右衛門、群馬郡渋川村の藤井紋三郎ら5名であった。

使用した自動車は東京瓦斯電気工業株式会社から米国製チャンドラー、インターステートなど6台を購入し、渋川～伊香保間、ヤセオス峠～榛名湖間の乗合と、前橋、高崎方面への貸切を運行した。

乗合の料金は渋川～伊香保間が1円、ヤセオス峠～榛名湖間が30銭、往復50銭で、貸切は5人乗り自動車で渋川～伊香保間8円、渋川～前橋間片道8円、往復12円、伊香保～前橋間片道16円、往復24円、伊香保～高崎間片道18円、往復27円だった。

上野自動車会社は大正9年12月6日、高崎市田中町甲22番地の、「高崎自動車株式会社（資本金3万5千円、大正9年9月1日設立）」と合併する。

しかし、この合併は失敗で両社の経営陣間に確執が起こり、合併後1年ほどで翌10年8月17日に解散する。

解散後、上野自動車会社の取締役飯田正雄や監査役桑原吉右衛門らは渋川駅に新たに「上野自動車本店」を創立して上野自動車会社の経営を受け継いで営業するのである。

4、自動車時代到来する

以上の他、大正8年5月3日、「宇都宮自動車株式会社（宇都宮市塙田町278番地、資本金3万円）」が、同年8月21日、「坂東自動車株式会社（沼田市3381番地、資本金3万円）」が設立。

さらに翌9年4月23日、「群馬自動車運輸株式会社（前橋市田中町93番地、資本金20万円）」が、同年8月2日、「渋川自動車株式会社（群馬郡渋川町1886番地、資本金6万円）」が設立される。

また同年9月1日、「高崎自動車株式会社（高崎市田町甲21番地、資本金3万5千円）」が設立されて、自動車時代が到来することになる。

沼田町の坂東自動車株式会社、
大正８年８月23日設立

上野自動車株式会社取締役飯田正雄の
チャンドラー

大正８年12月20日設立、上野
自動車株式会社のチャンドラー

関東地方－埼玉県

埼玉県最初の
乗合自動車を検証する

1、本庄町の丸山自動車

明治44年（1911）、本庄町の丸山善太郎が本庄～児玉間に乗合自動車を計画して県の許可をとり、14人乗り自動車を東京芝区白金町の芝自動車製作所から購入して、同年11月1日から営業を開始した。

芝自動車製作所の自動車については、中部地方の「新潟県最初の乗合自動車を検証する」のところで詳述しているので、ここでは「埼玉新報」に2日間にわたって報道された自動車の仕様の大略を取り上げておくと、

「車体は運転席2人、客席は12人、全長14フィート、全幅5フィート6インチ、エンジンはガソリン式4気筒で、気筒の直径3インチ4分の3、衝程6インチ8分の7、1分間120～1800回転、24馬力、最高時速35キロ、発火装置はハイテンション・マグネットで、乾電池の使用も可能、前進3段、後進1段、トランスミッションはスライディング式、ブレーキはドラム内部膨張式」

と報じている。

2、本庄自動車株式会社

この路線は乗客には好評だったが、1台だけの自動車では故障などが起こると、列車の発着時刻に合わせた運行に支障があったので、株式組織にしてもう1台購入しようということになり、明治45年2月25日、本庄町長松本文作、県会議員小林浜次郎らによって、本庄町2762番地に資本金1万8000円の「本庄自動車株式会社」が設立された。

ここに掲載した写真は、開業日に五洲園で披露宴を開いた後、金鑽（かなさな）神社に参拝した時のものである。

自動車が2台になると、客馬車屋や人力車夫らは運賃を半額にしたり、狭い道路で道を譲ろうとしなかったり露骨な妨害行為にでた。

自動車会社では馬車屋を買収しようと交渉したが、彼らは応じなかった。

本庄自動車株式会社の乗合は度々事件を起こした。その幾つかを取り上げてみよう。

明治45年4月21日、乗客の中に妊娠7カ月の女性がいて、児玉郡共和村付近で急に産気づいてしまし、車内で女児を出産するという前代未聞のめでたい騒ぎがあった。

明治45年6月20日には、本庄行きの車両と、本庄から児玉に向かう同社の自動車2台が衝突事故を起こした。

一方の自動車を運転していたのは無免許の助手で、運転手が辞めてしまったので、臨時に運転していたもので、会社は警察から厳重注意を受けた。

また大正元年9月29日、児玉から本庄に向かう自動車が途中、八幡山の県道で、7歳の知的障害を持つ子供を轢いて死亡させた。

自動車による埼玉県最初の死亡事故だったが示談が

明治45年2月25日本庄自動車株式会社の開業の写真。五洲園で披露宴を開いた後、金鑚神社に参拝をした（中原歌子氏所蔵）

本庄自動車株式会社（設立）

一、本店　埼玉県児玉郡本庄町二千七百六十二番地

一、目的　自動車ヲ以テ旅客貨物ノ運輸ヲ営ム

一、設立ノ年月日　明治四十五年二月二十五日

一、資本ノ総額　金一万八千円　一、一株ノ金額　金五十円

一、各株ニ付払込ミタル株金額　金三十円

一、取締役ノ氏名住所

松本文作　埼玉県児玉郡本庄町五百八十五番地

小林浜次郎　同所六十三番地

宮下林平　同所六十七番地

河野健三郎　同所百九十二番地

福島泰助　同郡丹庄村大字阿保五百六番地

一、監査役ノ氏名住所

武正恭作　埼玉県児玉郡本庄町九十三番地

清水善平　同所四百九十八番地

本庄自動車株式會社追加登記

一清算結了ノ年月日　大正三年十一月二十一日

右大正三年十一月二十七日登記

熊谷區裁判所本庄出張所

本庄自動車株式会社の登記簿

成立した。

乗客は多かったが、中古車で故障が多く、また事故も多発して経営は思わしくなかったので、大正３年11月、松本文作、小林浜次郎らはついに自動車事業を締め、新たに同じ路線に「本庄電気軌道株式会社」を計画して、本庄自動車株式会社は解散する。

3、西武自動車株式会社

大正２年12月21日、埼玉県入間郡越生町大字越生７番地に、資本金５万7500円の「西武自動車株式会社」が設立された。

社長には入間郡梅園村の山崎啓蔵が就任、経営陣には鶴ケ島村の瀧島寅吉、越生町の田島宰作、毛呂村の栗原勘次郎ら10名。監査役が入間郡山根村の安藤源内、梅園村の岩田平太郎、坂戸町の林毎三郎、越生町の樋口吉平ら９名であった。

自動車３台で越生を中心に入間郡各地を運行していたが、経営陣が各地からの寄り合い所帯で「船頭多ければ船、山に上る」ではないが、１年も経たないうちに経営陣の内紛で解散している。

4、鴻巣〜松山間、熊谷〜小川間の乗合自動車

大正３年３月２日、比企郡北吉見村大字今泉の県会議員岡安五郎が、鴻巣〜松山間と松山〜熊谷間に乗合自動車の運行を計画し、東京から自動車２台を取り寄せ、まず松山〜熊谷間の運転を開始した。

しかし、道路が悪い上に、運転手の技術が未熟、その上馬車屋の妨害などで思うような運行が出来なかったため、岡安氏は自動車代金の支払いが出来ず、自動車会社から自動車を差し押さえられてしまった。

大正３年10月、岡安氏と親しかった比企郡小見野村の若山龍吉が岡安氏の営業路線権利を譲り受け、差し押さえられていた自動車２台を買い戻して、鴻巣〜松山間、熊谷〜小川間を運行した。

5、大正７年の自動車事情

帝国自動車保護協会の大正７年９月末の調査によれば、

「埼玉県には総数13台ある。

自家用４台、乗合８台、貨物１台で、自家用は川越町の浅辺吉右衛門、武蔵水電株式会社、浦和町の村松武夫、有田栄吉の諸氏。

営業車は北足立郡の鳩ヶ谷自動車株式会社、南埼玉郡の岩槻自動車株式会社の各３台、比企郡の若山龍吉の２台と、貨物車は南埼玉郡粕壁町の株式会社自動車用達社の１台である。

一体に面積狭隘にして東京府に押されて比較的振るわない同県としてはこの台数を所有しているのは喜ばしいが、如何なる理由か県警察部では、到底将来の見込みは立たず、と言っているのは余り喜ばしくない」

以上のようにこの調査によると、警察部では悲観的な見方をしているが、大正８年末から続々と自動車会社が設立されるのである。

12月17日、大里郡深谷町に資本金５万円の「深谷運輸自動車株式会社」設立。

大正９年３月７日、同郡熊谷町に資本金50万円の「日本自動車運輸株式会社」が設立される。

同年３月15日、児玉郡本庄町に資本金15万円の「本庄自動車運輸株式会社」が、同年12月14日、熊谷町に資本金20万円の「埼玉自動車株式会社」が設立されて、埼玉県の自動車運輸業界もようやく活況を呈することになる。

大正５年６月19日に設立された鳩ヶ谷自動車株式会社。同７年には５台に増車し、昭和の初めには本社を新築、ガソリン計量場を設置している（鳩ヶ谷市立郷土資料館提供）

縣報　第千六百貳拾五號　明治四十年七月二十三日　火曜日　埼玉縣

○縣令

埼玉縣令第三十六號
自動車取締規則左ノ通定ム
明治四十年七月二十三日　埼玉縣知事　大久保利武

自動車取締規則

第一章　總則

第一條　本則ハ鐵道又ハ軌道ニ依ラスシテ運轉スル自動車ニ適用ス
第二條　本則ニ依リ當廳ニ差出スヘキ願、届ハ營業事務所ノ所轄警察官署、營業事務所カ管外ニ在ルトキハ管内ニ在ル代表者又ハ業務擔當人ノ住所地ノ所轄警察官署、營業者ニアラサル者ニ在リテハ其住所地ノ所轄警察官署ヲ經由スヘシ
第三條　未成年者、禁治産者ノ爲ス願、届ニハ法定代理人ノ連署、準禁治産者、妻ノ爲ス願、届

株式會社設立登記
一商號　鳩ヶ谷自動車株式會社
一本店　北足立郡鳩ヶ谷町大字鳩ヶ谷千八百四十二番地
一目的　旅客貨物ノ運輸業
一設立ノ年月日　大正五年六月十九日
一資本ノ總額　金五千圓
一一株ノ金額　金二十圓
一各株ニ付拂込ミタル株金額　金二十圓
一公告ヲ爲ス方法　所轄區裁判所カ公告スル新聞紙ニ掲載ス
一取締役ノ氏名住所
北足立郡鳩ヶ谷町大字鳩ヶ谷百九十三番地　田畑喜三郎
北足立郡鳩ヶ谷町大字鳩ヶ谷千七百九十番地　名倉　英藏
北足立郡鳩ヶ谷町大字鳩ヶ谷千八百三十五番地　島田五郎左衛門
一監査役ノ氏名住所
北足立郡鳩ヶ谷町大字鳩ヶ谷四十番地　矢作富之助
北足立郡鳩ヶ谷町大字鳩ヶ谷百六十一番地　豊田傳右衛門
北足立郡鳩ヶ谷町大字鳩ヶ谷千八百十八番地　豊田豊三郎
北足立郡鳩ヶ谷町大字鳩ヶ谷百七十六番地　三田　友吉
北足立郡鳩ヶ谷町大字鳩ヶ谷千八百三十八番地　齋藤謙次郎
一存立時期　設立登記ノ日ヨリ滿二十箇年
右大正五年七月一日登記
浦和區裁判所鳩ヶ谷出張所

右は埼玉県県令自動車取締規則。明治40年７月23日に公布されている。左は鳩ヶ谷自動車株式会社設立の登記記録

千葉県最初の 乗合自動車を検証する

1、香匝自動車合資会社

千葉県統計書を見ると、明治44年（1911年）までは自動車の記録がゼロで、大正元年末になって初めて香取郡に1台が記載されている。この1台については「千葉県警察史」や「佐原市史」は香取郡久賀村（現・多古村）の加瀬房吉が経営した香匝（かそう）自動車会社の自動車で、車両ナンバー「1」を付けて香取郡の佐原、多古、匝瑳郡の八日市場間を運行したと述べている。

そこで加瀬家を訪ねて、その自動車の写真や検査証を見せてもらった。車検証の交付日は大正元年ではなく、大正8年3月4日になっている。

千葉県が最初に自動車取締規則を制定したのは大正元年12月13日であるが、大正8年に規則が改正されて、以後ナンバーの頭に千葉県を表す「千」の字を付けることになったのである。つまり「千1」というナンバープレートのついた車は大正8年以後に車検を受けた車で、規則の改正時に届け出が一番早かったということになる。

「千1」のナンバーを付けた車を見ると、どうも大正6年以後のフォードT型のようであるし、商業登記簿を調べてみると、「香匝自動車合資会社」が設立されたのは大正11年7月1日である。自動車は会社設立以前に購入していたのだろうか。

2、北総自動車合資会社

鉄道省千葉運輸事務所が発行した「管内自動車運送」を見ると、大正元年に香取郡小見川町有志の合資を持って小見川～佐原間の乗合自動車が営業を開始し、大正4年に小見川町の宮本兼吉がこれを買収して営業を継続した、と述べている。この件については「成田市史」にも同様の記述があり、これは「北総自動車合資会社」のことである。

しかし、北総自動車合資会社を設立した小見川町の新聞販売店主宮島太一が、大正4年10月に出版した『小見川案内』には人力車や馬車、自転車、荷車などの数や料金は詳細に報じているが、自動車については触れていない。当時、小見川には自動車はまだ無かったのである。

宮島氏はその後、昭和47年に『八十年の回顧』という自伝を出版していて、その中で彼が乗合自動車を始めた経緯について、

「大正3年上総湊の旅館萬歳館主笹生萬吉が英国大使館からフランス製の1910年型ダラック五人乗り自動車を払い下げられ、上総湊と木更津間に乗合自動車を走らせていることを聞いたので早速視察に行った。（中略）県下にもう一ケ所、東金と片貝間を営業しているものがあり、創業者は片貝の錦織氏で、そこへも視察に行って来た」

と述べている。

ナンバー「千 1」香匜自動車会社の乗合自動車

香匜自動車会社の社長、加瀬房吉氏と
右はその乗合自動車

もし、香匝自動車合資会社が大正３年頃に香取郡内を運行していたとすれば、宮島氏はわざわざ遠い上総湊や片貝まで視察に行くことはなかっただろう。法務局の商業登記簿を見ると、宮島氏が北総自動車合資会社を設立したのは大正５年11月13日となっている。香取郡の大正元年説はどうも疑問が多い。

3、上総湊の萬歳館自動車部

小見川の宮島太一が視察に行ったという上総湊の萬歳館であるが、「千葉県史」や日東交通株式会社の「社史」には、この笹生萬吉が営業した萬歳館自動車部が千葉県最初の乗合自動車としている。前記の資料には多少の違いがあり、私の調査では「千葉県議会史・議員名鑑」の記述が最も信頼できるようなので、同書の記述を引用してみよう。

「笹生萬吉は文久元年（1861）４月８日、笹生清兵衛、クラ夫妻の子として天羽郡加藤（現・富津市）に生まれた。明治40年に旅館業を開業して萬歳館と名付けた。開業以来非常に繁盛して湊町一の旅館となった。その傍ら明治35年頃から乗合馬車による運送業も行なっていたが、大正２年にヨーロッパ製のスピロー幌型５人乗りの自動車を購入、同年９月から乗合自動車の営業許可を取り、萬歳館自動車部を設立した。最初は上総湊～木更津間を走っていたが、次第に上総湊～安房北條間、上総湊～豊岡間、北條～鴨川間へと営業路線を拡充していった。（中文略）」

「大正末年には県外にも進出して、京王帝都社長堀内良平の斡旋で新宿西口から多摩墓地間の運行も行なった。大正８年９月の県会議員選挙には君津郡から政友会に推されて立候補し当選、昭和３年１月まで10年間在任した。（中文略）乗合自動車の経営は昭和20年２月に戦時体制下の企業合同で日東交通株式会社に吸収合併された」

と述べている。

最初の車をフランス製のダラックと書いているものがあるが、写真を見る限りこれは議員名鑑にあるようにドイツ製のスピロー（ドイツ語読みではズーベリオール）である。

4、片貝館の乗合自動車

山武郡片貝の旅館片貝館主錦織源蔵（高橋源太郎が錦織家に養子に行って錦織源蔵名を継いだ）が、「高橋自動車合資会社」を設立したのは大正９年11月15日。その後、千葉新聞社長遠山十郎らと「九十九里自動車株式会社」を設立したのは大正10年８月27日であるが、小見川の宮島太一が大正３年に視察に行ったということであるから、当時すでに個人営業をしていたことは疑いない。息子さんの雅弘氏から複写させていただいた片貝旅館の玄関で撮った写真の自動車もＴ型フォードの初期のものである。しかし、雅弘氏は父から大正２年頃に自動車を買ったように聞いたが、はっきりした時期はわからない、とのことであった。

5、大多喜の乗合自動車

千葉県最初の自動車説はもう１件ある。「大多喜町史」には「大正２年夷隅郡大多喜町の田島勝司郎、市原郡鶴舞町の安原種吉らによって大多喜～鶴舞間の乗合自動車が運行された」とある。

この件については大多喜町長を務めた西尾発造が書き残した「大多喜交通小史」があり、それを見ると「この会社は翌年の大正３年に平三村（現・市原市）で転覆事故を起こし乗っていた私が大腿骨折の負傷を受けたため、経営に頓挫を来たし、会社は解散するの止むなきに至った」と述べている。

6、統計書に見る自動車数

千葉県統計書の大正２年末調査を見ると、君津郡に４台、安房郡に１台、山武郡に１台、市原郡に３台、計９台となっている。安房郡の１台と君津郡の４台は萬歳館の自動車。山武郡の１台は錦織源蔵の所有車。市原郡の３台は舞鶴と大喜多間を走った自動車と考えられる。

以上、大正元年説は疑問があり、２年に３件が集中していて一体何処が最初なのか結論が出せない。

大正 10 年 2 月、鈴木左兵衛に譲渡された北総自動車株式会社の車両。円内は左から宮島太一、中央が鈴木社長、右は藤屋旅館女将。下の写真は、同社のフォードで花見に行ったときの様子

上総湊萬歳館の乗合馬車と自動車（上）。萬歳館の館主笹生萬吉は、大正２年ドイツ製ズーベリオール（英語ではスピロー）を購入し上総湊から北条間の乗合自動車を開業した。その後大正10年３月29日からは安房郡鴨川町～横渚にも路線を拡張した。現在の日東交通株式会社の前身である（笹生守氏提供）

大正２年、片貝館の館主錦織源蔵が購入したフォード。錦織源蔵は大正９年11月15日、高橋源太郎らと高橋自動車合資会社を設立した

九十九里自動車株式会社（千葉県山武郡東町東金588番地、大正10年８月28日設立）のフォード

東京都最初の乗合自動車を検証する

1、乗合自動車の出願 3 件

東京では明治 36 年（1903 年）6 月までに乗合自動車営業許可を警視庁に出願したものが 3 件あった。

芝区葺手町 25 番地の江副廉蔵を代表として提出したもの、同区三田四国町 17 番地の服部三樹之介を代表として提出したもの、麹町区下二番町 25 番地の村岡致遠を代表として提出したものなど、いずれも株式会社組織の営業だった。

しかし警視庁では内務省と協議した結果、市内には 4 万台以上の人力車があふれているし、馬車鉄道も 11 月から電車に動力を変更し、路線の第 2 期工事も完成するので、このうえ危険な乗合自動車を許可する必要はないとして、出願をすべて却下してしまった。

2、渋沢栄一らによる計画

明治 39 年 11 月、渡辺熊之進やベルギー人カータス男爵によって資本金 25 万円の自動車会社設立が計画された。

計画では、使用する自動車はフランス製の 2 階建て 38 人乗りで、値段が 1 台 1 万 4000 円、それを 17 台購入して、市内各所を 3 路線に区切って 1 路線 3 銭均一で運行するというものであった。

この計画に経済界の大御所渋沢栄一が賛同して設立委員長を引き受けたことから、資本金 1 千万円という鉄道建設以上に巨大な事業計画に発展し、社名を「日本自動車株式会社」として株式を募集することになった。

新聞に出した株式募集広告には、

「当会社は欧米最新式の自動車を以って東京市内各方面の交通機関不備を補い、漸次全国各都市に及ぼさんとす、自動車は電車、汽車の如く軌道を建設するの要あらず、電線電柱を架設するの必要なし、随って軌道敷設に併ふ土地の買収費及び其の保管に必要なる保線費を要せざるが故に、開業初年度より優に予期以上の利益を配分し得べし」

と宣伝している。

カータス男爵がフランスから取り寄せた乗合自動車 1 台が 1 月に横浜に到着し、8 日に株主や新聞記者らを招待して日比谷公園で試乗会が行なわれた。

2 階部分の材料が間に合わず試乗会では普通の乗合で披露された。外見から考えて車種はフランス製ダラックと推定される。

この乗合自動車ブームに乗り遅れまいと梅谷精一らも資本金 150 万円の「東京自動車会社」を計画。

さらに阿部林右衛門らも資本金 100 万円の「関東自動車株式会社」を計画して、ともに営業許可を当局に出願した。

3、警視庁の自動車取締規則

突然起こったこの乗合自動車ブームはマスコミを騒がせたが、特に驚いたのは警視庁だった。

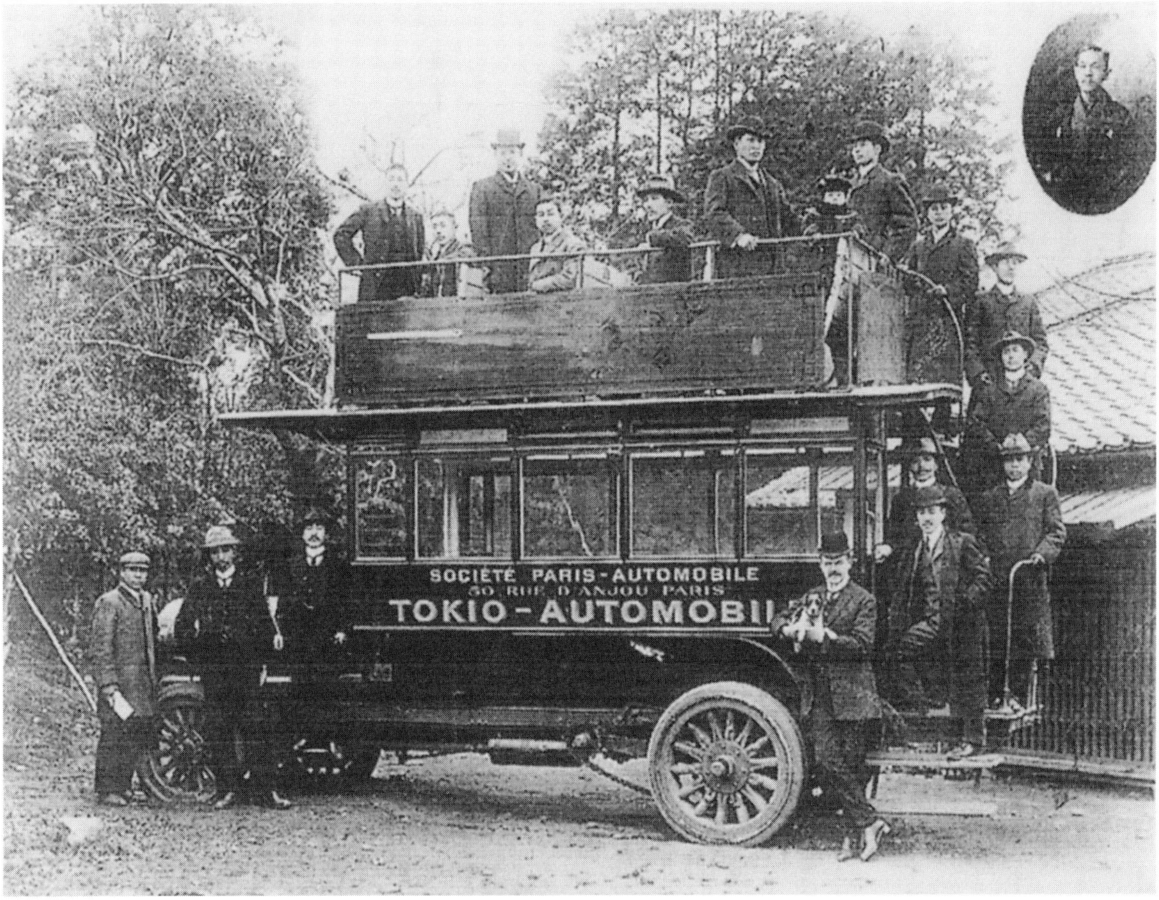

パリ自動車会社代表カータス男爵が持ってきた２階建て自動車。上の写真はベルギー大使館前にて（故・佐々木英一氏提供）
下は同じ場所で撮影したもの（田村重夫氏提供）

一定の軌道を走る電車でさえ殺傷事件を多発しているのに、さらに巨大な乗合自動車会社が3社も設立されれば、その取り締まりは手に負えなくなると頭を痛めたが、とにかく取締規則を制定せざるを得ないと、明治40年2月19日、庁令第9号をもって全文39条の「自動車取締規則」を制定、公布した。

しかし、この自動車を過度に危険視した取締規則は事業者はもとより、マスコミからもさまざまな批判を浴びた。

取締規則公布直前の東京日日新聞は「自動車は何処を走るのか」という見出しで、

「乗合自動車の路線は電車の軌道が敷設されていない道幅6間以上の道路ということだが、そんな道路は市内には護国寺下の音羽の大通以外にはないし、そことてやがて電車の線路が延長されれば通行禁止になるだろう、とすれば、自動車の動き得る場所は市内に無くなってしまう」

と批判し、2月24日の東京朝日新聞も、

「外人と自動車規則、当局者の弁解」という見出しをつけて、

「運転手は履歴書を警視庁に提出して許可証を得くべしとあるが、某在住異国人高官は、履歴書を警視庁に提出しなければならないなどは侮辱も甚だしいことである。また、後車は前車に対して30間以上の距離を保つべし、とあるが、このようなことは運転上到底守れるものではない、と話し合っている」

と報じた。

さらに警視庁は日本自動車、東京自動車、関東自動車3社に対して、3社を同時に許可したのではお互いに競争が激化して市内の交通は混乱するから、許可するとしても1社に絞るようにと勧告した。その勧告を受けて3社が合併に合意したことから、4月9日、警視庁は出願されていた23路線のうち15路線だけを認可した。

4、会社設立を断念する

しかし新橋から日本橋を経て上野に至るメイン道路が認可されなかったことや、株主たちの思惑の違い、警視庁の厳しい取締規則、さらには2年前に設立された大阪自動車株式会社の経営不振などから、株主たちの間に事業に不安を抱くものが続出したため、1年近くも揉めたあげく、ついに翌41年12月17日の発起人会で、もはや設立不可能として、集めた証拠金を払い戻してこの騒動は一件落着した。

5、京王電気軌道と堀之内自動車株式会社

大正2年4月15日、「京王電気軌道株式会社」が全線の開通を待たず、笹塚～調布間の竣工で開業し、新宿追分～笹塚間と調布～国分寺間は乗合自動車で乗り継ぎ運行した。

これが結局、東京最初の乗合自動車となった。

使用した自動車は三井物産機械部から購入した米国製ビュイックと英国製コンマー、大倉系の日本自動車から購入したフィアットの3台である。

新宿～笹塚間、調布～府中間が片道12銭、府中～国分寺間が8銭だった。大正4年2月15日に軌道が全線竣工したので乗合自動車は廃止された。

京王電気軌道の乗合自動車に1カ月遅れて、6月1日から「堀之内自動車会社」が設立されて営業を開始している。

本店が東京府豊多摩郡和田堀之内100番地、資本金が1万2000円、社長が根岸幸太郎、取締役に大高甚之助、石原牛之助、監査役に大高鉄次郎、榎本惣右衛門という経営陣だった。

使用自動車はセール・フレザー商会から購入したフォードT型と高田商会から購入した米国製クリットの2台で、路線は新宿駅の青梅街道踏切付近を起点に和田堀之内村の妙法寺までであった。

この会社は大正12年12月24日に経営陣が総入れ替えになって本店を豊多摩郡淀橋町大字角筈791番地に移転して、社名を「東華自動車株式会社」と改称した。

さらに翌年の8月1日には再び経営陣が総入れ替えになって商号を東亜殖産株式会社と改称し、乗合自動車事業から金融業に鞍替えしてしまった。

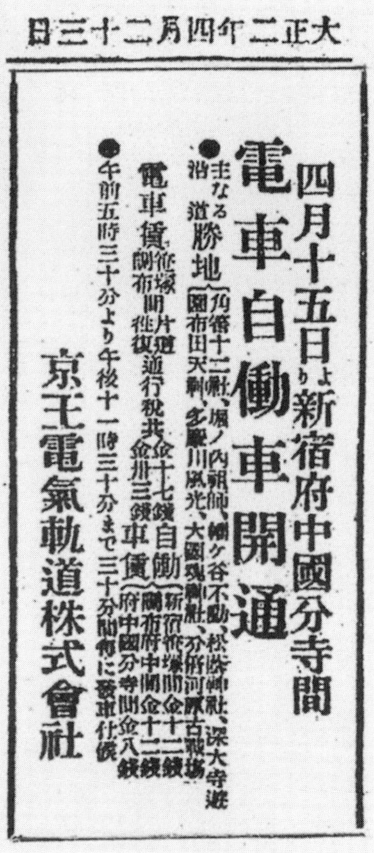

大正二年四月二十三日

四月十五日より新宿府中國分寺間

電車自働車開通

●主なる沿道勝地（角筈十二社、堀ノ内祖師、幡ケ谷不動、松陰神社、深大寺遊園、布田天神、多摩川風光、大國魂神社、分倍河原古戰場）

電車賃（笹塚調布間片道往復通行税共金十七錢金卅三錢）自働車賃（新宿笹塚間金十二錢、調布府中間金十二錢、府中國分寺間金八錢）

●午前五時三十分より午後十一時三十分まで三十分間毎に發車仕候

京王電氣軌道株式會社

三井物産が京王電気軌道株式会社に販売した英国製コンマー20馬力14人乗りバス（三井物産カタログより）と広告

堀之内自動車株式会社の乗合自動車、フォードＴ型

関東地方－神奈川県

神奈川県最初の 乗合自動車を検証する

1、神奈川県統計書の検討

「神奈川県統計書」に自動車が計上されるのは大正2年（1913年）3月末からで、それを見ると自家用車が62台、営業車が23台、合計85台となっている。

自家用車の内訳は61台が横浜市内、残り1台が足柄上郡である。一方、営業車23台の内訳は横浜市に12台、足柄下郡に4台、三浦郡に4台、中郡に3台となっている。

横浜市内12台の営業車は、「グランド・ホテル・ガレージ」、「グランド・オートモビル・セールス会社」、「横浜自動車株式会社」、「横浜市街自動車株式会社」などの所有車で、これらはほとんど販売用や貸切り（ハイヤー）であるからここでは割愛する。

足柄下郡の4台は「小田原電気鉄道株式会社」と湯本村湯本647番地、松本安太郎が経営する「M・F商会」の所有車である。

小田原電気鉄道株式会社は大正2年2月12日に定款を変更して、「自動車を兼用し、運輸に関する一般の業務」という事項を追加して、自動車事業も兼営した。

しかしこれも箱根観光客用の特別な貸切り（ハイヤー）であった。

2、湘南自動車株式会社

統計書にある三浦郡の4台であるが、これは大正元年8月23日に設立された「湘南自動車株式会社」の所有車である。

本店は東京市京橋区南鍋谷町2丁目15番地、資本金が10万円、社長が東京の藤田礼経、取締役が同広瀬重太郎、神奈川県鎌倉の香川悦次、同片瀬の正岡猶一、田越村の丸富次郎、監査役が東京の清水仁三郎、同松尾敏章という経営陣であった。

車両は米国製スチュードベーカーの8人乗り5台と2人乗り1台の6台で、逗子駅を起点に金沢八景の長者崎まで、全線を7区に分けて、運賃は最初の逗子駅から養神停前までが20銭で、その先の三ノ浦、辻町、柴崎、御用邸までは1区5銭ずつ、終点の長者崎まで全線50銭であった。

しかし1年後、社長の藤田が辞任すると、香川氏らは本店を東京から神奈川県三浦郡逗子町996番地に移転させる。

県の統計が4台となっているのは、このとき2台減車したと考えられる。

3、相陽自動車合名会社

中郡の3台は、大正元年8月1日、中郡秦野町曽屋2630番地に設立された「相陽自動車合名会社」の所有車である。

この会社は秦野町の普川順吉と足柄上郡中村の内藤猪三郎、愛甲郡厚木町の大西元吉の3名が、それぞれ5000円ずつ出し合って設立した会社で、自動車3

都新聞

明治四十五年七月三日

雑説

湘南《しやうなん》と自働車《じどうしや》

湘南自働車株式會社《せうなんじどうしやかぶしきくわいしや》といふもの組織《そしき》され、先《ま》づ逗子驛《づしえき》を基點《きてん》として、一方《いつぱう》は八景《はつけい》の名《な》に高《たか》き金澤《かなざは》の瀬戸橋《せとばし》まで、他《た》は海《かい》山明媚《さんめいび》なる葉山《はやま》の長者園《ちやうじやゑん》まで、乗合《のりあひ》自働《じどう》車《しや》を運轉《うんてん》して銷暑《せうしよ》避寒《ひかん》、四時《しじ》の游客《いうきやく》の爲《ため》に便《べん》せんとて、本月《ほんげつ》一日《じつ》より開業《かいげふ》したり、記者《きしや》は月《つき》の三十日《にち》、招《まね》かれて試乗《しじよう》したり、車體《しやたい》は運轉手《うんてんしゆ》と車掌《しやしやう》とを併《あは》せて八人《にん》乗《のり》、都《すべ》て五輛《りやう》、別《べつ》に二人乗《ににんのり》一輛《りやう》ありて、青衫草帽鴛鴦《せいさんさうばうゑんあう》相倚《あひよ》るの女夫客《めをとかく》の乗《の》るに妙《めう》、何《いづ》れも構造《こうざう》瀟洒《せうしや》にして而《しか》も堅牢《けんらう》なり、路《みち》は好《よ》し景色《けしき》も亦《また》好《よ》し、万斛《ばんこく》の快風裡《くわいふうり》を行《ゆ》くこと僅《わづか》に十五分時《ふんじ》にして、二里《り》の路《みち》を金澤《かなざは》の瀬戸橋《せとばし》に着《ちやく》し、更《さら》に古刹《こさつ》稱名寺《しようみやうじ》の門前《もんぜん》に車を停めて金澤《かなざは》の文庫《ぶんこ》の趾《あと》を看《み》、東屋《あづまや》に烟茶《えんちや》少憩《せうけい》して、遥汀近浦《えうていきんぽ》風《ふう》日《じつ》繪《ゑが》くがごとき八景《けい》を眺《なが》めて再《ふたゝ》び車を逗子《し》に回《かへ》し、更《さら》に二里《り》の路《みち》を走《はし》ること十數《すう》分《ぷん》にして葉山《はやま》に至《いた》り、又《また》四里《り》の路《みち》を走《はし》ること三十餘分時《よふんじ》にして三崎町《みさきまち》に入《い》る、濱《はま》麗《うる》はしき葉山《はやま》、波奇《なみき》なる三崎《みさき》、殊《こと》に半島《はんたう》の脊梁山脈の黛嵐《たいらん》晴緑の中《なか》を渡《わた》りて海光《かいくわう》の洸洋《こうやう》なるを左右《さいう》に望《のぞ》み見《み》るを得《え》たるは壯快《さうくわい》なりき、逗子《づし》より三崎《みさき》に至《いた》る、人力《じんりき》車《しや》にては二人曳《にんびき》を要《えう》し賃錢《ちんせん》は六圓《ゑん》の定《さだ》めなり、而《しか》も往復《わうふく》に一日《にち》を費《つひや》さゞるべからざれど、自働車《じどうしや》にては僅《わづ》かに四圓《ゑん》、一時《じ》間《かん》ならずして達《たつ》す、會社《くわいしや》は日《ひ》ならず其《そ》の運轉區域《うんてんくゐき》を擴張《くわくちやう》し葉山《はやま》より三崎《みさき》に、金澤《かなざは》より横濱《よこはま》に、逗子《づし》より鎌倉《かまくら》、片瀬《かたせ》を歴《へ》て藤澤《ふぢさは》に、更《さら》に平塚《ひらつか》より厚木《あつぎ》に至《いた》る間《あひだ》に自働車《どうしや》を運轉《うんてん》し、湘南《せうなん》一帶《たい》の勝地《しようち》を聯絡貫通《れんらくくわんつう》すべしと聞《き》く、今《いま》の逗子葉山間《づしはやまかん》、逗子《し》金澤間《かなざはかん》共《とも》に一人《にん》の乗車賃《じようしやちん》四十五錢《せん》、人力車《じんりきしや》よりも廉《やす》しといふ

逗子《づし》養神亭《やうしんてい》に於《お》ける饗宴《きやうえん》に列《れつ》し、午後《ごご》八時《じ》十五分《ふん》、中村喜十《なかむらきじふ》氏と自働車《じどうしや》に同乗《どうじよう》して歸《かへ》る、月《つき》昏《くら》し、流螢《りうけい》紛《ふん》として衣帽《いばう》を撲《う》つ、藤澤《ふぢさは》の驛《えき》を過《す》ぐる頃《ころ》より大雷大雨《だいらいたいう》四顧《しこ》冥茫《めいばう》、惟《た》だ赤電《せきでん》の照《てら》すあつて路迷《まよ》はず、車は虎吼《こかう》して急湍《きふだん》を捲《ま》き、保土ヶ谷《ほどがや》横濱《よこはま》、川崎《かはさき》、品川《しながは》を歴《へ》て[illegible]原に至《いた》りし時《じ》正《まさ》に十時《じ》、逗子《づし》を發《はつ》せしより僅《わづ》かに一時《じ》四十分間《ぷんかん》のみ、余《われ》始《はじ》めて自働車《じどうしや》の快速《くわいそく》驚《おどろ》くべきを知《し》りたり(松白)

上は明治45年7月3日の都新聞に掲載された湘南自動車株式会社を紹介した記事。下は明治39年に改築された逗子駅前に並んでいる湘南自動車株式会社のスチュードベーカー。左手にはまだ馬車も見える

台を平塚、厚木、秦野の各駅に1台ずつ配置して、運賃は秦野～平塚間、平塚～厚木間ともに45銭、往復85銭、秦野～厚木間80銭だった。

また大山登山者のために伊勢原から大山明神前までの便も運行した。

当時、人力車が秦野～平塚間が70銭で、人力車より安いというので歓迎された。それだけ逆に馬車屋や人力車夫らの反対は激しかった。

会社では営業開始に先立って、大磯警察署長に運行の安全を依頼した。

彼らの妨害を予測した署長は、馬車業者や人力車組合総代を呼んで、自動車の運行を妨害しないように説諭し、厚木、平塚、伊勢原、秦野などの各署に対しても警戒するよう要請した。

しかし営業を開始して間もない9月1日の夜間、平塚の馬車業者ら3名が、平塚～厚木間の道路にガラスの破片を撒き散らし、自動車に投石したので、大磯警察署では妨害者を逮捕して、横浜地方裁判所送りにした。

その暴行者らが横浜に送られた日の午後8時頃、馬車仲間と思われる者たちが、厚木街道の大野村字八幡の路上で自動車に泥土を投げつけ、乗客や運転手が泥だらけになる事件を起こした。

その後も彼らの妨害は陰に陽に度々起こった。

会社は1年ほど営業したが、大正2年9月29日、代表者の普川順吉が死亡したこともあって解散する。

しかし自動車の復活を要望する声が多かったので、内藤猪三郎らは11月1日から平塚～秦野間、朝夕2回の運行を再開した。

4、横須賀浦賀自動車株式会社

以上の他に、大正2年10月1日、三浦郡浦賀町築地古町14番地に「横須賀浦賀自動車組合」が設立された。斉藤龍吉が組合長で、横須賀駅と浦賀間を運行した。

自動車は米国製チェイス3台を使用して、運賃は全線を8区間に分けて1区間5銭、全線40銭、子供は1人3銭だった。

この路線は、古くから横須賀市公郷の市川卯之助が客馬車事業を経営していて市の実力者であった。

また人力車夫も300人以上いて、三つ巴の競争になったが、自動車にとっては特に客馬車が狭い道路の中央をのろのろ行くのが悩みの種だった。

大正2年12月5日、浦賀矢ノ津坂の県道で前を行く客馬車に、運転手が警笛を鳴らして道を譲るよう促したがまったく譲ろうとしない。

乗客の中には列車発着に間に合わないと騒ぎ出す者もいて、仕方なく運転手は無理に追い越しをかけたが、路肩が崩れて坂下に転落して乗客数人が重軽傷を負った。

斉藤組合長が浦賀警察署に呼ばれて、安全運転するよう説諭されたが、事故の原因は道を譲らない客馬車にもあったので、署長は馬車側にも自動車の通行を妨害しないよう強く勧告した。

しかし翌年の2月3日、やはり同じような妨害事件が起こったので、会社が警察に訴え、妨害した馭者（ぎょしゃ）らは通行妨害で3日間の拘留に処されたのだった。

ところが、それを恨んだ馬車の馭者や馬丁らが、今度は馬車を追い抜いた運転手の帰り道を持ち伏せして袋叩きにし、全治3週間の重傷を負わせる事件が起こった。

激怒した自動車側では、博徒十数名を雇って馬車会社を襲撃した。

この事件は浦賀と横須賀の警察署長が仲裁に乗り出して両者の和解は成立したが、事件の責任をとって組合長が辞任する。自動車組合も解散して、大正3年3月31日、改めて資本金2万円の「横須賀浦賀自動車株式会社」が設立され、飯田清九郎が社長になって事業を継続した。

新しく出現した文明の利器乗合自動車も、普及するまでの道のりは決して平坦ではなかった。

湘南自働車株式會社

營業項目

自働車並ニ附屬品

直輸入販賣

自働車修繕

貸自働車

東京市日本橋區本材木河岸六九

電話本局四五七〇番

乘車賃金表

逗子驛							
二〇	養神亭						
二五	一五	三ノ浦					
三〇	二〇	一五	辻町				
三五	二五	二〇	一五	森戸			
四〇	三〇	二五	二〇	一五	柴崎		
四五	三五	三〇	二五	二〇	一五	御用邸	
五〇	四〇	三五	三〇	二五	二〇	一五	長者崎

○逗子金澤間金五十錢

（備考）

逗子驛養神亭前ノ一區間ハ金二十錢トシ他區間ハ一區間十五錢トシ一區チ増ス毎ニ金五錢ヲ加フ

△一時間以上貸切自働車營業仕候

△團體御乘車には特別割引仕り候

△御用の節は電話逗子三番同十六番及び一色八番に御申越被下度候

湘南自動車株式会社の営業項目や料金などを記した広告

逗子海岸での海水浴と旅館の案内広告（上）と湘南自動車株式会社のスチュードベーカー（下）

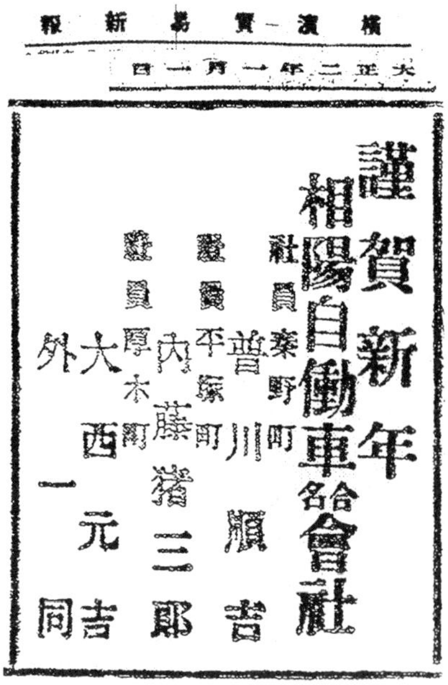
横濱貿易新報
大正二年一月一日

謹賀新年
相陽自働車合名會社
社員 秦野町 普川順吉
社員 平塚町 内藤猪三郎
社員 厚木町 大西元吉
外一同

大正２年元旦に横浜貿易新報に掲載された相陽自動車合名会社の広告

大正３年３月31日、神奈川県三浦郡浦賀築地古町14番地に設立された、横須賀浦賀自動車株式会社の自動車と車庫

（浦賀自動車組合ガレージ）

中部地方

中部地方－新潟県

新潟県最初の
乗合自動車を検証する

1、来迎寺～小千谷間の乗合自動車

新潟県の乗合自動車は、明治43年（1910年）9月22日、来迎寺駅から小千谷間を3台で運行したのが最初である。

全線を3区に分けて途中、片貝、小栗田に停留所を置き、1区間7銭で、全線21銭、所要時間30分だった。

経営者は三島郡深才村大字上富岡1番戸の関原銀行取締役田中二四郎で、彼は乗合自動車を運行する3年前に長岡市千手町甲396番地に資本金10万円の「長岡羽二重株式会社」を設立している。

彼が郷里に乗合自動車を運行させようと思い立ったのは、讃岐の金毘羅参りをしたとき初めて乗合自動車に乗ったのが動機であった。

この文明の利器に乗った彼は、もはや人力車や乗合馬車は時代遅れであることを痛感し、さっそく仲多度津郡琴平町の讃岐自動車株式会社本社に行き、社長宮崎千太郎氏に面会して、自動車を製造した会社や自動車の価格、運転手や車掌の給料など詳細に聴き取り、帰途、自動車の製造元である東京市芝区白金三光町の芝自動車製造所を訪ねた。

芝自動車製造所の米山利之助に面会して自動車を購入したい旨を話すと、米山所長は43年3月15日付の中央新聞をはじめ、翌日の東京朝日新聞や東京日日新聞、萬朝報など4つの新聞を取り出して、

「私が説明するよりも、まずこれを読んでください」と差し出した。

赤鉛筆で傍線を引いてある朝日新聞の記事には「内地製自動車の成功、値は舶来品の半額」という見出しがつけられ、

「日本橋区越前掘一丁目一番地米山利之助氏は芝区白金三光町に仮工場を設け、技師羽賀五郎を主任とした自動車の製作に付き研究せしめつつありしが、其の結果一品も外国の材料を仰がず製作し得るに至りたる由（中略）、構造の如きも粗悪なる我国道路に適応せる様工夫しありて、運転に要する費用は頗る低廉にして二十四馬力を有する十六人乗り自動車は一時間僅かに一升の揮発油を要するのみ、材料は全部内地品のみに仰ぎたれば舶来品の半額くらいにて製造し得べし、（中略）今度讃岐自動車会社の依頼により十八人乗り自動車の製作をなしたり（後文略）」

と報じている。

田中氏は、四国で実際に乗ってみたし、宮崎社長から実務に関するアドバイスを受け、さらに東京の各新聞にわが国最初の国産車として大きな話題となったことを知るともう大満足で、12人乗り1台、8人乗り2台を注文して長岡に帰った。

2、輸入トラックの車種

ところで東京の各新聞には、わが国最初の国産車と報じられたが、実は明治41年2月20日に設立された、わが国最初のトラック会社である帝国運輸自動車

田中二四郎の乗合自動車開業
(明治43年9月22日)

来迎寺～小千谷間を走る８人乗りの乗合自動車。この自動車は後に、遊覧自動車として佐渡へ渡った

株式会社が使用していた輸入車で、同社が解散に際して売り出したトラックを金山銀行頭取米山利之助が買い取り、芝自動車製作所を設立してボデーを乗合自動車に改造したものだった。

この車種であるが、田中二四郎から改造車を購入した山形県の鶴岡自動車会社に関する資料の中に、山形県陸運事務所長が書き残した「故押切氏遺稿」があって、それには、

「新潟県小千谷にて使用の中古車プロドス号十二人乗りを購入」

と書かれ、写真の裏書には、

「明治四十四年八月、フランス、定員十二人」

と書いてあったという。

プロドスというのは恐らくドイツ製のプロトスのことと思われるが、写真にはフランス製と書かれていたとすれば、どうもこの点が噛み合わない、そこでいろいろ調べてみた。

帝国運輸自動車会社に車を納入したのはフランス人のルイ・スゾールであり、また帝国運輸自動車会社に出入りしていた「ダット自動車」の製作者橋本増治郎は、追憶記事の中で「ド・ディオン」だったと述べている。

特に、島根県で乗合自動車を計画した鵜鷺村の長谷川駐悦が、芝自動車製作所から自動車を購入しようとしていることを報じた「山陰新聞」には、

「佛国デジョンブトン・クレメントの営業用自動車の発動機に則って製作し」

と記されている。

これらの資料から推察すると、まずフランス製ド・ディオン・ブートン・クレメントと見て間違いないと思う。

3、田中二四郎乗合自動車を廃業する

田中二四郎のその後であるが、業界誌「自動車」の「地方最近の自動車業界」という欄に、

「明治43年9月に信越線来迎寺駅から北小千谷に3台をもって乗合が運行され、相当の成績を挙げていたが、この路線に沿って軽便鉄道が開設されたので、廃止の止むなきに至った。

その後、何人か営業する者もあったが冬季積雪のため交通不能に陥り休業する場合が多いのと、鉄道の延長によって業績が思わしくなく、いずれ失敗に帰した」

と報じている。

魚沼鉄道の開通で乗客が減少したため、田中氏は事業を締め、佐渡郡加茂村羽吉の土屋元次に1台、長野県下高井郡の平穏自動車運輸株式会社に1台、山形県の鶴岡自動車株式会社に1台、3台すべてを売却して大正2年に廃業した。

4、その後の自動車事情

「東京輪界新聞社」の大正4年4月末調査には、新潟県の自動車総数は7台で、内訳は南蒲原郡三條の菅原利作と高田市中上町の倉石友蔵の2人がそれぞれ2台。

中蒲原郡新関村六郷の佐藤周輔、佐渡郡両津町の伊藤清右衛門、新潟市古町10番地の木下正の各1台と記録している。

その後、低迷して大正6年3月末には4台に減り、さらに7年3月末には僅か2台に減少する。

新潟県に自動車時代が訪れるのは大正10年になってからで、しかも急激に増加して、同11年3月末には乗用車98台、トラック41台となり、以後も毎年倍増の勢いで増加していく。

明治四十一年十月二十九日（木曜日）　中央新聞

運輸《うんゆ》自働車《じどうしや》の試運轉《しうんてん》

豫て帝國運輸自働車會社より佛國《ふつこく》に注文《ちうもん》したるルイシユウグウル式運輸自働車十四臺及び乘用自働車七人乘《にんのり》、二人乘《にんのり》の二輛到着したるに付き昨日午後二時より社員同乘二輛にて日比谷《ひびや》公園に試運轉を行ひし處車臺等には多少の改良すべき點あるも運轉成績は好良なるを以て來月三日より營業を開始する由猶昨日は參謀本部よりは有阪中將今澤工兵大佐中柴工兵少佐及び高橋輜重兵少佐等臨場調査する所ありたり

帝国運輸自動車株式会社がフランスに注文していた自動車が到着し、試運転を行なったことを伝える明治41年10月29日中央新聞の記事。左下は設立の登記簿

株式會社登記簿第十三册第五五九號

一商號　帝國運輸自動車株式會社
一本店　東京市麹町區有樂町三丁目三番地
一目的　帝國樞要ノ地ニ於テ自動車ヲ以テ貨物ノ運送ヲ爲シ及自動車ノ製造ヲ爲スヲ業トス
一設立ノ年月日　明治四十一年二月二十日
一資本總額　金五十万圓
一一株ノ金額　金五十圓
一各株ニ付拂込ミタル株金額　金十二圓五十錢
一公告ヲ爲ス方法　所轄登記所ノ公告スル新聞紙ニ掲載ス
一取締役ノ氏名住所
　東京市麹町區下二番町七十二番地　佐久間精一
　同市芝區芝口二丁目七番地　武田豐治郎
　同市麹町區元園町一丁目二番地　關　周藏
　同市同區富士見町四丁目十一番地　德光　好文
一監査役ノ氏名住所
　東京市神田區猿樂町二番地　上原　鹿造
　同市芝區芝公園五號地ノ二　松尾　寛三
一存立ノ時期　設立ノ日ヨリ九十九年　明治四十一年二月二十日ヨリ同百四十年二月十九日マテ

帝國運輸自動車株式會社登記事項中左ノ如ク變更ス
一取締役佐久間精一ハ明治四十一年三月四日辭任ス
右明治四十一年三月五日登記

東京區裁判所

米山利之助氏

萬延元年七月十二日生
東京市日本橋區南茅場町四番地
（電話浪花二三一一、二三三九番）
合名會社金山銀行頭取　米山合名會社代表社員　東京株式取引所仲買人

由來長野縣が現代社會の各階級に極めて多數の人材を供給し政治界に實業界に教育界に、將た陸海軍に美術界に刀圭界に其他總ての方面に注目すべき英材の要位に活動しつゝあるは實に驚くべきものあり、國潤くして人多きの致す所とは曰へ、同縣人が一種積極進取の氣風の他とその撰を異にせるものあるが爲ならずんば非ざる也、我が米山利之助氏は同縣の產せる財界の一撰手たり。

同縣上伊那郡南向村に生れたる氏は、夙に志を立てゝ上京し幾多の困難と戰ひつゝ法律經濟の學を修め、明治二十年從兄今井清三郎氏の囑する處となり同氏の貸金整理の任に當る、是れ實に氏の財界に入門せる第一歩なり、翌二十一年銀行局長森島正健氏より銀行業の頗る有望にして且つ切實なる時代の要求なるを説かれて意大に動き、卽ち今村氏と謀り同年十二月資本金十五萬圓の今村銀行を創立し其支配人となる、三十四年營業上意外の杆格を生じて同行を辭し、砂村養魚會社及び東洋石油會社等を起し社長或は取締役の重任に就く、後ち大に經濟界の趨勢に鑑みる處あり、幾多の猶職を捨てゝ有價證券現物賣買の業に從ふ、是れ實に本邦に於ける斯業の嚆矢なり、爾來着々地歩を開き勢力を貯へ、遂には金山銀行を買收して其頭取となり、近くは米山合名會社を設立して其代表社員となり、益々驥足を財界に伸ばしつゝあり、今日東京株式取引所管下の仲買人中に於て、現物賣買を以て世の期待せらるゝ處となるもの蓋し氏を以て其第一人とすと曰はる。

戰後の經營に關し氏は曰く「日清、日露の戰爭の如きとは異なり今次の大戰亂は全世界を譏括せるを以てその影響の及ぶ處尋常意料の外にあり、現に各方面に於ける成金の簇生せるもの眞に前代未聞也、此時に當り尤も意を注がざるべからざるは、一面には潤澤なる資本を最も健實にして有利なる事業に投ずるの計を忘らざると同時に、他面には國民の奢侈淫逸と放漫自恣を戒め、以て國家の產業を大に興し自給自足の大計を劃立し經濟的帝國の獨立を完ふするにあり」云々以て氏の着眼と識見の存する處を窺ふべき也。

金山銀行頭取であった米山利之助は、我が国最初のトラック会社である帝国運輸自動車株式会社が解散する際に売りに出したトラックを買い取り、東京市芝区白金三光町にあった芝自動車製造所を設立し、ボデーを乗合自動車に改造した

初荷にキリンビールを運ぶ帝国運輸自動車会社のトラックと左下は営業案内の広告

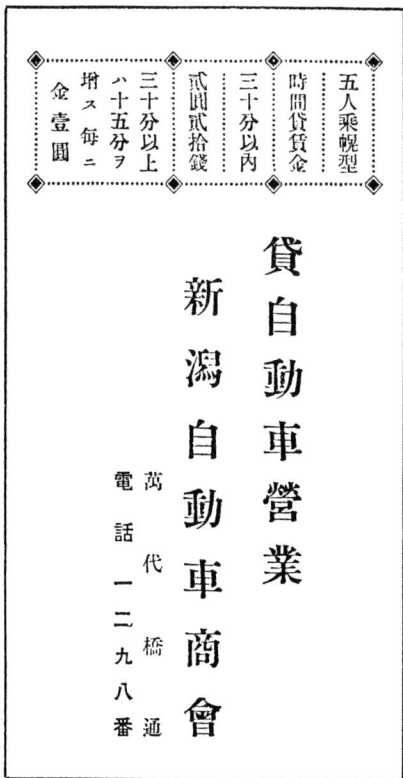

五人乘幌型
時間貸賃金
三十分以內
貳圓貳拾錢
三十分以上
ハ十五分ヲ
增ス毎ニ
金壹圓

貸自動車營業

新潟自動車商會

萬代橋通

電話一二九八番

大正8年発行「新潟県案内」の広告

我が国最初の郵便物を運ぶ、帝国運輸自動車株式会社のトラック

佐渡の沢根港に汽船から舟２艘をつないで自動車を移し、陸揚げする（大正中期）

中部地方－富山県

富山県最初の乗合自動車を検証する

1、最初の営業出願者

明治36（1903年）年11月25日の「富山日報」を見ると、大阪市北区玉川町の細川勝義ほか4名が富山県に乗合自動車の営業許可を願い出たが、当時県ではまだ取締規則が出来ていなかったため許可を保留していた。

その取締規則がいよいよ公布され、細川氏らに許可を与えたと報じている。

県が許可したのは3路線で、第1線が高岡駅から氷見郡氷見町に至るもの。

第2線は富山駅から上新川郡東岩瀬町に至るもの。

第3線は富山駅から上新川郡入善町を経て同郡境に至る路線で、第1線と第3線は許可してから6カ月以内に、また、第2線は3カ月以内に営業を開始すること。

もし開始しない場合は許可を取り消すという条件を付けている。

また、同紙は、細川氏らは米国から10人乗りの自動車を購入する予定だと報じている。

しかし当時、横浜や神戸の輸入商社にも東京の販売代理店にも、10人乗りなどの大型自動車は1台も輸入されていなかったはずである。

従って新たに米国に発注するとすれば到着までには半年はかかる。認可を受けてから3カ月以内に営業を開始することは不可能である。

しかも年が明けると間もなくして日ロ戦争が起こって、自動車の輸入は途絶え、3社あった販売代理店は2社が解散し、1社が自動車販売を止めている。

当然ながら、細川氏らの計画は実現しなかったのである。

2、中越自動車株式会社

その後、大正2（1913年）年になって、東砺波郡出町の実業協会が乗合自動車を計画する。

協会ではそれまで電気鉄道の誘致運動を推進してきたが、近々には実現の見込みが立たないことから、乗合自動車に切り替えたのである。

理事会を開いて、まず自動車会社設立の了承をとりつけ、さらに岐阜県と長野県で営業している乗合自動車の営業状況を視察にいくことになり、同年6月2日、幹部ら4名が視察に出かけた。

岐阜県の濃飛自動車株式会社（本店岐阜市神田町7丁目、資本金20万円、岐阜・高山間運行）、長野県の南信自動車株式会社（本店下伊那郡飯田町、資本金10万円、飯田・伊那間運行）、平穏自動車株式会社（本店下高井郡平穏村、資本金3万円、中野・平穏間運行）などを1週間にわたって視察して帰り、次のような経過報告を発表して、協会員に賛同を求めたのである。

「（前文略）これ（註・軽便電気鉄道）に換ふるに時間の経済的にして軽便なる自動車を以て恰当（こうとう）なるを信じ、今春その調査をなすこととし、先ず

石動（いするぎ）街道を行く中越自動車の乗合自動車（砺波郷土資料館提供）

大正２年９月営業を開始した富山自動車商会の貸切自動車（ハイヤー）

岐阜県、長野県に至り自動車の経営状態を視察し、経営方法に、より有効なるものと認め、本会理事六名は個人の資格を以て本年七月二日、出町を主幹とする自動車営業願いを県に退出せり、その後協会として、個人として屡々（しばしば）本県庁に至り許可の指令を懇願せしも、本県にては最初の出願にて、当局に於いても自動車なるものの智識、経験に乏しきが故か、確たる意見なきものの如く、その調査等にも日数を要したるため、ようやく十月七日付けを以て左の地区の許可指令あり。

出町・津沢間、出町・高岡市間、高岡市・氷見町間、高岡市・伏木町・新湊町間、而して、除外せられたる箇所は道路の狭き箇所を補修せば許可ある旨言明せらる。よって願書の主眼たる出町・石動（いするぎ）町間を削除せられたるを以て、直ちに道路補修の手続きに着手し、補修しその進行に属せり」

出願の主要な路線である出町・石動町間は道路も狭いとの理由で、改修すれば許可するというので、協会では道路を改修したり、北六一郎町長が県庁に許可を陳情したりしてやっと許可を取り付けた。

翌大正3年4月3日、資本金2万5000円の「中越自動車株式会社」が設立された。

本社は砺波郡出町大字太郎丸3317番地、社長は神沢新衛門、取締役は神田七次郎ら7人、監査役は小幡孝吉ら4人いずれも地元の実業協会員であった。

自動車は横浜のセールフレザー商会から3台購入している。

周到な調査によって船出したはずであったが、経営は思わしくなかった。開業して間もない5月7日の夕方、高岡市から氷見町に向かっていた自動車が高岡市母衣町で4歳の子供を轢（ひ）いて大怪我をさせる事故を起こした。富山県最初の人身事故であった。

その上、乗客も予想に反して少なく、長野県や岐阜県のように好調ではなかった。

結局、1年半経営しただけで、大正4年10月31日の株主総会決議で解散する。

3、富山自動車商会

大正2年9月1日から10月20日まで、富山市で1府8県共進会が開催された。

出品したのは東京府と新潟、栃木、群馬、岐阜、福井、石川の各県と、主催地の富山県で、農産物、畜産物、鉱物、林業、機械など出品も多く盛会であった。

富山市袋町10番地の自転車商、長谷荘次郎は共進会の人出を見込んで自動車事業を計画する。

彼は取引先である東京市下谷区竹町27番地の自転車販売業、宮沢徳三郎が所有していた自動車2台を買い受けて「富山自動車商会」を設立し、9月21日から乗合と貸切自動車（ハイヤー）を始めた。

料金は、乗合が富山駅から呉羽山まで20銭、富山駅から大手通りまで15銭。

貸切りは富山駅から共進会場まで1円50銭、その他は時間制で30分2円、市外は距離制で1マイル60銭、待ち時間は30分毎に1円だった。

中越自動車会社が県の認可を取り付けるために道路を改修したり、町長が県庁に認可を陳情している間に、富山自動車商会の方はさっさと営業を開始して、県内最初の乗合自動車の栄冠を横取りしてしまった。

大正7年4月25日、長谷荘次郎は個人経営の富山自動車商会を株式組織に変更して、資本金8千円の「富山自動車株式会社」を設立し、さらに大正10年9月2日、氷見郡女良村中波の大西萬示らと資本金5万円の「暁自動車株式会社」を設立して氷見、魚津方面にも手を伸ばす。

4、その後の自動車事情

大正8年から9年にかけて富山県では乗合自動車ブームが起こる。

市内の「立山自動車株式会社」をはじめ高岡の「高岡自動車」、「ツバメ自動車」、「スミレ自動車」、「三日市自動車」、魚津の「魚津自動車」、五百石の「五百石自動車」、新湊の「新川自動車」、小杉の「大正自動車」などの株式会社が続出して、狭い県内で乗客獲得合戦が展開されるのである。

北陸タイムス　大正三年七月廿九日

●逸スル勿レ此ノ好期ヲ

避暑ニ……海水浴ニ……郊外遊行ニ！

來る七月二十九日より向ふ一週間北陸タイムス貳千號の祝意を表し弊會社は特に一般讀者諸君に對し左記指定地に限り規定乘車賃金(片道)壹割引(往復)貳割引(市內各壹割引)の大割引仕候間精々御使乘奉願上候

追而タイムス讀者多數なるが故に別に讀者割引券を附せず

(郊外遊行)富山市及び市外
(避暑地)大岩山不動尊參拜
(水族館)魚津町、海水浴
(松蔭散策)東岩瀬町海水浴

◉貸自働車◉

一呉羽山間四人乘片道壹圓五拾錢也往復貳圓五拾錢也
(但シ中敎院前火防線通リ以東ハ貳割增申請候)
一東岩瀬間四人乘片道貳圓五拾錢也往復四圓也
一(八尾上瀧五百石上市)市內間四人乘片道五圓也往復六圓五拾錢也
一(大岩魚津)市內間四人乘片道七圓五拾錢也往復九圓也
一富山市內各所直行五人乘壹圓五拾錢也
一富山市內廻リ五人乘三十分ニ付壹圓五拾錢也
(但シ出庫ヨリ歸庫迄デノ時間ヲ計算申請候)

右定員ヨリ御壹名ヲ增ス每ニ貳割增(十五才以下ハ既定價御一名分ノ半額ヲ)申請候夜間及雨天ハ貳割增待時間參拾分每ニ壹圓申請候其他遠乘御用ノ御方特別御相談ニ應シ可申候今回前記賃金ニ依リ貸自働車營業仕リ候間盛ニ御乘用被下度御用ノ節ハ左記ノ電話ヘ御案內被下候ヘバ早速自働車差向ケ候　敬白

富山市招魂社前
富山自働車商會
電話三七一番

●株式會社設立登記　商號富山自働車株式會社　本店富山市袋町一〇番地　目的貸自働車乘合自働車營業竝ニ自働車賣買修繕ヲ爲スコト　設立ノ年月日大正七年四月二十五日　資本ノ總額金八千圓　一株ノ金額金二十圓　各株ニ付拂込ミタル株金額金二十圓　公告ヲ爲ス方法本店ノ店頭ニ揭ケテ之レヲ爲ス　取締役ノ氏名住所富山市室屋町三番地柳瀬甚藏　同市清水町三八番地ノ一上田菊次郎　同市同町七番地上市藤次郎　同市同町三九番地ノ一村井竹次郎　同町袋町一〇番地長谷莊次郎　監査役ノ氏名住所富山市西四十物町一番地布上善次郎　同市木町二〇番地澤谷朔男
右大正七年六月六日登記

富山區裁判所

北陸タイムス

北陸タイムス　大正二年九月二十六日

●貸自動車營業開始

富山《とやま》自働車會社《じどうしやくわいしや》にては既報《きほう》の如《ごと》く愈々《いよいよ》左記《さき》賃金表《ちんきんへう》に依《よ》り貸自働車《かしじどうしや》營業《えいげふ》を開始《かいし》し盛《さかん》に一般乘用《いつぱんじようよう》の便宜《べんぎ》を計《はか》る由《よし》なるが希望者《きぼうしや》は電話《でんわ》三〇二番《ばん》へ案内《あんない》すれば早速《さつそく》自働車《じどうしや》を差向《さしむ》くる由《よし》

一停車場行　五人乘　片道二圓　往復三圓
一共進會行　五人乘　片道二圓　往復三圓
一呉羽山行　五人乘　片道二圓　往復三圓
一東岩瀬行五人乘片道三圓五十錢往復五圓
一魚津行　五人乘　片道九圓　往復十二圓
一市內各所五人乘三十分以內二圓

其他《そのた》遠乘用《ゑんじようよう》のものは特別相談《とくべつさうだん》に應《おう》する由《よし》にて夜間《やかん》及び雨天《うてん》は二割增《わりまし》待時間《じかん》三十分毎《ごと》に一圓を申受《まをしう》くる由《よし》

富山自動車株式会社の設立登記簿。左上の北陸タイムスに掲載の広告は富山自動車商会時代のもの

中部地方－石川県

石川県最初の乗合自動車を検証する

1、自動車取締規則制定

明治 36（1903 年）年 11 月、金沢市の有志らが、市内と鶴来間に乗合自動車の運行許可を出願した。

しかし県ではまだ自動車取締規則を制定していなかった。それどころか、当局者は噂（うわさ）に聞いたことはあるが、自動車というものがどんなものか見たことがなかった。

出願者に聞いてみると、隣の富山県では取締規則を公布し、許可しているので近々営業が開始されるはずだし、名古屋ではすでに自動車事業を行なっている者がいる、というのであった。

そこで、当局者は富山県に問い合わせたり、名古屋に西田正明警部らを派遣して自動車の実態を見聞させ、どんな取締規則をつくったらよいか調べさせ、苦心惨憺（さんたん）の末、明治 36 年 12 月 29 日、県令第 78 号、5 章 50 条の自動車取締規制を制定公布した。

わが国最初の自動車取締規則は愛知県で、明治 36 年 8 月 20 日の制定であるから、その 4 カ月後のことである。

認可はされたがこの金沢～鶴来間の乗合自動車は実現しなかった。当時日本に輸入された自動車は全部で 10 台ほどしかなく、すべて売り尽くされ、しかも翌年の 2 月には日露戦争が起こったため輸入が途絶えて名古屋も富山県の実際には営業していない。

それから 4 年後の、明治 40 年 1 月に再び乗合自動車の営業を出願する者が現れた。

これは大阪府の富永藤兵衛らによるもので、金沢市内での乗合であった。

しかし県当局は、金沢市内の道路は坂が多く、狭隘（きょうあい）な上に電柱が林立していて自動車の運行は極めて危険である、という一方的な理由で却下している。

2、最初の認可と自動車税

それからさらに 4 年後の明治 44 年 4 月に金沢市内の石沢辰太郎、篠原譲吉らが、名古屋の弁護士磯部醇、長谷川鉄太郎らと乗合自動車を計画し県に出願した。営業路線は金沢市内の枢要地域 4 路線だった。

この出願に対して県は慎重な審査をした後、

「許可した日から 8 カ月以内に営業を開始すること、その期間内に開業出来ない場合は許可を取り消す」

という条件を付けて認可した。

自動車営業を認可すると同時に、財政難に苦しむ県では、さっそく年末の県議会に自動車税の賦課を提議し、年税 1 台 10 円を可決させた。

当時交通関係の課税は人力車の営業が 2 円 50 銭、自家用が 5 円、自転車が 3 円 50 銭、馬車 1 頭立て 6 円 50 銭、1 頭を増すごとに半額加算、であったから自動車は 2 頭立て馬車とほぼ同額であった。

一方、認可された篠原譲吉らは直ちに合資会社設立に向け奔走したが、名古屋の出資者の中から金沢市の

和倉自動車株式会社の英国製ハンバー、旅館は小泉館

能登自動車株式会社のフォードと巴クラブの会員たち。大正４年、大正天皇即位の祝賀で

市街電車の建設が近々始まるという噂を聞きつけ、もしそうなれば市内乗合自動車は大打撃を受けることは必定である、と危惧（きぐ）して出資を躊躇（ちゅうちょ）したため、結局この自動車運行計画は認可期限の8カ月を過ぎても設立の目途が立たず、お流れになってしまった。

3、和倉自動車株式会社

大正3年6月、鹿島郡七尾町字生駒町12番地の山原仁太郎が英国製ハンバーを1台購入して七尾と和倉温泉間の乗合自動車営業を開始した。

運賃は30銭、子供半額の15銭だった。

結局これが石川県最初の乗合自動車になった。

しかし、半年もすると故障がひどくなったため、東京の自動車会社に依頼して完全な整備を施すことになった。その間3カ月ほど休業した後、再び営業を再開した。

その休業していた間、和倉の鉱泉（温泉）組合では客の送迎に不便を感じたことから自動車を1台購入した。

これはフォードの中古車で、富山県東砺波郡出町の中越自動車株式会社（設立 大正3年4月3日、資本金2万5千円、社長神沢新右衛門）が、解散するにあたって使用していた車を1500円で販売したものであった。

和倉に乗合自動車が2台になったので、旅館組合では山原氏と話し合った結果、株式会社組織にして運営しようということになり、大正4（1915）年5月12日、鹿島郡端村字和倉レ70番地に資本金1万円の「和倉自動車株式会社」が設立された。

社長には和歌崎館主で、和倉鉱泉組合代表和歌崎六五郎。

取締役に小泉館主小泉作太郎、多田館主多田吉松、あさひ屋旅館主田中信一、それに七尾町の山原仁太郎。

監査役が和倉の多田吉右衛門、辻松太郎、立山渉という経営陣であった。

しかし半年もすると2台とも傷みがひどくなり、鉄道の発着ごとの定期運行に支障が出るようになった。新車を2台購入するには相当な費用がかかるということで、結局大正6年5月13日の株主総会決議で解散してしまった。

4、能登自動車株式会社

その和倉自動車株式会社の設立に3カ月遅れて、大正4年8月16日、鳳至郡輪島町字河井町二部262番地に資本金1万円の「能登自動車株式会社」が設立された。

社長が輪島町の県議会議員新田与一で、取締役が穴水町の清水省三、七尾町の大林亀太郎、監査役が輪島町の立野作太郎、穴水町の川崎豊次郎という経営陣であった。

営業路線が輪島町と穴水町を結ぶ穴水街道5里24町で、料金は大人1人2円50銭だった。

当時人力車賃が85銭だったから3倍の料金だったが、人力車が4時間かかるところを自動車はわずか1時間しかかからなかった。

社長新田与一は当時輪島電気株式会社専務取締役、能越汽船株式会社の取締役であったが、沈滞していた輪島の経済活性化に熱心で、輪島商工会の若手らと協力して、大正2年に「巴倶楽部」を設立して水力発電所の建設、輪島塗の販路拡大、交通機関の充実を図ったのである。

能登自動車株式会社の設立もその活性化運動の一つであった。

しかし料金が高かったためか利用者は少なく、乗合自動車事業はわずか2年間営業しただけで、大正6年7月15日に解散のやむ無きに至った。

北陸地方の自動車事業は豪雪のためか各県とも振るわず、北陸第一の都市金沢市を擁する石川県でも自動車が普及するのは大正9年以後である。

車		
人力車	自用ノモノハ本税ノ二倍	同 貳圓五拾錢
荷車	荷臺ノ坪數十坪未滿ノモノハ本税ノ半額	同 貳圓五拾錢
馬車	馬一頭ヲ増ス毎ニ本税ノ半額ヲ増ス	同 一頭立六圓五拾錢
荷積牛馬車		同 四圓五拾錢
自動車		同 拾圓

明治44年に自動車税10円を制定した

縣令　七十六

本令ニ違背シタル者ハ壹圓九拾五錢以下ノ科料ニ處ス

明治三十六年十二月二十六日　石川縣知事　村上義雄

○石川縣令第七十八號

自動車取締規則左ノ通定ム

明治三十六年十二月二十九日　石川縣知事　村上義雄

自動車取締規則

第一章　通則

第一條　本則ニ於テ自動車トハ蒸氣、瓦斯、電氣ヲ動力トシ軌道ニ由ラスシテ運轉スル車輛ヲ謂フ

第二條　自動車ハ分テ乘合營業賃貸營業並ニ自用ノ三種トス其種類ニ依リ特別ノ規程ヲ要スルモノハ各章ノ所定ニ依ルヘシ

第三條　自動車ヲ運轉スルトキハ左ノ各號ヲ遵守スヘシ

一　速度ハ一時間八哩ヲ超過スヘカラス

二　原動力蒸氣式又ハ瓦斯式ニアリテハ發車前ニ於テ水槽ノ水量及燃料ノ不足ナキヤ否ヤニ注意スヘシ

三　車體及原動機ハ常ニ注意シ破損若ハ異狀ヲ呈シ危險ノ虞アリト認ムルトキハ直ニ運轉ヲ中止シ其旨口頭又ハ書面ヲ以テ最寄警察官吏ニ屆出指揮ヲ待ツヘシ

四　道路ニ於テ他ノ車馬ト併行シ又ハ競爭スヘカラス

五　自動車二輛以上同方向ニ行進スルトキハ後車ハ前車ニ對シ二十間以上ノ距離ヲ取ルヘシ

六　進路ニ歩行者又ハ車馬ノ往來アルトキハ二十間以上ノ距離ニ於テ警鈴ヲ鳴ラシ警戒スヘシ若シ前者覺知セス危險ノ虞アルトキハ直ニ駐車スヘシ

わが国最初の自動車取締規則をつくった愛知県の4カ月後に石川県でも取締規則をつくっている

北陸本線粟津駅まで電車で10銭、自動車で30銭だった

中部地方－福井県

福井県最初の
乗合自動車を検証する

1、西阪合資会社と
ドイツ製サイクロネツト

東京輪界新聞社が大正4（1915年）年4月1日現在で調査した「全国自動車所有者名鑑」の福井県の部を見ると、京都府加佐郡舞鶴町の「西阪合資会社」が2台、遠敷郡小浜町日吉の「若狭自動車株式会社」が2台、合計4台となっている。

京都府舞鶴町の西阪合資会社が「福井県の部」に入っているのは、同社が福井県内で営業しているからである。

福井県では明治36年12月に県令第64号で自動車営業取締規則を制定しているが、前記の2社以前に乗合自動車を運行したという記録が見つからないから、この2社が福井県の草分けであろう。

まず西阪合資会社であるが、同社の設立は大正2年12月31日、本社は京都府加佐郡新舞鶴町大字浜77番地である。

無限責任、労務社員つまり社長は高岡久吉で、彼の屋敷が本社になっている。

他に有限責任の出資社員が2人で、同町大字浜610番地の西村安治が400円、同町浜177番地の坂根一治が同じく400円を出資している。

自動車会社の設立資本金としては非常に少ない。おそらく設立当初は自動車1台で発足したのだろう。内閣統計局編纂の「帝国統計年鑑」を見ると大正2年3月末では0、3年3月末に1台とあるが、この1台は西阪合資会社の自動車と考えられる。

同社の営業路線は新舞鶴町万代橋際から福井県高浜町三明までの15.5キロで、使用した自動車はドイツのサイクロン会社製3人乗りの小型車で、サイクロネットという自動三輪車だった。

価格が1台2000円程度である。この車はわが国で営業用に使用された最初の自動三輪車である。

ここに掲載した2人の乗客を乗せているサイクロネットの写真は、所有者が宝塚市の小倉武雄氏で、氏はこの写真を解説して、

「自動車の向こう側に立っているのが父の峰吉（当時23歳）で、父は軍港景気にわいていた舞鶴の自動車会社に運転手として勤めていました。

会社はこのサイクロン号を3台輸入したと写真の裏に書いてあります」

と述べている。

明治34年10月に、東舞鶴に海軍の鎮守府が設置され、多くの軍艦が寄港したり、修理に停泊するようになったことから、それまで小さな漁村にすぎなかった東舞鶴地区は軍港景気に沸いた。

浜村などは大規模宅地開発が進められ京都を模範にして碁盤の目状の市街地が造成され、南北に一条から九条の道路が出来た。

そのため東舞鶴に近い福井県の高浜町や和田村との交通が盛んになり、その便をはかるため、高岡久吉らが自動車会社を設立したのである。

サイクロネットをわが国に輸入したのは京都市二条

新舞鶴～高浜間を走ったサイクロネット（高浜町にて）と明治44年6月9日に掲載されたドイツベルリンサイクロン製作会社のサイクロネット三輪自動車の紹介記事

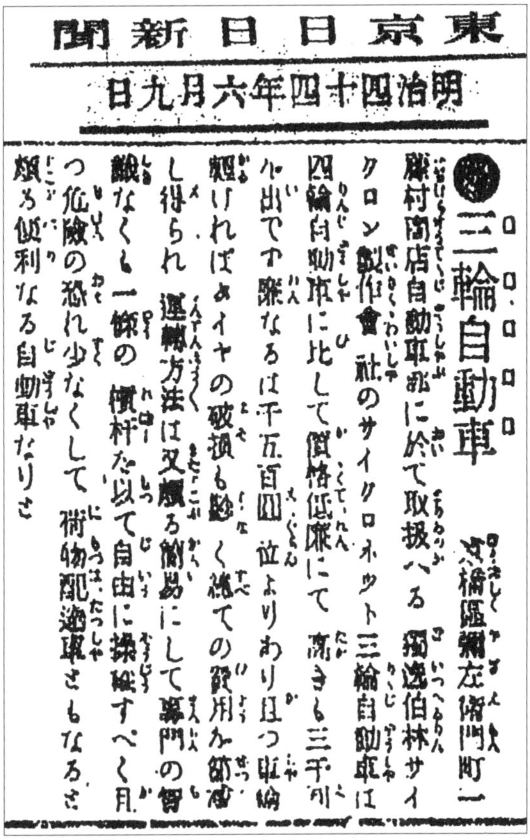

東京日日新聞

明治四十四年六月九日

●三輪自動車

京橋區彌左衛門町一柳村商店自動車部に於て取扱へる獨逸伯林サイクロン製作會社のサイクロネット三輪自動車は四輪自動車に比して價格低廉にて高きも三千円を出でず廉なるは千五百円位よりあり且つ軽ければタイヤの破損も尠く總ての費用が節減し得られ運轉方法は又頗る簡易にして専門の智識なくも一條の槓杆を以て自由に操縦すべく且つ危險の恐れ少なくして荷物配達車ともなるさ頗る便利なる自動車なりさ

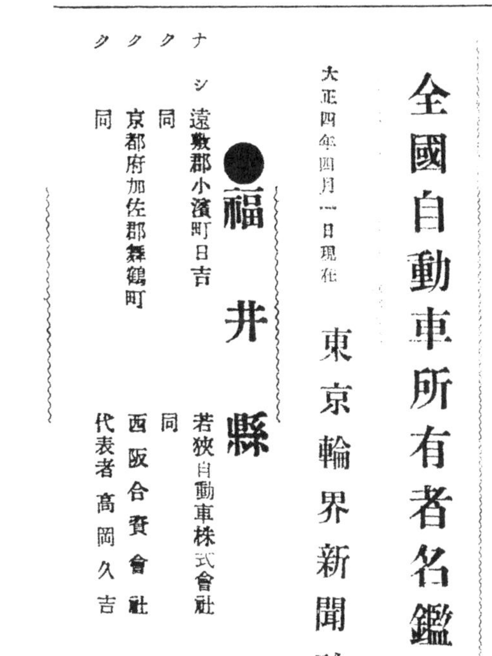

全國自動車所有者名鑑

大正四年四月一日現在　東京輪界新聞社

●福井縣

ナ シ	遠敷郡小濱町日吉	若狹自動車株式會社
ク	同	同
ク	京都府加佐郡舞鶴町	西阪合資會社
ク	同	代表者 高岡久吉

『全国自動車所有名鑑』の福井県

押小路千本東の藤村商店自動車部で、同店は明治44年頃からサイクロン会社の販売代理店になっている。東京市京橋区弥左衛門町にも支店があって、東京では第一生命保険相互会社社長、伯爵柳沢保恵などもこの車を購入している。

しかし乗客が2人しか乗れない車だったので、主に貸切として使用し、その後別に8人乗りの自動車を購入したようである。

というのは大正4年3月12日の「京都日出新聞」に、西阪合資会社の自動車が加佐郡志楽村で田んぼに落ちる事故を起こしたことを報じているが、その車には8人の乗客が乗っていたと書いているから、この車はサイクロネットではない。

西阪合資会社は大正8年8月に高岡久吉らが出資金全部を福井県大飯郡青郷村字小和田27号13番地の一瀬嘉重に譲渡し、譲り受けた一瀬氏は大正11年4月7日、社名を「合資会社一瀬商会」と改称した。

2、若狭自動車株式会社

西阪合資会社の設立から半年ほど遅れて大正3年7月7日、福井県遠敷郡小浜町日吉に資本金8000円の若狭自動車株式会社が設立される。

社長が敦賀二十五銀行頭取で雲浜蚕糸株式会社社長田中長次郎。

取締役に県農工銀行取締役森口徳左衛門ら5名、監査役に衆議院議員山口嘉七ら3名であった。

路線は当初小浜町から敦賀町までの丹後街道だったが、大正4年5月に1台増車して路線を小浜町から滋賀県高島郡今津町にも拡張した。

この小浜から今津までの路線は若狭湾でとれた海産物、特にサバを一塩に加工して京都に運んだ道で、小浜から若狭街道を熊川、さらに「九里半越え」と呼ばれた山道を通って今津に達するもので、人々は「サバ街道」と呼んだ。

現在でも定期バスで1時間もかかる山道を女性たちがサバの入ったカゴを天秤棒で担いだり、頭に乗せて今津まで運んだという。

今では到底考えられない重労働である。

今津から琵琶湖の西街道を徒歩か、あるいは船で大津を経て京都に運んだのである。

この「サバ街道」に乗合自動車が運行されたことは彼女たちにとって福音であったが、料金が高かったことと、長距離過ぎて途中で自動車が故障すると山中で万事休する事になったため、長続きしなかった。

結局、1年ほど運行して会社は大正5年6月13日の臨時株主総会決議で解散し、軍両3台を小浜町の藤井治助に譲渡している。

3、その後の自動車事情

福井県の自動車数はその後6年3月末に3台、7年同4台、8年同5台とほとんど増加していない。帝国自動車保護協会発行の業界誌「自動車」の大正7年10月号を見ると、

「福井県の自動車総数が4台というのは悲観させられる。

自家用車は皆無で、小浜町の藤井治助なる人が乗合を営業して3台、福井の（福井市毛矢町）相模初吉なる人が貨物自動車1台を所有しているに過ぎない。

同県は京都府に隣接しているので、京都府在籍の車が同県と京都府との間を往来しているらしいから、貧弱には違いないが、同県在籍の数を以て全般を推すのも無理かも知れない」

と書かれている。

福井県に自動車が普及するのは（トラックを含めて100台を越えるのは）大正13年末以後である。

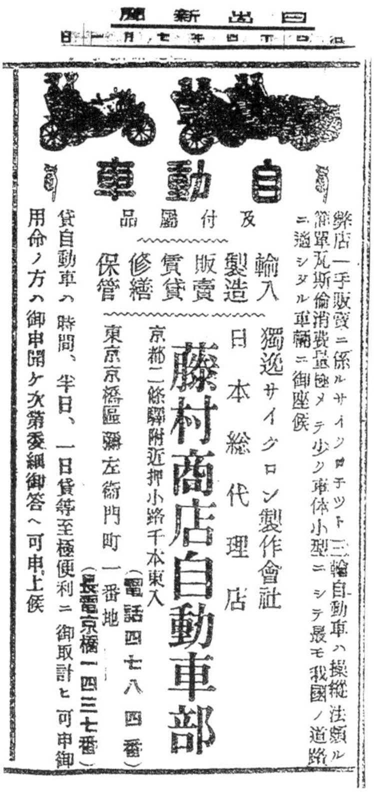

日出新聞
明治四十四年七月一日

自動車
及付屬品

弊店一手販賣ニ係ルサイクロネツト三輪自動車ハ操縦法頗ル簡單瓦斯倫消費量極メテ少ク車体小型ニシテ最モ我國ノ道路ニ適シタル車輌ニ御座候

輸入
製造
販賣
賃貸
修繕
保管

獨逸サイクロン製作會社
日本総代理店
藤村商店自動車部
京都二條驛附近押小路千本東入（電話四七八四番）
東京京橋區彌左衛門町一番地（長電京橋一四三七番）

貸自動車ハ時間、半日、一日貸等至極便利ニ御取計ヒ可申御用命ノ方ハ御申聞ケ次第委細御答ヘ可申上候

女性客２名を乗せたサイクロネット。明治44年７月１日に掲載されたドイツサイクロン製作会社日本総代理店の藤村商店自動車部の広告

小浜～敦賀間を走ったフォードＴ型（三方町にて）。この頃の乗合自動車はフォード、シボレー、ビューイックといった普通の外車を使っており、多くは６人乗りであった

山梨県最初の乗合自動車を検証する

1、自動車数の推移

内閣統計局編纂「日本帝国統計年鑑」によれば、山梨県の自動車は（いずれも3月末調査）大正3年（1914年）、4年と0で、5年に2台、6年には1台減って1台、7年に10台、8年に13台、9年に17台となっている。

大正9年の隣県と比較してみると、東京府の2847台、神奈川県の559台、静岡県の121台、長野県の87台、埼玉県の35台と比べまったく少ない。

ただ山梨日日新聞や甲斐新聞など地元の新聞を見ると、大正2年10月に、北都留郡大原村の県会議員後藤善四郎や甲斐電力株式会社社長秋山喜蔵が自動車を購入したという記事が出ているから、統計書の3年間ゼロは疑問である。

2、全文5条の自動車営業取締規則

乗合自動車の営業開始には至らなかったが、明治45年（1912年）7月に南都留郡谷村の有志らが大月駅と富士吉田間に乗合自動車を計画して、県に許可を出願している。

この出願を受けた県では3カ月後の大正元年10月21日、県令第22号による「自動車取締規則」を制定公布した。

迅速な制定だったが、他府県の自動車取締規制が殆んど30条から40条の規則を定めているのに対し山梨県は全文わずか5条だけという簡単なものであった。恐らく自動車の作成には時間がかかるからかとりあえず出願者に許可を与えるための暫定措置だったと思われる。

ところが、この暫定措置が許可を出願その後6年間も改定されなかった。

知事が山脇春樹に代わると改正に着手して、大正7年3月4日、全文27条の「自動車取締規則」を制定したのであった。

3、市川大門町有志の計画

大正5年末に西八代郡市川大門町の有志らが、甲府までの乗合自動車を計画した。

東京の自動車会社に相談してみると、自動車の価格は1台2000円前後であるが、1日40里の距離を運行するとなると、ガソリン代が7円、機械油が1円、タイヤの消耗費が2円、修理や諸雑費に1円、運転手の給料が1円50銭、車両の償却費が1円で、事務費などを除いても合計13円50銭はかかるということであった。

となると、1日4往復して、1回の往復に乗客が15人あったとしても、運賃を1人25銭に設定しなければ採算が取れないことになる。

町に帰って有志らと検討してみたが20銭以上では乗合馬車に対抗することは無理だという結論になり、営業を断念してしまった。

大正 6 年 9 月 10 日、山梨県中巨摩郡飯野村 3636 番地に設立の山梨自動車運輸株式会社の自動車。ナンバー「Y3」から「Y5」まで並んでいる。「Y」は山梨県の頭文字のローマ字

大正 7 年 6 月 30 日、山梨県北都留郡広里村大月 357 番地に設立の冨士自動車運輸株式会社の開業記念写真

4、県内最初の乗合自動車

大正6年12月29日山梨日日新聞を見ると、

「県下の自動車は今のところ九台で、あと二台ばかり増える予定だから総勢十一台になる、自動車を運転している会社は三つで、山梨自動車運輸株式会社が五台（うち一台は未着）甲府自動車運輸株式会社が四台、山梨軽便鉄道株式会社が二台（うち一台は未着）となる、山梨自動車運輸は市内泉町と峡西、小笠原、倉庫町に車庫を置いて戸田街道を往復して主に峡西の交通に便し、甲府自動車運輸は本社を市内八日町に置き、甲府・勝沼間及び甲府・塩山間の路線を運転し、主に峡東の旅客運輸の任に当たっている、山梨軽便鉄道は今まで馬車鉄道を運転していたが新たに自動車の運転を兼営することになって今は一台で軽便鉄道と連絡して勝沼辺までの間を往来している、各社とも一里について十三銭の割合で、馬車より二、三銭高いだけで、人力車の一里二十銭と比べるとずっと安い」

と報じている。

「山梨自動車運輸株式会社」は現在の山梨交通株式会社の前身で、大正6年9月10日に甲府市の石田民蔵、中巨摩郡豊村の中島庄太郎らが、資本金2万5000円で設立した会社である。

大正末期から昭和のはじめにかけて鉄道会社の設立や他の自動車会社との合併や新会社の設立を繰り返している。

鉄道部門では石田社長が金丸宗之助らと大正13年11月、山梨軽便鉄道株式会社を買収して、資本金50万円の「甲府電気軌道株式会社」を設立する。

一方、自動車部門では大正14年2月1日に甲府市相生町47番地の「鰍沢乗合自動車株式会社（資本金2万円、大正13年5月29日設立）」を併合し、さらに昭和2年6月1日「山梨公衆自動車株式会社（大正15年7月18日設立、甲府市相生町40番地、資本金35万円）」と併合して、甲府市錦町7番地に資本徐65万円の「株式会社山梨開発協会」を設立する。

この山梨開発協会が主体となって太平洋戦争の末期、昭和20年5月、政府の企業合同政策によって、身延自動車株式会社、百観音自動車株式会社、合名会社中央自動車商会、クラブ自動車株式会社、下部温泉自動車株式会社、その他個人営業の若月荘、小沢照雄などらが合併して、現在の「山梨交通株式会社」が設立されたのである。

5、冨士自動車運輸株式会社

このほか大正7年6月30日、北都留郡広里村の伊藤弁次郎、同村大月の牧野花太郎、中巨摩郡豊村の中島庄太郎らが、広里村大月357番地に資本金2万5千円の「冨士自動車運輸株式会社」を設立して、主に大月駅から富士吉田までの乗合を営業した。

この会社は大正13年12月27日、本店を大月73番地に移転して、社名を「大月自動車株式会社」と改称した。

6、日本乗合自動車協会会長堀内良平

最後に、山梨県が生んだ政財界の巨匠堀内良平を取り上げるが、ここでは彼の数多い業績のうち、乗合自動車関係に絞ることにする。

彼は大正7年6月26日、小野金六らと「日本観光株式会社」を設立して熱海、河口湖畔にホテルを建設するかたわら大月駅から吉田町、籠坂峠を経て船津までの乗合自動車を運行させる。

と同時に同年10月1日、渡辺勝三郎らと東京市麹町有楽町3丁目1番地に資本金1千万円の「東京市街自動車株式会社（大正11年6月27日東京乗合自動車株式会社と改称）」を設立。

昭和2年4月18日、日本乗合自動車協会（現日本バス協会）が設立されると初代会長に推され、業界の発展に尽力した。

日本乗合自動車協会（現日本バス協会）の初代会長の
堀内良平

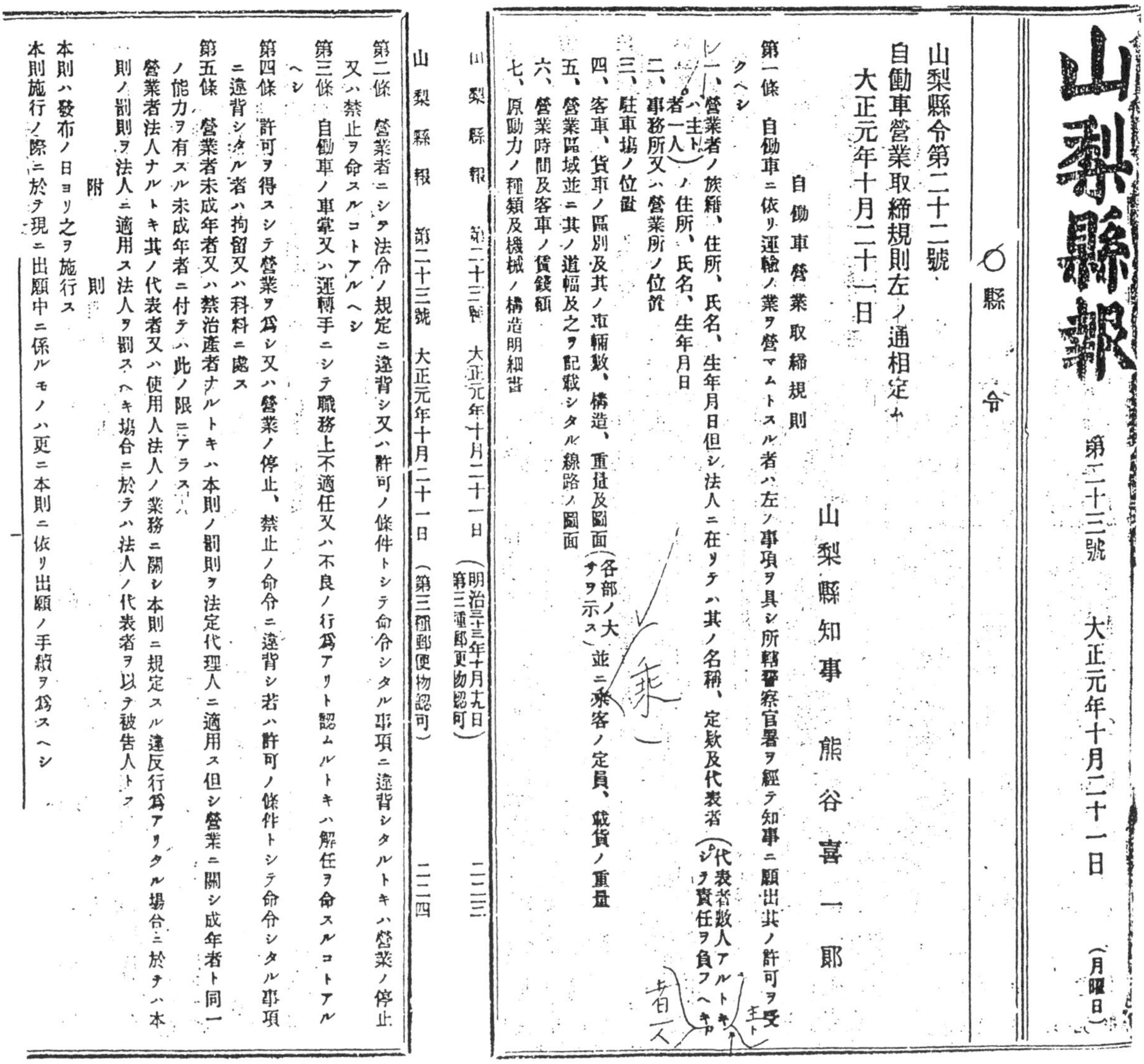

山梨縣報

第二十三號　大正元年十月二十一日（月曜日）

○縣令

山梨縣令第二十二號

自働車營業取締規則左ノ通相定ム

大正元年十月二十一日

山梨縣知事　熊谷喜一郎

自働車營業取締規則

第一條　自働車ニ依リ運輸ノ業ヲ營マムトスル者ハ左ノ事項ヲ具シ所轄警察官署ヲ經テ知事ニ願出其ノ許可ヲ受クヘシ

一、營業者ノ族籍、住所、氏名、生年月日但シ法人ニ在リテハ其ノ名稱、定款及代表者（代表者數人アルトキハ主トシテ責任ヲ負フヘキ者一人）ノ住所、氏名、生年月日

二、事務所又ハ營業所ノ位置

三、駐車場ノ位置

四、客車、貨車ノ區別及其ノ車輛數、構造、重量及圖面（各部ノ大サヲ示ス）並ニ乘客ノ定員、載貨ノ重量

五、營業區域並ニ其ノ道幅及之ヲ記載シタル線路ノ圖面

六、營業時間及客車ノ賃錢額

七、原動力ノ種類及機械ノ構造明細書

山梨縣報　第二十三號　大正元年十月二十一日（明治三十三年十月十九日第三種郵便物認可）　二二三

第二條　營業者ニシテ法令ノ規定ニ違背シ又ハ許可ノ條件トシテ命令シタル事項ニ違背シタルトキハ營業ノ停止又ハ禁止ヲ命スルコトアルヘシ

第三條　自働車ノ車掌又ハ運轉手ニシテ職務上不適任又ハ不良ノ行爲アリト認ムルトキハ解任ヲ命スルコトアルヘシ

第四條　許可ヲ得スシテ營業ヲ爲シ又ハ營業ノ停止、禁止ノ命令ニ違背シ若ハ許可ノ條件トシテ命令シタル事項ニ違背シタル者ハ拘留又ハ科料ニ處ス

第五條　營業者未成年者又ハ禁治產者ナルトキハ本則ノ罰則ヲ法定代理人ニ適用ス但シ營業ニ關シ成年者ト同一ノ能力ヲ有スル未成年者ニ付テハ此ノ限ニアラス

營業者法人ナルトキハ其ノ代表者又ハ使用人法人ノ業務ニ關シ本則ニ規定スル違反行爲アリタル場合ニ於テハ本則ノ罰則ヲ法人ニ適用ス法人ヲ罰スヘキ場合ニ於テハ法人ノ代表者ヲ以テ被告人トス

附　則

本則ハ發布ノ日ヨリ之ヲ施行ス

本則施行ノ際ニ於テ現ニ出願中ニ係ルモノハ更ニ本則ニ依リ出願ノ手續ヲ爲スヘシ

山梨縣報　第二十三號　大正元年十月二十一日（第三種郵便物認可）　二二四

たった5条しかない山梨県の自動車取締規則

長野県最初の
乗合自動車を検証する

1、信濃自動車会社計画

明治36年（1903年）8月、下伊那郡鼎村出身の代議士牧野元らによる乗合自動車営業許可願いが県に提出された。

許可申請書によれば、資本金20万円の「信濃自動車株武会社」を設立して塩尻駅から三州街道を伊那町までと、箕輪村から岡谷街道を朝日村まで、上伊那町から権兵衛街道を高遠村まで、飯田町から遠州街道を下川路村までと大平街道を上飯田までの5路線を運行する予定であった。

出願を受けた県では早速取締規則の作成に取り掛かり、同年9月29日、県令第40号をもって、全文23条の自動車取締規則を作成公布し、出願を許可した。自動車取締規則では愛知県に次いで全国2番目の公布だった。

許可を受けた牧野氏らは早速東京に出かけ、新橋駅前の米国ロコモビル会社日本代理店と銀座4丁目のモーター商会と交渉し、前者の蒸気式自動車と後者のガソリン式自動車を試運転させ、どちらが営業車として適当か試験することにした。

12月10日の朝、まずロコモビル代理店の4人乗り（日本では6人乗り）蒸気自動車が貨車積みで塩尻駅に到着した。輸入代理店の宮崎峰太郎、販売代理店の平島喜智らも到着して、宮崎氏が運転して三州街道を飯田町に向けて出発した。

しかし道路が狭くて粗悪な上に、荷馬車が何十台も連なって道の真ん中を行くのでスピードが出せない。昼食の小休憩を含めて、飯田町まで10時間を要したのである。

翌日から2日間、飯田町を中心に近郊地区を試運転した結果を踏まえて、宮崎氏が牧野氏らに語ったところによれば、塩尻～飯田間55マイルを1台で運行するのはとても無理であるから3区間に分けて1区に1台ずつ置き、さらに故障などに備えて予備車が1台必要である。

自動車は1台3500円で、運転については1カ月も練習すれば出来るが、整備や修理の出来る技術者が必要である。

タイヤは1本40円で、1車に4本として160円、これは消耗品で1年に2回取り替える必要がある。

他に整備、修理用部品などに180円を見込まなければならない。

揮発油は10マイルに1ガロン（2升）の消費として、35円を要する、と説明した。

牧野氏らは余りにも膨大な経費がかかるので、とても採算が取れないと判断して、試運転にかかった経費200円を自動車会社に支払い、次に試運転を予定していたモーター商会のガソリン車をキャンセルして事業を断念した。

2、平穏自動車運輸株式会社

その後しばらくは自動車に手を出す者がなかった

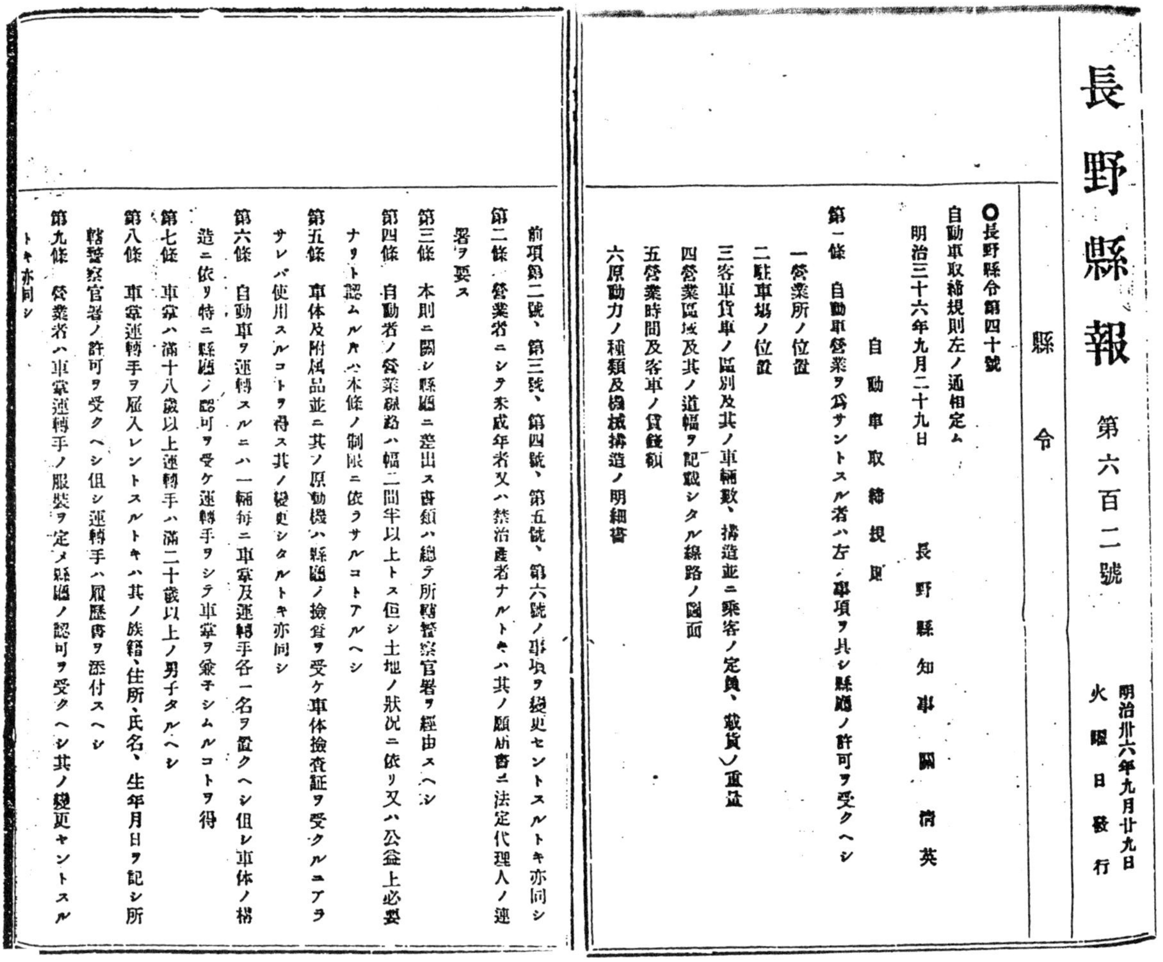

長野縣報　第六百二號
明治卅六年九月廿九日　火曜日發行

縣令

○長野縣令第四十號
自動車取締規則左ノ通相定ム
明治三十六年九月二十九日　長野縣知事　關清英

自動車取締規則

第一條　自動車營業ヲ爲サントスル者ハ左ノ事項ヲ具シ縣廳ノ許可ヲ受クヘシ
一營業所ノ位置
二駐車場ノ位置
三客車貨車ノ區別及其ノ車輛數、構造並ニ乘客ノ定員、載貨ノ重量
四營業區域及其ノ道幅ヲ記載シタル線路ノ圖面
五營業時間及客車ノ賃錢額
六原動力ノ種類及機械構造ノ明細書
前項第二號、第三號、第四號、第五號、第六號ノ事項ヲ變更セントスルトキ亦同シ
第二條　營業者ニシテ未成年者又ハ禁治産者ナルトキハ其ノ願所書ニ法定代理人ノ連署ヲ要ス
第三條　本則ニ關シ縣廳ニ差出ス書類ハ總テ所轄警察官署ヲ經由スヘシ
第四條　自動者ノ營業線路ハ幅二間半以上トス但シ土地ノ狀況ニ依リ又ハ公益上必要ナリト認ムルトキハ本條ノ制限ニ依ラサルコトアルヘシ
第五條　車体及附屬品並ニ其ノ原動機ハ縣廳ノ檢査ヲ受ケ車体檢査證ヲ受クルニアラサレハ使用スルコトヲ得ス其ノ變更シタルトキ亦同シ
第六條　自動車ヲ運轉スルニハ一輛每ニ車掌及運轉手各一名ヲ置クヘシ但シ車体ノ構造ニ依リ特ニ縣廳ノ認可ヲ受ケ運轉手ヲシテ車掌ヲ兼子シムルコトヲ得
第七條　車掌ハ滿十八歲以上運轉手ハ滿二十歲以上ノ男子タルヘシ
第八條　車掌運轉手ヲ雇入レントスルトキハ其ノ族籍、住所、氏名、生年月日ヲ記シ所轄警察官署ノ許可ヲ受クヘシ但シ運轉手ハ履歷書ヲ添付スヘシ
第九條　營業者ハ車掌運轉手ノ服裝ヲ定メ縣廳ノ認可ヲ受クヘシ其ノ變更セントスルトキ亦同シ

わが国2番目に制定された自動車取締規則

芝区芝口1丁目9番地、米国ロコモビル会社日本代理店東京陳列場

が、明治43年12月14日下高井郡平穏村の村長佐藤喜惣治、助役の関慶作らが中心となって乗合自動車が計画された。

佐藤氏らは当初村営にする計画だったので、横浜の自動車販売店エ・レベダーク商会と交渉して、まだ自動車を見たことのない村民たちに、まず自動車を平穏村に持って来て試運転して見せて欲しいと要望した。

年が改まって4月2日の朝、鉄道貨物車で4人乗りのドイツ製ロイド車が到着して試運転が行われた。購入予定の自動車は12人乗りだったが、正式に注文を受けてから車体をつくるということで、とりあえず4人乗りで試運転を始めた。

信越本線の豊野駅を出発して平穏の各温泉地、飯山、須坂と営業予定路線を順調に廻り好成績だったので、設立委員たちは満足して、12人乗り2台を正式に発注した。

その後、一部の住民から事業を村営にすることには反対である、という反対意見が出されたので、佐藤村長らは村営を諦め、明治44年8月10日、1株50円600株、資本金3万円の「平穏自動車運輸株式会社」を設立した。

本社は平穏村3101番地に新設、社長に関慶作、専務取締役に村長の佐藤嘉惣治が選任された。

営業を開始して間もなく欧州戦争が勃発して物価が高騰したため自動車賃を値上げして、

豊野～中野間50銭。

中野～渋温泉間40銭。

中野～湯田中間35銭。

中野～須坂間と中野～飯山間を60銭とした。

ところが馬車会社との値下げ競争が激しくなったため、会社では馬事会社を買収して馬車を兼営した。

しかし大戦が終結すると不況になり各地に銀行の倒産が起こり、関社長や佐藤専務が重役をしている銀行鳩慶社も整理に追いやられた。

会社も馬車会社の買収に多額の費用をかけたことが重荷になって経営が困難となり、大正5年2月28日、臨時株主総会の決議で、使用していた自動車や路線の権利、馬車など一切を5000円で宇都宮信衛に譲渡して解散する。

宇都宮信衛による宇都宮自動車は現在の川中島自動車株式会社の前身である。

3、南信自動車株式会社

明治44年12月10日、下伊那郡飯田町886番地に資本金10万円の「南信自動車株式会社」が設立された。社長は栃木県選出代議士友常穀三郎で、専務取締役が松尾村の太下宗義。

取締役が飯田町の鷲津光之助、鼎村の県会議員木下重太郎ら5名。

監査役に横浜のイー・シー・デビスら3名という経営陣であった。

自動車は鷲津光之助の親戚小林米珂（帰化英国人で元の名はイー・デー・ベッカー）の紹介でフランス製12人乗りのクレメント・バイヤールと24人乗りドイツ製のロイドを購入した。

運転手は販売店の推薦で元東京自動車製作所の工員だった大塚定吉と庄三郎兄弟を雇った。

開業した翌年の6月3日、大塚定吉が10人の乗客を乗せて富田町の国道を進行中、耳の不自由な通行人を轢いて死亡させる事故を起こした。

長野県最初の自動車による死亡事故であるが、会社が被害者の家族に300円の慰謝料を払って示談が成立し、訴訟事件にはならなかった。

南信自動車は乗客も多く会社は順調に発展した。

その後紆余（うよ）曲折はあったが、昭和19年4月、政府の企業統合政策によって伊那自動車、御嶽自動車、大平自動車の3社と合併して「信南交通株式会社」となって現在に至っている。

明治時代に設立された乗合自動車会社が現在まで続いているのは、この信南交通株式会社だけである。

平穏自動車運輸株式会社のロイド。車体は株式会社東京白動車製作所製

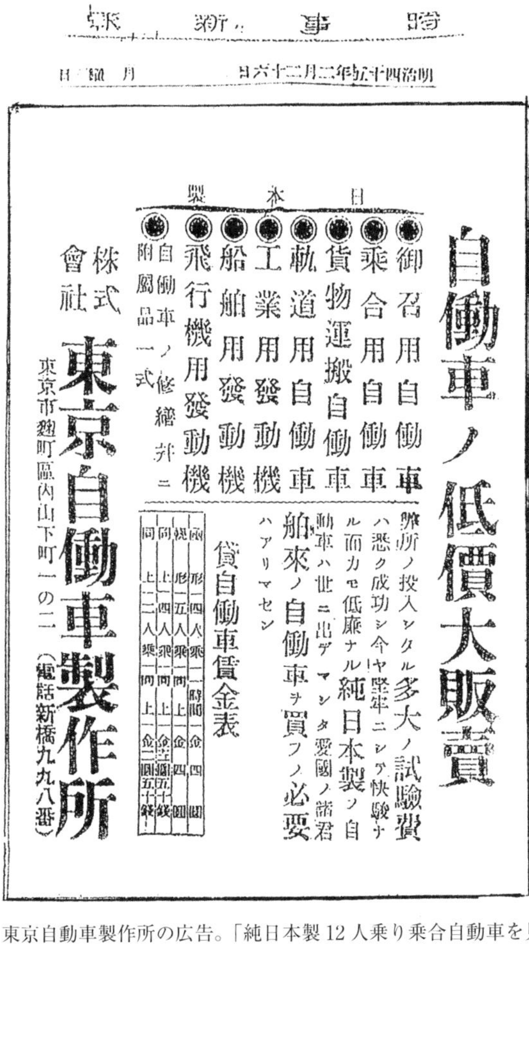

東京自動車製作所の広告。「純日本製 12 人乗り乗合自動車を見よ」と大々的に謳っている

△當會社は自働車、高等馬車、普通馬車等數十輛の設備あり
△當會社の營業區間は中野町を中心として信越線豐野、平穏の各温泉地及飯山、須坂各方面に時間を定め毎日數回發着す、但時間外にても御高命に應ずるの便あり

平穏自働車運輸株式會社

本店　信州下高井郡平穏温泉地

停留所　信州下高井郡中野町藏前町　電話六二番

支店　信州下高井郡中野町緑町角　電話四一番

客を乗せ走る平穏自動車運輸株式会社の乗合自動車と営業区間を知らせる広告

株式會社登記第十四號（設立）

一商號　平穏自動車運輸株式會社

一本店　長野縣下高井郡平穏村三千百一番地

一目的　旅客運輸業　其區域長野縣下高井郡平穏村ト上水内郡神郷村豐野停車場間同縣下高井郡平穏村ト下水内郡飯山町間　同縣下高井郡平穏村ト上高井郡須坂町間
但取締役會ノ決議ニヨリ他ノ運輸事業ヲ兼營スル事ヲ得

一設立ノ年月日　明治四十四年八月十日

一資本ノ總額　金三万圓

一一株ノ金額　金五十圓

一各株ニ付拂込ミタル株金額　金十二圓五十錢

一公告ヲ爲ス方法　本社ノ店頭又ハ新聞紙ニ掲示ス

一取締役ノ氏名住所
長野縣下高井郡平穏村五百九十一番地　関　慶作
同縣同郡同村千百八十番地　佐藤彦惣治
同縣同郡同村二百四十五番地　山本喜藤治
同縣同郡同村二百五十一番地　西山平四郎
同縣同郡同村四百二十六番地　湯本五郎治
同縣同郡同村七百六番地　山本辰吉
同縣同郡中野町二百三十六番地　小林金吾

一監査役ノ氏名住所
長野縣下高井郡平穏村二千二百十二番地　西澤寅惣
同縣同郡同村四百八十番地　山本愼治郎
同縣同郡夜間瀬村百七十四番地　畔上古啓

一存立ノ時期　明治四十四年八月十日ヨリ滿十箇年

右明治四十四年八月二十六日登記
明治四十四年八月二十六日
飯山區裁判所中野出張所

平穏自動車運輸株式会社の設立登記簿

信州山中を走る南信自動車株式会社のクレメント・バイヤール

株式會社登記第十八號

一商號　南信自働車株式會社

一本店　長野縣下伊那郡飯田町八百八十六番地

一目的　旅客搭載及貨物運輸ノ業ヲ營ムヲ以テ目的トス

一設立ノ年月日　明治四十四年十二月十日

一資本ノ總額　金十万圓

一一株ノ金額　金五十圓

一各株ニ付拂込ミタル株金額　金十四圓

一公告ヲ爲ス方法　飯田區裁判所ノ公告スル新聞紙ニ掲載ス

一取締役ノ氏名住所

神戸市山本町通三丁目一番屋敷　友常穀三郎

長野縣下伊那郡松尾村二百十九番地　木下　宗巖

同縣同郡鼎村十一番地　木下重太郎

同縣同郡飯田町千百四十五番地　山崎新一郎

同縣同郡同町四百九十三番地　鷲澤允之助

同縣同郡鼎村大字鼎千九百五十七番地　黒河内莊三

同縣同郡伊賀良村大字中村二百三十番地　仲田竹三郎

一監査役ノ氏名住所

横濱市山手二百十六番地　イーシーデビス

長野縣下伊那郡鼎村七百六十一番地　唐澤　市郎

同縣同郡松尾村大字松尾五千二百三十二番地　鹽澤春次郎

一存立ノ時期　明治六十四年十一月三十日迄

右明治四十五年三月十九日登記

飯田區裁判所

南信自動車株式会社の設立登記簿

中部地方－岐阜県

岐阜県最初の
乗合自動車を検証する

1、営業許可の 2 件の競願

明治 36 年（1903 年）6 月、岐阜県内務部に 2 件の乗合自動車許可願いがほとんど同時に提出された。

1 件は安八郡名森村の浅野覚衛ら 6 名が提出したもので、路線は岐阜市内を起点に関、上有知、笠松、高畠、北方方面の運行。

もう 1 件は山県郡山県村の各務寛左衛門ら 7 名が提出した岐阜駅を起点に市内と高富を経て関までの運行と、北方を経て大垣町、養老までを運行するものであった。

両者の路線が重なったことから、どちらに認可が下りるかをめぐって、マスコミの話題になった。

県の当事者はいまだ自動車を見たことがなかったので、とにかく自動車を県庁に持って来させて、県の技師が安全性を確かめることにした。

浅野派では、高知市に出掛けて、市内と伊野間を走っている石油自動車の運転や機械の取り扱いを練習して来たので安全に問題はない。

その自動車を岐阜県庁に取り寄せることは出来ないが、許可されれば直ちに製造に取りかかる予定である、製造して許可されなければ丸損になってしまうので、まず許可をお願いしたい、と訴えた。

一方各務派では、許可されれば東京のモーター商会から 12 人乗りの自動車を購入する予定であったが、販売店に問い合わせてみると手元には 2 人乗りと 4 人乗りの自動車しか無く、大型車は注文を受けてから、アメリカに発注するとのことで、これもすぐさま県庁に持ち込むという訳にはゆかなかった。

2、会社創立直前の混乱

各務派では何とか浅野派より先に路線の営業権を取りたかったので、モーター商会から 4 人乗りのオールズモビルを取り寄せて、まず県の検査を受けることにした。

7 月初めに自動車が到着して県の試験を受けたが、県では自動車取締規則の作成に手間取って、なかなか認可を出さなかった。

9 月 14 日になって、ようやく県から自動車取締規則に代わる全文 26 条の命令書（指令保第 4189 号）が発行されて、各務派が出願していた路線のうち大垣から養老公園間を除いた路線が認可された。

各務派では、さっそく資本金 10 万円の岐阜自動車株式会社の創立に取りかかり、株式も満株になり、創立総会を開くことになったその矢先、日露戦争が起こった混乱で、株式を引き受けた大垣共立銀行と発起人の責任者との間に手違いがあって、株式募集の際に集めた証拠金の行方が分からなくなるというトラブルが起こった。

発起人の間で償還請求をするという大騒ぎになった上、さらにその責任者が死亡してしまい、混乱に拍車を掛けた。

そのためモーター商会では自動車を引き取って東京

岐阜日日新聞

毎號六頁

●自動客車營業競願　安八郡名森村淺野覺衛、山縣郡高富町《やまがたぐんたかとみまち》本田政直及《およ》び和歌山縣人《わかやまけんじん》高木米彦外《ほか》三名《めい》が岐阜《ぎふ》停車場《ていしやぢやう》より當地方裁判所《たうちさいはんしよ》前迄《まへまで》同停車場《ていしやぢやう》より羽《は》島郡笠松町《しまぐんかさまつまち》武儀郡關町上有知町迄を營業區域《えいげふくゐき》とし石油發動機車營業願《せきゆはつどうきしやえいげふねがひ》を爲《な》し居れる事《こと》は曾報《そうはう》の如《ごと》くなるが猶《なほ》は聞く處《ところ》に依《よ》れば本縣廳《ほんけんちやう》に於《おい》ては屢々出願者《しばしばしゆつぐわんしや》を召喚《せうくわん》して車体《しやたい》の構造《かうざう》、重力等《ぢうりよくとう》に付《つ》き調査《てうさ》を爲《な》したる結果該自動車《けつくわがいじどうしや》は車体極《しやたいきは》めて不完全《ふくわんぜん》にして道《だう》路《ろ》を破損《はそん》し且運轉中《かつうんてんちう》瀬鐵に故障《こしやう》を生《せう》し交通上《かうつうじやう》危險《きけん》の虞《おそれ》なしとせざるより兎《と》も角實物《かくじつぶつ》に就《つい》て猶《な》は一層調査《そうてうさ》を經《へ》されば許可《きよか》し難《がた》しとの事《こと》なるより出願者等《しゆつぐわんしやら》は種々協議《しゆ々けふぎ》の末許可《すへきよか》の有無《うむ》も判明《はんめい》せざる前《まへ》に多額《たがく》の費用《ひよう》を投《とう》じて車《くるま》を製造《せいざう》するは甚《はなは》だ困難《こんなん》なる事《こと》なれば寧《むし》ろ此際有力《このさいいうりよく》なる人をして縣廳《けんてう》へ許可《きよか》を迫《せま》る方得策《はうとくさく》ならんとて縣參事會員《けんさんじくわいゐん》松岡清司氏に其運動方《そのうんどうかた》を依頼《いらい》し其後《そのご》頻《しき》りに運動中《うんどうちう》の趣《おもむ》きなるが爰《こゝ》に當市《たうし》鍛治《かぢ》屋町高橋貴三則、今泉區今井時三等《ら》は前記石《ぜんきせき》油發動機車《ゆはつどうきしや》の車体不完全《しやたいふくわんぜん》にして道路《だうろ》を損《そん》し又《また》た交通上安全《かうつうじやうあんぜん》ならずとて其筋《そのすぢ》にて容易《たやす》く許可

浅野覚衛派と各務寛左衛門派が同時に同路線の乗合自動車営業許可を当局に出願したことで町の話題になった。各務派はモーター商会からガソリン車を買うことで会主を発起人に入れて出願し、この争いは各務派に許可がおりた。しかし日露戦争が起こったので各務派は営業に至らなかった

高山新報

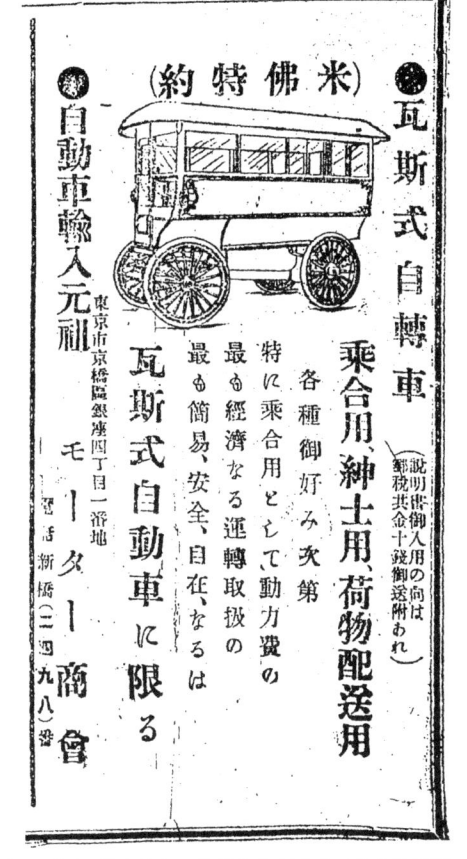

大正元年十一月廿五日

濃飛自働車株式會社株式募集豫告

一資本金　貳拾五萬圓
一株数　五千株（内發起人及賛成人引受株四千株）
一募集株數　壹千株
一壹株之金額　五十圓（第壹回拂込金拾貳圓五十錢）
一證據金　壹株ニ付金貳圓五拾錢
一申込處　飛驒銀行本支店出張所
一申込期日　來ル十二月六日ヨリ仝十日迄

右豫告候也

濃飛自働車株式會社創立事務所

（米佛特約）

●瓦斯式自轉車

（説明書御入用の向は郵税共金十錢御送附あれ）

乗合用、紳士用、荷物配送用
各種御好み次第
特に乗合用として動力費の
最も經濟なる運轉取扱の
最も簡易、安全、自在、なるは
瓦斯式自動車に限る

東京市京橋區銀座四丁目一番地
●自動車輸入元祖　モーター商會
電話新橋（二四九八）番

大正元年に濃飛自動車株式会社が計画され、株式募集が始まり、資本金２万円で設立され、岐阜から高山まで日本最長距離乗合自動車が運行された。車はドイツ製のローレライであった

に帰ってしまい、ついに会社は設立されなかった。

3、濃飛自動車株式会社

その後、岐阜県ではしばらく乗合自動車の話は出なかったが、大正2年2月23日、岐阜県選出代議士佐々木文一らが、岐阜市神田町7丁目4633番地に、資本金20万円の「濃飛自動車株式会社」を設立したのである。

経営陣は社長に佐々木文一、取締役に東京市芝区二本榎西町の関紀次郎、横浜市真金町の杉本米吉、岐阜県大野郡高山町の永田吉右衛門ら10名。

監査役が吉城郡国府村の岡村利右衛門、東京麹町区飯田町の田口定一郎ら9名であった。

自動車は横浜山手町160番地のドイツ系ブレッシナイデール会社からローレライ4台とアボット2台を購入して、岐阜と高山間86マイル（約138キロ）という、わが国最長距離路線を1日1便運行した。県道ではあったが、大半が狭い山道での峠越えで、有名な中山七里の難所もあって所要時間は10時間から12時間かかった。

しかも豪雪地帯で、小坂〜高山間は冬季2カ月間は運行出来なかった。

料金は岐阜〜小坂間が4円30銭、関〜下呂間が3円5銭、岐阜〜高山間全線が5円50銭だった。

出足は好調で、数日前から申し込まないと乗れないほどであった。

同年2月27日、追加申請してあった高山町から古川町まで、岐阜市から北方、揖斐、池田、大垣を経由して養老まで、美濃から郡上八幡を経て上保村白鳥まで、郡上八幡から奥明方村を経て畑佐までの4路線が認可になって、会社では将来県内に自動車網を敷く構想であった。

ところが開業して間もなく4月21日に中山七里で転落事故を起こして乗客に死亡者を出した。

岐阜県最初の自動車による死亡事故であったが、その後も度々事故を起こし、また経営の放漫さや、路線を拡張して車両を増やした影響もあって、2年後には経営が悪化した。

そのため、大正4年10月の株主総会で、東京、横浜の取締役、監査役はじめ経営陣の半数9名が辞任し、5年末の総会で資本金を10分の1の2万円に縮小して経営の改革をはかった。

4、乗合自動車ブーム起こる

しかし、大正7年になると岐阜県内に乗合自動車ブームが起こった。

3月に高山町川西に「飛騨運輸株式会社（資本金10万円）」が設立。

4月には恵那郡中津川に「恵北自動車株式会社（資本金3万円）」と、同郡岩村町に「恵南自動車株式会社（3500円）」が設立された。

8月に吉城郡古川町に「飛騨自動車株式会社（2万円）」、9月に養老郡養老村に「養老自動車株式会社（2万円）」、10月に益田郡萩原町に益田自動車株式会社（2万円）、12月に郡上八幡町に「八幡自動車株式会社（1万円）」が設立。

大正8年1月に岐阜市神田町に「岐阜自動車株式会社（5万円）」が設立され、県内全域にわたって自動車会社が林立した。

5、濃飛自動車の解散

そのため、濃飛自動車は次第に営業区域の縮小を余儀なくされた。

大正8年10月26日、益田自動車を合併して資本金を5万5千円に増資し、わずかに一部の失地を回復した。

しかし、昭和9年には6台の自動車で高山駅を中心に平湯までと、小坂、下呂駅、焼石駅を経て金山駅までの路線を運行するだけになり、その後、政府の企業統合政策によって、昭和18年4月1日、濃飛乗合自動車株式会社に統合されて幕を閉じた。

會社設立 商號濃飛自働車株式會社 本店 岐阜市神田町七丁目四千六百三十三番地 目的一定ノ地域ニ於テ自働車ヲ運轉シ旅客及貨物ノ輸送ヲナスコト 自働車ノ賃貸 設立ノ年月日 大正二年二月二十三日 資本ノ總額金二十万圓一株ノ金額金五十圓 各株ニ付拂込ミタル株金額 金十二圓五十錢 公告ヲ爲ス方法所轄區裁判所ノ公告ヲ爲ス新聞紙ニ揭載ス 取締役ノ住所氏名 東京市麻布區我善坊町二十五番地佐々木文一同市芝區二本榎西町三番地関鉀次郎 横濱市眞金町二丁目十八番地 杉本米吉 岐阜縣大野郡高山町千百二十六番戸永田吉右衛門同縣同郡同町千百四十九番戸 川上倭香同縣同郡同町千八百九十一番戸直井佐兵衛同縣同郡同町千三百九番戸上木甚四郎 同縣益田郡小坂町二百四十一番戸住幸護同縣同郡下原村下原町七十二番地加藤市兵衛同縣武儀郡營田町桐洞七百六番地ノ一 日下部武六 監査役ノ住所氏名岐阜縣武儀郡關町百九十九番地馬場淺次郎同縣大野郡高山町千三百八十五番戸 土川宗左衛門同郡同町千六百五十一番戸日下部九兵衛同縣同郡同町千二百九十六番戸 平田篤松同縣吉城郡國府村廣瀬町六百二十四番戸岡村利右衛門 東京市麹町區飯田町五丁目三十六番地田口定一郎 存立時期滿二十箇年

右大正二年三月十日登記

岐阜區裁判所

THE LORELEY CAR MAKING HER FIRST TRIP ON THE GIFU-TAKAYAMA ROAD.

岐阜高山街道に於て初めて乗用されたる

濃飛自動車株式会社の設立登記簿と岐阜高山街道で初めて乗用されたローレライ

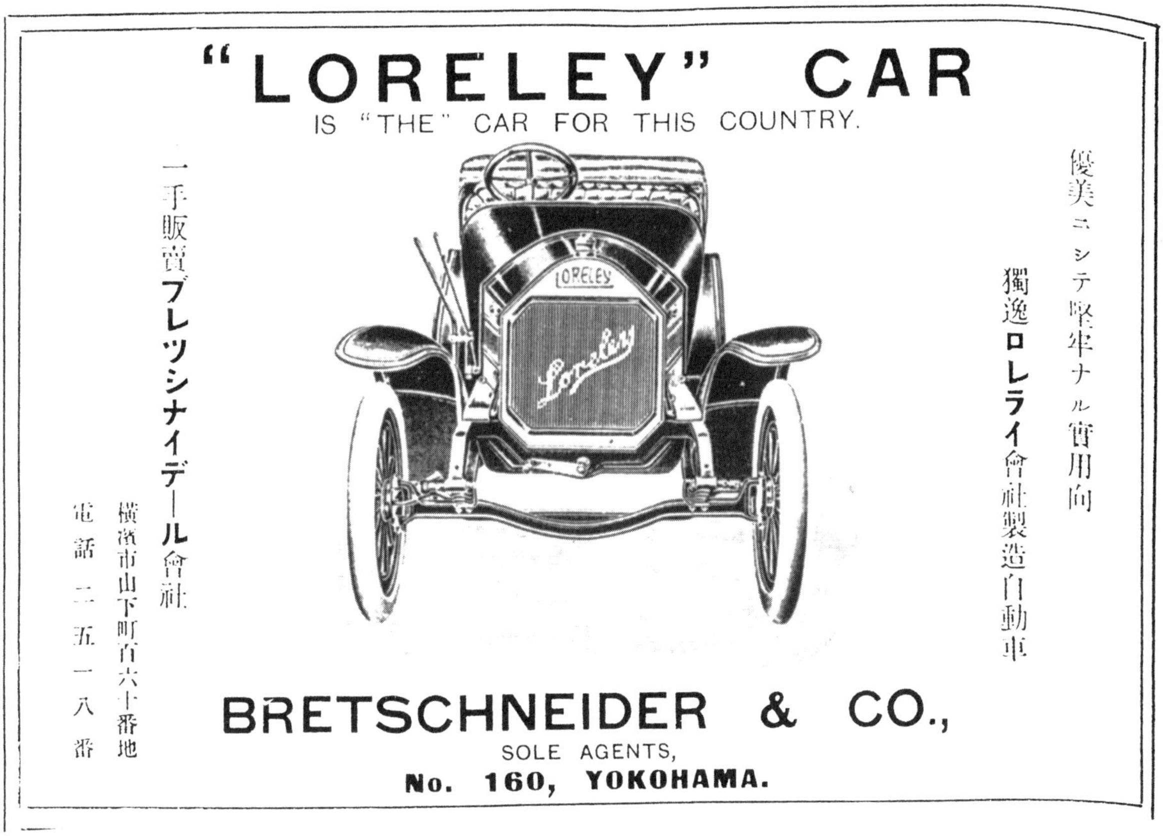
"LORELEY" CAR
IS "THE" CAR FOR THIS COUNTRY.
優美ニシテ堅牢ナル實用向
獨逸ロレライ會社製造自動車
LORELEY
Loreley
一手販賣ブレッシナイデール會社
横濱市山下町百六十番地
電話二五一八番
BRETSCHNEIDER & CO.,
SOLE AGENTS,
No. 160, YOKOHAMA.

ローレライを販売したブレッシナイデール会社の広告

静岡県最初の
乗合自動車を検証する

1、自動車営業取締規則

明治38年（1905年）12月、浜名郡浜松町の有志らが乗合自動車を計画して県に営業許可を出願した。

新聞の報道によれば兵庫県の三田駅と有馬温泉間を運行している有馬自動車株式会社や大阪と堺間を運行している大阪自動車株式会社を参考にして、1台6200円の自動車2台を購入して浜松と磐田郡二俣間を往復する計画だった。

出願を受けた内務部ではさっそく取締規則の作成に取り掛かり翌年1月26日、全文39条の自動車営業取締規則を作成公布した。

全国では20番目の制定で第1条、第2条の条文は大阪府とまったく同じである。

特に第1条の「本則ハ公共道路ニ於テ自動車ヲ以テ運輸業ヲ営ム者及び其ノ従業者ニ適用ス」という条文は大阪府以外の府県には見当たらないから、基本的には大阪府の取締規則を参考にしているようであるが、この1、2条以外は県独自のもので、かなり充実した条文である。

出願を受けてから僅か1カ月ほどでこれだけの規則をつくり上げた苦心のほどがうかがわれる。

2、東海自動車株式会社

しかしこの浜松と二俣間の乗合自動車計画は実現しなかった。

おそらく、その後の有馬自動車や大阪自動車の経営不振を見て株式が集まらなかったのだろう。

その後、半年ほどたった明治39年6月10日、中央製茶合資会社の白石米太郎、甲賀菊太郎、米国人ウイリアム・ゼームス・シュロスらが静岡市静岡宿204番地に資本金10万円の「東海自動車株式会社」を設立した。

目論見書によれば、車両は米国製のホワイト蒸気自動車12人乗り6台を使用。

路線は静岡～江尻間、営業時間は静岡発が午前5時から午後9時42分まで42回、江尻発が午前5時半から午後10時18分まで42回、それぞれ24分間隔で運行する。

料金は全線を5区に分けて、途中の曲金、吉庄、桜井戸、藤棚の各区間3銭ずつ、全区間通しは割引の13銭で、5歳から12歳までの子供は1区2銭、2区まで3銭、3区まで5銭、4区まで6銭、全線7銭、5歳未満は無料とした。

同年8月5日、庵原郡江尻海岸友仙亭に李家隆介知事をはじめ静岡、安倍、庵原郡の知名人300人を招いて開業式を挙行した。

来賓代表として挨拶に立った李家知事は、

「斯かる斬新なる文明の機械を利用して、わが県下の大都たる静岡と交通便利且つ山水明媚なる清水湾との間に東海自動車株式会社が組織されたるは大日本帝国が外国に対しても大いに得意とする所なり」

云々と祝辞を述べている。

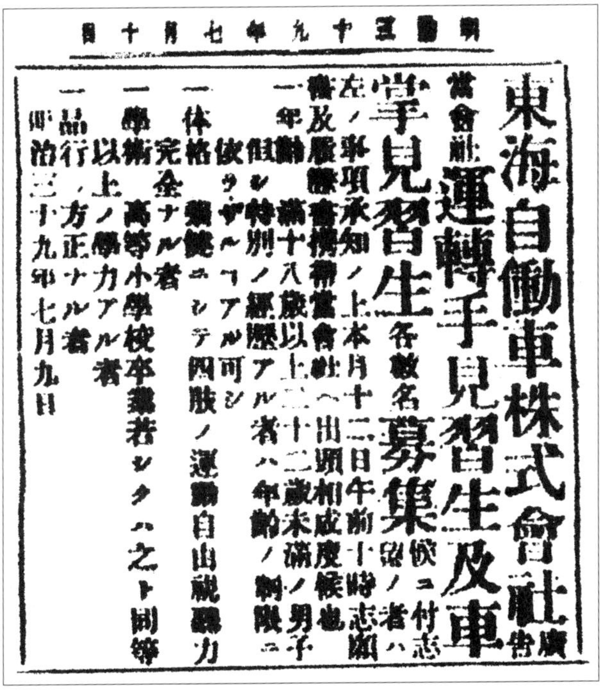

明治三十九年七月十日

東海自働車株式會社 廣告

當會社運轉手見習生及車掌見習生各數名募集候ニ付志望ノ者ハ左ノ事項承知ノ上本月十二日午前十時志願書及履歴書携帯當會社ヘ出頭相成度候也

一年齢満十八歳以上三十二歳未満ノ男子但シ特別ノ經歴アル者ハ年齢ノ制限ニ依ラザルコアル可シ

一体格強健ニシテ四肢ノ運動自由視聴力完全ナル者

一學術高等小學校卒業若シクハ之ト同等以上ノ學力アル者

一品行方正ナル者

明治三十九年七月九日

明治39年6月10日、静岡市静岡宿204番地に設立の東海自動車株式会社の運転手、車掌、見習生の募集広告と静岡民友新聞に掲載の広告

明治39年7月24日、静岡物産館を訪問した松岡農相送迎に使用された東海自動車のホワイト蒸気自動車

開業したのが海水浴シーズンとあって連日満員の盛況で収入も平均して１日120円、雨天でも90円もあって、実に望外の収入といわれた。

乗客を奪われた客馬車屋は直ちに値下げして静岡〜江尻間を８銭にして対抗したが、自動車の運行回数やスピード、乗り心地の良さではとても対抗出来なかった。

ところが３カ月もすると事情は一変した。日本新聞の39年12月１日号はその事情を、

「今夏より静岡・清水間に自動車を運転したる東海自動車は最初は海水浴客等の多かりし為非常なる利益ありしも、道路の不完全なるがため時々転覆したり、且つ泥濘中に埋没して往来を妨ぐることあるより馬車、荷車等の攻撃多く、特に少なくとも八ケ月間位は保つべしと予想されしゴム輪が僅々二ケ月乃至三ケ月にして取替えざるを得ざるに至りしかば、今は頗る困難の状態に陥り居ると云ふ」

と報じている。

それだけではなく、特に致命傷だったのは沿道商店からの激しい苦情であった。

静岡と江尻の両方から24分毎に疾走する自動車が巻き起こす砂埃りのために、店先はもちろん、家の中に並べてある商品までが売り物にならない、という苦情が殺到したのである。

会社はついに静岡での事業を断念して40年４月９日、臨時株主総会を開いて大阪自動車と合併することを決議し、白石米太郎を清算人代表に選任して解散したのである。

3、参宮自動車株式会社

明治45年２月11日、資本金５万円の「参宮自動車株式会社」が設立された。

本店が静岡県富士郡吉原町521番地、支店が三重県宇治山田市大字豊川87番地であった。

社長は吉原町の堀内半三郎で、使用自動車はフォード６人乗り13台であった。

その13台を静岡側に７台配置して静岡と江尻間を運行し、宇治山田に６台配置して伊勢神宮の内宮〜外宮間を運行した。

静岡側の経営は先の東海自動車同様依然として不振で、大正５年３月には本店を三重県に移して静岡は支店となった。

また三重側も当初は非常に好調であったがその後、伊勢電気鉄道株式会社の路線が延長されたため乗客の奪い合いとなり、そのため株主が離散し、ほとんど取締役山崎大吉の個人経営となって運営された。

しかし、大正７年８月６日、伊勢電気鉄道株式会社に買収されて解散したのである。

4、その後の自動車事情

静岡県では大正時代に入ると伊豆地方で乗合自動車が盛んになり、５年２月20日に勝田五右衛門らが下田町797番地に資本金9000円の「下田自動車株式会社」を設立して下田から駿豆鉄道大仁駅まで伊豆半島を縦貫する乗合自動車を運行する。

これは非常に好評で、８年６月には資本金を５万円に増資している。

次いで６年２月15日には中村長五郎らが田方郡伊東町松原７番地に資本金１万2000円の「伊東自動車株式会社」を設立、伊東〜大仁間、大仁〜修善寺間を運行。

これも１年後には資本金を３万円に増資して社名を「東海自動車株式会社」と改称し、路線を沼津方面まで延長する。

さらに６年10月15日、菊地安幸らが修善寺100番地に資本金３万円の「北豆自動車株式会社」を設立している。

静岡県の乗合自動車は伊豆半島から幕が開かれたと言えるだろう。

下田自動車株式会社の本社と自動車

大正7年7月30日、静岡県浜名郡笠井町笠井248番地に設立された笠井自動車株式会社の浜松～笠井間の乗合自動車の乗り場と橋の上を走る自動車

愛知県最初の
乗合自動車を検証する

1、取締規則と自動車税

明治36年（1903年）4月、東京市神田区錦町3丁目9番地の港湾業者平野新八郎が名古屋市の柴田勝義ら6名と乗合自動車事業を計画して愛知県に許可を出願した。

平野氏らの計画では資本金20万円の「名古屋自動車株式会社」を設立して、自動車20台を購入し、名古屋市内の中心地と春日井郡瀬戸町、中島郡一宮町、丹羽郡犬山町、海東郡津島町に至る路線を運行するというものだった。

出願を受けた県内務部ではさっそく取締規則の作成に取り掛かり同年8月20日、県令第61号、全文37条の「乗合自動車営業取締規則」を制定し、続いて同月29日には訓令第38号による全文11条の「執行手続」（註・施行細則と申請書式）を公布した。

これはわが国最初の自動車営業取締規則及び施行細則である。

さらに県内務部では平野氏が運転するロコモビル蒸気自動車に田中保安課長、伊藤、鈴木両警部らが同乗して2日間にわたって自動車の安全性、営業路線の道路状況を慎重に調査した。

その上で8月24日、平野氏らに一部路線に限って許可を与えた。

許可された路線は名古屋駅前の泥江町を起点に伝馬町、宮町、駿河町、東門前町を経て東田町に至る路線と、泉町を起点に茶屋町、京町、中市場町、石町、鍋屋町、相生町、赤塚町を経て坂上町に至る2路線であった。

県が平野氏らに自動車営業許可を与えたことを知った名古屋市では、さっそく同年末の市議会に自動車に課税することを付議した。

課税率は1台につき年税20円であった。

市議会では鈴木議員から自動車税を一律20円ではなく、営業用と自家用に分けて営業用の税率を自家用よりも低くすべきである、という修正動議が出されたのだった。

彼は大阪、京都はじめ他の府県では人力車や馬車の税金を自家用と営業用に分けているのに本県では一律であるが、これは本来同率にすべきではない。自動車も営業用と自家用に税率を分けるべきであると主張した。

しかし採決の結果、原案通り年税20円が可決され、37年度から実施されることになった。

さて、許可を受けた平野氏らはさっそく南呉服町1丁目に会社設立事務所を開設して株式募集に取り掛かった。

しかし1株50円の4千株、20万円という資本金は額として余りにも大きく、予定の株式がなかなか集まらなかった。

しかも年が明けると間もなく日露戦争が勃発したため、この計画は実現しなかった。

法01000

愛知縣公報號外

第千五十五　明治三十六年八月二十日

○縣令

縣令第六十一號　八、二六正誤　四三、九、八改　四五、五、二九廢

乘合自働車營業取締規則左ノ通相定ム

明治三十六年八月二十日　愛知縣知事　深野一三

乘合自働車營業取締規則

第一章　通則

第一條　乘合自働車營業ヲ爲サムトスル者ハ左ニ掲クル事項ヲ具シ營業開始前ニ縣廳ニ願出許可ヲ受クヘシ

一　營業所ノ位置
二　駐車場ノ位置
三　營業線路ノ圖面及道幅
四　車體ノ員數及構造法並ニ乘客ノ定員
五　營業時間
六　原動力ノ種類及機械ノ構造調書

原動力蒸瀛式ニアリテハ左ニ掲クル事項ヲ具スルヲ要ス

一　瀛罐ノ種類及個數（直立、罐多管式等ノ類）

法01001

二　瀛罐ノ寸法（罐胴ノ長經何呎何吋火筒長經何呎何吋火膏長經何吋等ノ類）
三　支柱ノ種類個數寸法及距離（支柱鐵質經何吋距離何吋等）
四　接合並ニ鋲ノ種類寸法列數及距離（覆板接合累接等ノ類鋲ノ鐵質經何吋列數何列距離何吋等ノ類）
五　水壓試驗ノ壓力及其年月日並ニ其場所名
六　常用瀛壓
七　爐格ノ面積
八　安全辨ノ種類及個數並ニ其寸法
九　製作所名及製作年月日並ニ履歷
十　燃料ノ種類及消費高
十一　瀛機ノ種類及個數（凝縮、不凝縮、横置、直立、單働聯成等ノ類）
十二　瀛筒ノ經
十三　衝程ノ長サ
十四　回轉數
十五　實馬力

原動力瓦斯式ニアリテハ左ニ掲クル事項ヲ具スルヲ要ス

一　瓦斯發動機ノ種類（横置、直立、等ノ類及シリンダー内瓦斯點火ノ方法等）
二　シリンダーノ經及數
三　衝程ノ長サ
四　回轉數
五　實馬力

原動力電氣式ニアリテハ左ニ掲クル事頃ヲ具スルヲ要ス

愛知縣公報號外

第千五十七　明治三十六年八月二十九日

○訓令

訓令第三十八號　九、九正誤

警察署
仝分署

乘合自動車營業取締規則執行手續左ノ通相定ム

明治三十六年八月二十九日　愛知縣知事　深野一三

乘合自動車營業取締規則執行手續

第一條　乘合自動車營業ニ關スル願屆書ヲ受ケタルトキハ規則ニ定メタル事項ヲ具備スルヤ否ヲ審査シ尚ホ實地調査ノ必要アル事項ハ巡査部長以上ニ於テ之レカ踏査ヲ爲サシメ縣廳ニ於テ許否スヘキモノハ其意見ヲ詳具シ速カニ進達スヘシ

第二條　乘車賃錢額ノ屆ヲ受ケタルトキハ篤ト其當否ヲ調査シ若シ營業線路カ他部内ニ亘ルモノハ其關係警察官署ニ商議シ意見ヲ具シ警察部長ニ稟議スヘシ

第三條　駐車場ノ設置及改造又ハ變更ノ願書ヲ受ケタルトキハ巡査部長以上ニ於テ實地調査セシメ支障ナキトキハ速カニ許可スヘシ其工事落成屆ヲ受ケタルトキハ巡査部長以上ニ於テ檢査セシメ使用ヲ許スヘシ

第四條　車体及原動機ノ檢査並ニ運轉手試驗ノ通達ヲ受ケタルトキハ其日時場所ヲ速カニ營業者ニ通

第二號　用材檜又ハ樅

（表）

番號　鑑札

○運轉手

縣印

年月日附與

横　二寸
竪二寸五分

（裏）

何郡市町村番戸
（何處何某方雇）

氏名

生年月

（營業主アルモノハ營業主ヲ肩書スルモノトス）

車掌モ仝シ

事故

明治　年　月　日

愛知縣印

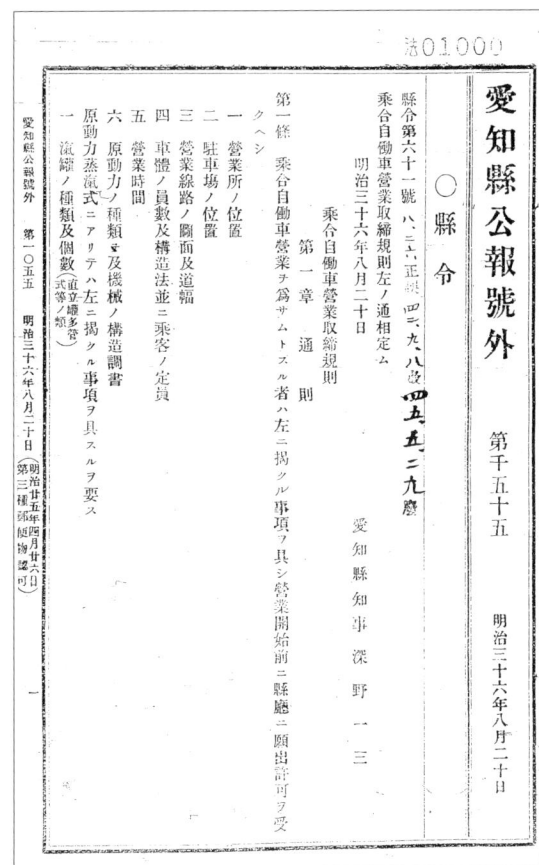

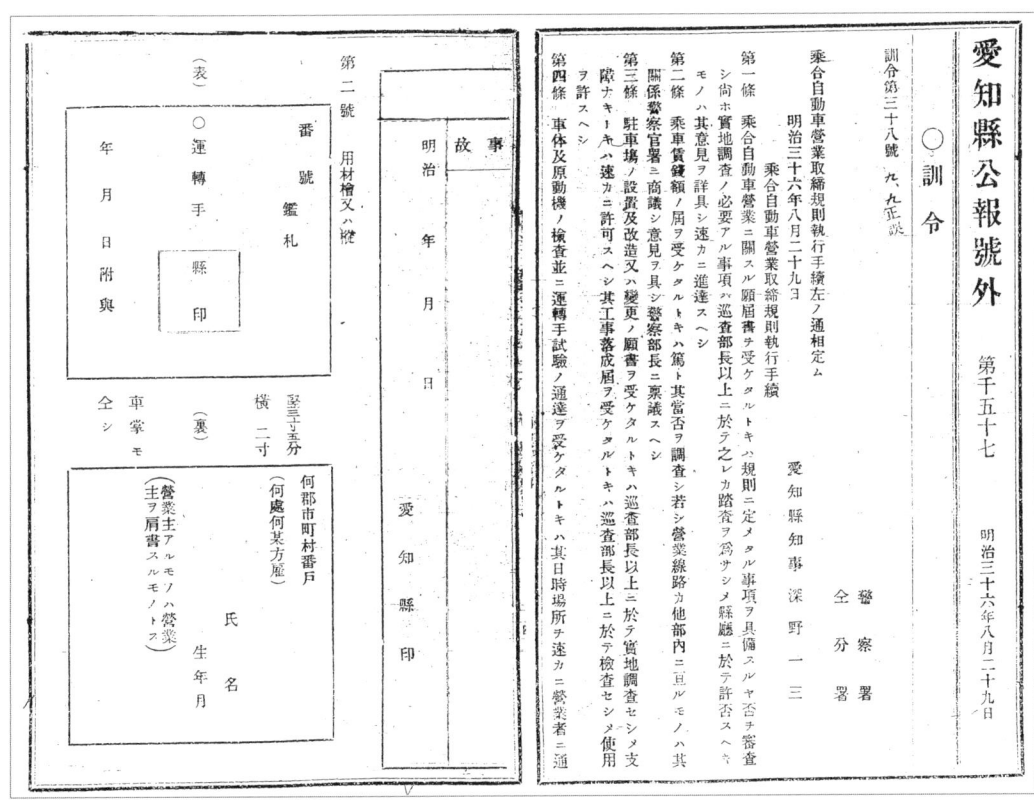

明治36年8月20日、わが国最初の乗合自動車営業取締規則、愛知県令第61号。下は訓令で、明治36年8月29日、乗合自動車営業取締規則執行手続き、運転手鑑札は桧または樅（もみ）としている

2、大正3、4年の愛知県自動車事情

日露戦争が終結するとさっそく大阪、兵庫、三重などの府県で、乗合自動車が営業されるが、愛知県では大正3年まで乗合自動車は運行されていない。そればかりではなく自動車の普及そのものが極めて遅々たるものであった。

大正3年3月末の内閣統計局の統計を見ても東京府の406台、神奈川県の91台、兵庫県の51台、京都府の50台、大阪府の22台に対して、愛知県はたった5台で、全国16位という、眼を疑うような台数である。

県の統計書によれば明治45年に名古屋市に自動車1台が計上されている。

これは北浜銀行名古屋支店長であった中西萬蔵の所有車である。

大正3年3月末には名古屋市内に5台で、これは前記中西萬蔵と中区笹島町の三井物産名古屋支店の所有車と中区小林町の大倉和親、日本陶器株式会社の支配人村井保固、西区菅原町の岩津真一郎らの所有車である。

次いで大正4年3月末に東京輪界新聞社が調査した資料を見ると、自家用車が9台、営業車は貸切が4台、乗合自動車が4台の計17台となっている。

貸切4台の内訳は、岐阜県羽島郡福寿村浅野元之助の所有車が2台、三重県宇治山田市の参宮自動車株式会社の支配人山崎精作の所有車が2台で、2人とも県外からの出張営業である。

乗合自動車は西加茂郡猿投村大字越戸字波岩69番地に本社をおく「尾三自動車株式会社（資本金2万5千円）」の2台と東加茂郡足助町大字足助字田町1番地の「足助自動車株式会社（資本金7500円）」の2台である。

3、尾三自動車と足助自動車

尾三自動車株式会社は大正3年9月22日に設立された。

社長が猿投村花本の本多松三郎、取締役が挙母町の犬塚駒吉ら5名。

監査役が猿投村の大岩安五郎ら5名で挙母、三好を経て名古屋市内に至る路線を運行した。

足助自動車株式会社は足助町の加藤庄治郎が社長で、取締役に額田郡岡崎町の杉浦銀蔵、尾三自動車株式会社の取締役犬塚駒吉ら7名。

監査役には西加茂郡石野村の鈴木兼吉ら5名が経営陣で、足助・岡崎間を運行した。

尾三、足助両社は本社が東と西の加茂郡にあり、尾三自動車が増車すると足助側の営業路線と競合することになった。

また犬塚駒吉のように両社の取締役を兼ねている者もいて、合併した方がお互いに得策ではないかということになった。

そこで、大正9年10月1日両者は合併する。

合併に際しては尾三自動車の資本金は2万5000円、1株50円で、足助自動車は資本金7500円、1株20円だったので、足助自動車側は取締役2名、監査役2名を増員して資本金1万8500円の増資を行ない、対等合併して解散した。

4、尾三自動車の解散

尾三自動車株式会社は昭和9年には使用台数38台を擁し、営業路線も愛知郡、東西加茂、北設楽、額田の各郡にわたり、営業キロ142キロに達する愛知県内でも有数なバス会社に成長する。

しかし日中戦争が起こる直前の昭和12年2月、名古屋鉄道株式会社と合併して解散する。

「名古屋鉄道社史」によれば、尾三自動車株式会社の買収価格は資本金7万5000円に対して、5倍の37万5000円だったという。

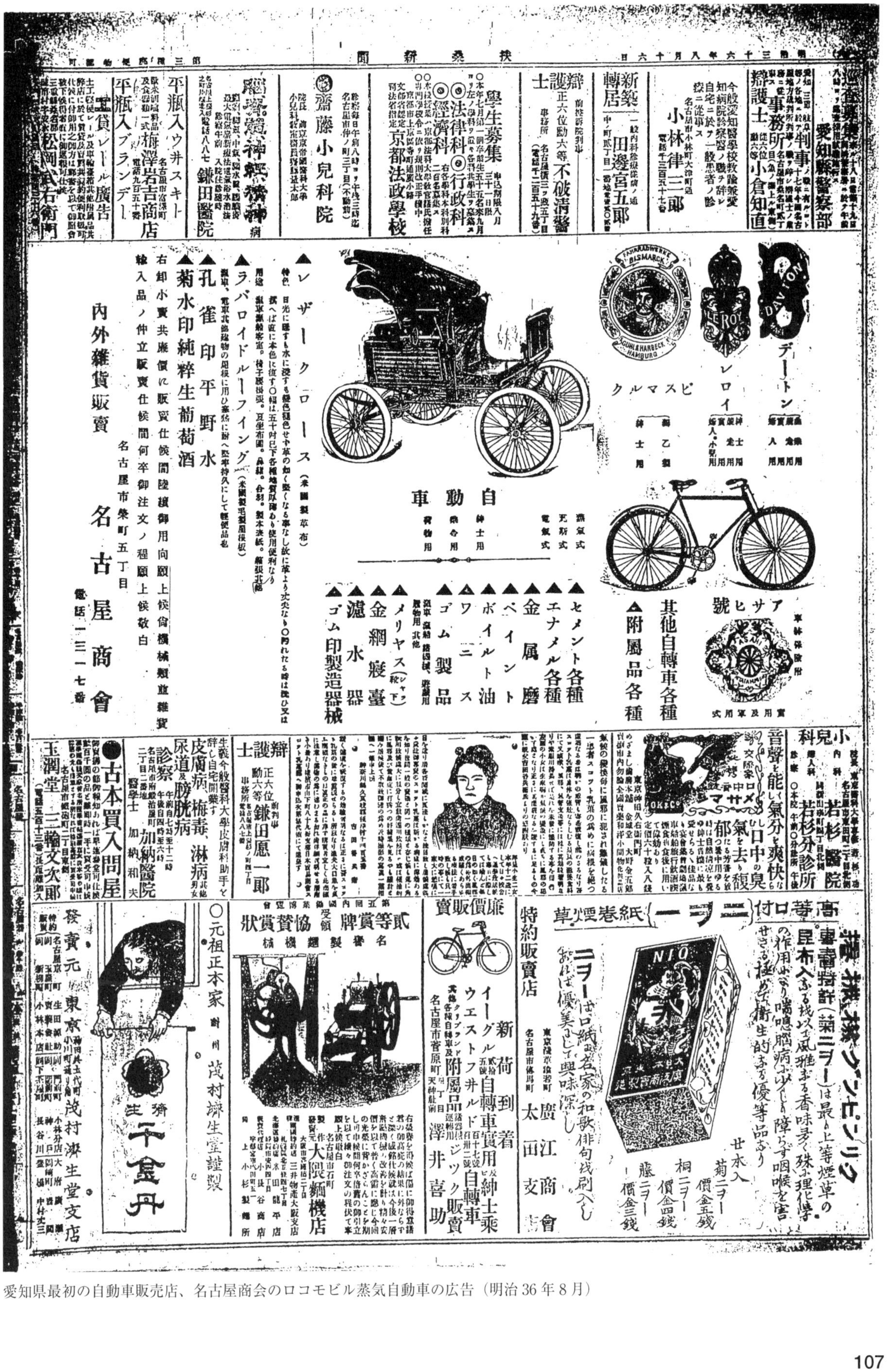
明治三十六年八月十六日　扶桑新聞　第三種郵便物認可

巡査募集
愛知縣警察部

辯護士事務所
小倉知直

今般愛知醫學校教諭兼愛知病院診察醫ノ職ヲ辭シ自宅ニ於テ一般患者ノ診察ニ從事ス
名古屋市小林町大津町通
小林律三郎
電話千三百五十七番

新築轉居
一般内科診療從前ノ通
中ノ町貳丁目一番地
田邊宮五郎

辯護士
前控訴院判事
正六位勳六等
不破清[illegible]

學生募集
◎法律科◎行政科◎經濟科
京都法政學校

齋藤小兒科院
診察毎日午前八時ヨリ午後三時迄
名古屋市仲ノ町三丁目（不動前）

腦病、神經病
鎌田醫院

平瓶入ウヰスキー
平瓶入ブランデー
梅澤岩吉商店
電話九百五十番

土貸レール廣告
松岡右衛門

デートン
レロイ
ビスマルク
アサヒ號
其他自轉車各種
▲附屬品各種

自動車
蒸氣式
瓦斯式
電氣式
紳士用
乘合用
貨物用

▲セメント各種
▲エナメル各種
▲金屬磨
▲ペイント
▲ボイルト油
▲ワニス
▲ゴム製品
▲メリヤス（シャツ 袴下）
▲金網寢臺
▲濾水器
▲ゴム印製造器械

▲レザークロース（米國製革布）
特色 日光に曝すも水に浸すも變色褪色せず革の如く堅くなる事なし故に革より丈夫なり○汚れたる時は拭ひ又は洗へば直に本色に復す○幅は五十吋巳下各種地質厚薄あり使用便利なり
用途 馬車類船客室。椅子張掛張。巨坐布團。鞄類。合羽。製本表紙。箱張其他
▲ラバロイドルーフィング（米國製毛製屋根板）
馬車、電車其他建物の屋根に用ひ寒熱に耐へ堅牢持久にして輕便品也
▲孔雀印平野水
▲菊水印純粹生葡萄酒
右卸小賣共廉價に販賣仕候間陸續御用向願上候尚機械類並雜貨輸入品ノ仲立販賣仕候間何卒御注文ノ程願上候敬白

内外雜貨販賣
名古屋市桑町五丁目
名古屋商會
電話一三一七番

小兒科
若杉醫院
若杉分診所

音聲を能くし氣分を爽快ならしむ
口中の臭氣を去り

辯護士
前判事
正六位勳六等
鎌田愿一郎

今般醫科大學皮膚科助手を辭し自宅開業す
皮膚病、梅毒、淋病
尿道及膀胱病
診察
加納醫院
醫學士 加納和夫

古本買入問屋
玉潤堂
三輪文次郎

高等口付紙巻煙草
ニヲー
菊ニヲー 價金五錢
桐ニヲー 價金四錢
藤ニヲー 價金三錢

特約販賣店
廣江商會
太田支店

廉價販賣
新荷到着
イーグル
ウエストフヰルド
自轉車
附屬品
名古屋市菅原町
澤井喜助

第五回内國勸業博覽會
貳等賞牌受領
協賛賞状
名譽製麵機械
大隈麵機店

元祖正本家
茂村瀞生堂謹製

衛生
千金丹
發賣元
東京
茂村瀞生堂支店

愛知県最初の自動車販売店、名古屋商会のロコモビル蒸気自動車の広告（明治36年8月）

大正９年、尾三自動車株式会社の自動車（名古屋鉄道社史より）

大正８年、足助自動車株式会社の自動車（豊田市編纂室提供）

Japan's Automobile History
日本自動車史

近畿地方

三重県最初の乗合自動車を検証する

1、山本伊兵衛らの計画

三重県で最初の乗合自動車は、明治36年（1903年）2月、宇治山田町の株式会社山田銀行取締役山本伊兵衛ら5名によって計画された。

山本氏らの計画では、資本金は25万円とし、自動車は東京の米国ロコモビル蒸気自動車販売店から10人乗り4台を購入する。

営業路線は山田駅を起点として豊川町を経て今在家に至るもの。

四郷村を経て二見ケ浦から内鹿海に出て、そこから分岐して神社町に至るもの。

伊勢街道を宮川橋を経て、紀州街道を中島町に至るもの。

さらに松阪町を経て津駅に至るものなどであった。

山本氏が上京して東京新橋駅前の自動車販売店と交渉してみると、現在輸入されている自動車は2人乗りと4人乗りだけで、乗合用の大型車は本国に特別注文することになる、4人乗りは日本人なら6人は乗れる、とのことであった。

山本氏は取り敢えず4人乗りを1台注文して、帰郷した。

自動車は3月23日に技師宮崎峰太郎と一緒に貨車積みで送られて来たので、山本氏らはさっそく自動車を県庁に持ち込み、県の倉田技師や小磯警部長らに試乗を願い、営業許可の出るのを待った。

自動車を営業用として購入したのは、これがわが国最初である。

2、県当局、自動車営業取締規制の制定に手間取る

山本氏らの事業計画は順調で、株式は満杯になり、運賃も山田駅から尾上町まで5銭、桜木町まで10銭、内宮まで15銭、山田駅から宮川まで10銭、中島まで10銭と決定して、あとは県の認可が下り次第営業を開始する予定になった。

ところが県ではその後、自動車営業取締規則の作成に手間どり、3カ月たった5月21日に、再び検査をやり直すと言い出す始末で、6月になっても許可が出なかった。

業を煮やした山本氏らは方針を変えて、すでに取締規則が制定されて、株式募集をはじめていた名古屋自動車株式会社の創立委員長平野新八郎らと組んで、名古屋を本店、伊勢を支店として営業すれば、三重県の許可がなくても営業が可能だとの判断に至って平野氏に合併を打診して了承を取り付けた。

ところがその後、名古屋自動車側では資本金20万円の株式が集まらず、営業開始に四苦八苦の状態であった。

そうこうしているうちに、山本氏らが購入した自動車が合ノ山で転落事故を起こして車両が大破してしまい、計画はご破算になってしまった。

ところで、ここで気になるのは、山本伊兵衛らがた

辻久留灰抜原にある山本伊兵衛の墓

宇治山田町と自動車

伊勢　狂輪子

伊勢の僻偶に身を置く狂輪子、おこがましくも博學多才の諸賢士の中へ飛出して昨夜の寐言の餘り宜しくてふ事を列べ立てるのも、實際片腹痛いことではあるが其處は御最負分に大目に見て戴きたい。月の始めに指折り數へて待つて居るのは何であらう？鳴

輪友第拾八號　寄書　宇治山田町と自動車

容することが出來ぬ。此の街道を行くこと廿餘町で汐合橋といふ橋がある、橋の脇の掛茶屋に一服して電鐵の忙がしさうな架橋工事を眺めて居た。唯《と》見ると今來し道の遥か彼方《かなた》から此の街道を縫ふて砂煙り立てゝ飛んで來た黑いものがある、定めて馬車だらうと思つたが馬が附いて居らぬ、ハテナと思ふて居たうちに全く其の姿の分つたのは、豫て『輪友』の口繪で承知して居た自動車で、而かも蒸氣式の六人乘のそれである、須臾にして小勾配の汐合橋は何の苦もなく渡り越し、遠慮會釋もなく吾の憩つて居る前をかすめて走つて行つた。負けぬ氣の吾れ吹ひ差しの卷煙草打棄て自轉車おつとるやヒラリと跨り、一生懸命跡追掛けて見たがイヤハヤ及べばこそ、此方《こなた》の一蹴は彼方《かなた》の一町次第々々に遠く離れて終に彼の姿は見ゑなくなつて仕舞つた。

軈て吾が二見へ着いた時には彼は早や淸渚亭の前に主待顏に白い吐息をついて居るのであつた。吾も及ばぬ競走に草臥れて自轉車を傍への茶屋に預け、立石の方へと歩みを運んだがいつもなら屹立したる二つ岩の間を縫ゐる白帆の、點々白砂靑松の間に隱見せる賓日館を眺めては腸も一洗する程爽快である

業界誌「輪友」の明治36年4月10日号に伊勢の読者からの投稿で、山本伊兵衛の自動車運転と自動車で競争した話が掲載されている

とえ短期間でも営業したかどうかである。もし営業したとすれば、これは今までわが国最初とされている京都二井商会の乗合自動車よりも早いことになるのである。

この点については、明治36年6月発行の雑誌「太陽」臨時増刊号「鉄道案内」の参宮鉄道の部に、

「橋を渡れば内宮城にして、山田停車場より1里17丁、人力車賃11銭、別に馬車、自動車あり」

と、自動車の便があると記載されているし、また明治38年7月22日の「神戸又新日報」にも、有馬温泉と三田駅間の乗合自動車開業に関連して、

「日外《いつぞや》京都と嵐山間、伊勢内宮と二見間に自動車を運転させた事もあるが、今は止めて無いから有馬自動車が許可になったら、全国唯一であろう」

と報じている。

筆者は伊勢を訪ねて、関係方面を探し歩いたが、地元での営業確認資料は見つからなかった。

辻久留灰抜原にある山本伊兵衛の墓は、訪れる親戚縁者もなく、苔むしたまま、その真相を語ってはくれなかった。

3、乗合自動車ブーム起こる

その後、明治43年から44年にかけて三重県では乗合自動車ブームが起こる。

南牟婁郡阿和田村の鈴木伊八郎が南牟婁郡御船から阿和田を経て木ノ本間を1台で営業。

奈良県吉野郡下北村の山口安治郎と、伊藤林之助らが「三重自動車営業所」を設立して津市から河原田間を3台で運行。

南牟婁郡南輪内村の尾崎鉄之助、山崎精作らが「参宮自動車営業所」を設立して山田駅から内宮間を2台で乗合を運行した。

南牟婁郡の鈴木伊八郎の乗合自動車については、自動車に対する人力車や馬車の反対運動が激しく、阿和田村の旅館主田本瑞穂が度々運行を妨害していたが、ついに伊八郎宅に押しかけて、営業を辞めなければ刺し殺すぞと、短刀を突きつけて恐喝し、殴る蹴るの暴行に及び、駆け付けた警官にも抵抗して逮捕される事件が起こった。

裁判では検事側が懲役10年を求刑したが、判決では懲役2年の刑が言い渡されている。

こうした熊野街道の路線とは逆に山田駅から伊勢神宮に至る路線は好成績であった。

というのも、この路線は宮内省が総工費38万7千円をかけて、明治40年9月から改修工事にかかり、43年3月に完成したばかりの、日本一を誇る近代的道路だった。

しかも、明治44年の宇治山田市議会では参事から、この御幸道路に乗合馬車が馬糞汚物を散乱させているのは市の発展上誠に遺憾で、自動車が走り、鉄道の鳥羽延長線も開通する今日、馬車を通行させる必要を認めない、と発議があり、満場一致で乗合馬車通行禁止を可決している。

明治45年2月には、静岡県富士郡吉原町に本社をおく参宮自動車株式会社が、山崎氏らの参宮自動車営業所を買収して宇治山田市大字豊川町87番屋敷に支店を設立して伊勢に進出した。

大正3年6月18日の「新愛知新聞」は、

「伊勢参宮を為すものは、必ずや外宮前より自動車に打ち乗り内宮に参詣し、土産話の一つにするもの多し、これなん参宮自動車株式会社の経営になるものにして、（中略）山田駅より内宮まで片道僅かに一人につき二十銭、往復三十八銭の賃金にて、且つ道路は宮内省が巨万の費用をかけて作りし理想的の道路なるを以て、この道路に自動車を走らしむるは一層の快感を与える所なり」

と報じている。

伊勢の乗合自動車は明治時代における日本一の道路事情と行政の後押しに支えられた唯一恵まれた乗合自動車であった。

南牟婁郡阿和田の鈴木伊八郎のホワイト蒸気自動車。明治43年8月営業の大阪自動車株式会社の中古車を購入

明治四十三年十月四日　伊勢新聞

●田本瑞穂の公判

△酒を借つて知らぬ存ぜぬの一点張△検事は懲役十年を求刑す

南牟婁郡阿田和村大字阿田和四千三百九番地宿屋業田本瑞穂(四十)は本年七月二十七日午後二時三十分頃同郡阿田和村鈴木伊八郎家宅内に侵入し伊八郎が八畳の座敷柱の處に立ち居りたるを両手を以て同人を縁の上に引据へ同人の左右頭部を両手を以て殴打し尚胸部背部等を打擲し敷個の擦過傷及び打撲傷を與へたる上尚懐中したる小刀を以て同人を殺害せんと同人の左胸部に擬し突き殺さんとする姿勢を示し同人を脅迫したる殺人未遂及び家宅侵入傷害脅迫罪被告事件は昨日午前十時より當地方裁判所に於て野村裁判長、長瀬検事着席の上開廷被告瑞穂は裁判長の訊問に對して自分は中學二年迄修業し自家には財産千四五百圓を有し且三十九年恐喝取財として重禁錮二ヶ月を始めとし四十年七月官吏抗拒罪、四十一年五月治安妨害罪に依り前科三犯を何れも執行済にて伊八郎は居村のをなれば知つて居ますが曾て伊八郎が木ノ本、成川間に自働車營業の出願を致したるに付私しは車夫から頼まれて縣知事宛で陳情書を差出しました處却下されましたと述ぶるや裁判長は其方は八月二十七日伊八郎方へ亂入して同人を殴打し脅迫したる事實あるかと問はれたるに瑞穂は酩酊して居ましたので更に覺へありませんと答へたるより更に裁判長は其酩酊したる原因は如何と問はれて同人は當日午前十時頃自宅前にて車夫等が喧嘩をして居ましたのを自分が仲裁に這入り一時落着せしかば中直りとして自分隠居宅にて五人が二升計り飲酒し引續き本家へ來り呑み續けたれば更に前後の辨へなしと答へたれば裁判長は其當日とは八月二十七日の事じやと云はれ瑞穂は身体をブル〳〵と振はせ尚聲をも振はせて如何したるかサツパリ酩酊の上にて覺へはありませぬと云ふ裁判長は尚ほも其方は刺身庖丁を持つて左の心臓を刺さんと恐喝したるに非らずやと問はれ更に知りませぬと答ふ裁判長は然れどる其際被告の餘り亂暴に恐れ被害者伊八郎の妻むめは之れを止め且附近の鈴木濟作が被告の持ち居たる小刀を取り上げ而して其方を戸外へ放り出したではないかと問はれたるも之れ亦更に記臆しませぬ尚ほ庖丁を持ちて伊八郎に見せ付け之れで貴様を殺すぞと云ふ様な事も記臆しませぬと答へたるに裁判長は併し其方は居村巡査に其亂暴の爲めに一時駐在所へ連れ行かれたるも逃げ歸り又伊八郎を恐迫し二度三度と連れ行かれたるも何れも駐在巡査の隙を考へて逃走し遂に三度目には伊八郎宅に至り伊八郎を殺す事が出來すば貴様の家を燒くぞと脅迫し且其際下

鈴木伊八郎の家に短刃を持って押し掛け、営業を止めなければ殺すぞ、とおどし、かけつけた警官にも抵抗した田本瑞穂が裁判にかけられた時の新聞記事

大正 5 年、アメリカ製の乗合自動車ホワイト号（小倉武雄氏提供）

参宮自動車株式会社は明治 45 年 12 月 11 日静岡県富士郡吉原町 52 番地に本店を置いて設立された。支店は三重県宇治山田市大字豊川町 87 番地屋敷。大正 2 年 9 月 23 日には、支店を本店に移した

参宮自動車株式会社のT型フォード

支店設置

一商號

一本店

一支店

一目的

一設立ノ年月日

一資本ノ總額

一一株ノ金額

一各株ニ付拂込ミタル株金額

一公告ヲ為ス方法

一取締役ノ氏名住所

一監査役ノ氏名住所

右明治四十五年三月二十日登記

参宮自動車株式會社

静岡縣富士郡吉原町五百二十一番地

宇治山田市大字豊川町八十七番屋敷

宇治山田市山田驛ヨリ内宮宇治橋ニ至ル區域間及其他適當ノ地ニ於テ自動車ヲ使用シ旅客及貨物運送ノ業務ヲ營ム

明治四十五年二月十一日

金五万圓

金二十圓

金二十圓

所轄裁判所ノ公告スル新聞紙ニ掲載ス

静岡縣富士郡吉原町四百三十八番地

同縣同郡同町五百二十一番地

三重縣宇治山田市大字岩淵町百三番地ノ一

同縣飯南郡松阪町大字松阪本町二千百九十九番地

東京市麹町區永田町一丁目十九番地

静岡縣静岡市紺屋町百四番地

同縣富士郡吉原町百六十三番地

堀内中三郎

山崎大吉

田村猛雄麿

小津茂右衛門

長谷場敦

高山勝三郎

佐野熊次郎

静岡縣富士郡吉永村比奈四十一番地

三重縣宇治山田市大字宮後町五十七番屋敷

渡邊眞幸

韵田正

山田區裁判所

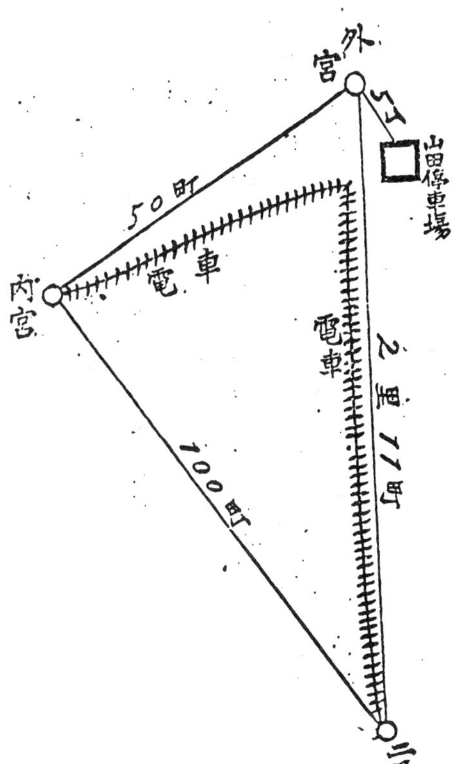

滋賀県最初の乗合自動車を検証する

1、自動車取締規則

滋賀県では明治37（1904年）年6月1日、県令第36号による全文27条の「自動車取締規則」を制定している。

全国でも13番目という比較的早い時期の制定である。

しかし当時自動車営業の許可を県に申請した者がいたという記録が見当たらない。おそらく隣接する岐阜県、京都府、福井県などの制定に促されて制定したものであろう。

当時の取締規則は各府県まちまちで、まったく統一されていない。

石川県や長野県では時速を「何哩」とマイルで表し、京都府や滋賀県では「何里」と里で表している。

島根県のように全文43条もある県もあれば、奈良県のように全文わずかに16行で済ましているところもある。

とくに滋賀県ではブレーキを「二聯制縛式制動機」、バック・ギアを「逆進機」と翻訳している。この訳語は滋賀県の特製で他の府県の条文にはまったく見当たらない。

2、県内最初の自動車

では県内に自動車が出現するのはいつ頃からなのだろうか。

東京輪界新聞社が大正4（1915年）年4月1日現在で調査した「全国自動車所有者名鑑」の滋賀県の部を見ると甲賀郡土山村北土山2192番地の服部千太郎がナンバー1と3の2台、神崎郡北五個荘村宮荘741番地の藤井善助外2名がナンバー2と4、5の3台と書かれている。

この輪界新聞社の調査は所有者の住所氏名、台数とナンバーまで提示している点で非常に正確である。

滋賀県知事官房統計課が発行した「県勢要覧」を見ると大正4年3月末までは0となっているから、この甲賀郡の服部千太郎と神崎郡の藤井善助所有の5台が、滋賀県では最初の自動車ということになる。

この5台とも個人名になっているが、調べてみると服部千太郎は甲賀自動車株式会社の設立者、藤井善助は湖南鉄道株式会社の社長で、どちらも乗合自動車を運営している。

3、甲賀自動車株式会社

甲賀郡土山村の服部千太郎らが県に乗合自動車の営業許可を出願したのは大正3年で、同年9月5日に認可された。

許可がおりると服部氏はさっそく土山村信用販売購買組合の理事、監事らと株式募集に取り掛かり翌大正4年4月17日、甲賀郡土山村大字北土山第2192番地に資本金3万円の「甲賀自動車株式会社」を設立した。

日出新聞

大正三年九月七日

●滋賀自動車許可　滋賀《しが》縣《けん》蒲生郡八幡町《まんてう》湖南《こなん》輕便鐵道《けいべんてつだう》會社《かいしゃ》の出願《しゅつぐわん》に係《かゝ》る八幡町《まんてう》より同郡《どうぐん》岡山村間《をかやまむらかん》及《およ》び甲賀郡《かふかぐん》土山《つちやま》村《むら》服部仙次郎《はつとりせんじらう》より出願《しゅつぐわん》に係《かゝ》る同郡《どうぐん》水口《みなくち》町《てう》より同郡《どうぐん》寺庄村間《てらのせうむらかん》の自動車運轉《じどうしゃうんてん》は何れも五日附許可《ふきよか》されたり

株式會社本店移轉　商號湖南鐵道株式會社　本店滋賀縣神崎郡八日市町大字小脇第百五十番地　目的
滋賀縣蒲生郡金田村ヨリ神崎郡八日市町ニ至ル間ニ輕便鐵道ヲ敷設シ一般運輸ノ業ヲ營ムニアリ　設
立ノ年月日明治四十五年四月十八日　資本ノ總額十五万圓　一株ノ金額五十圓　各株ニ付キ拂込ミタ
ル株金額五十圓　公告ヲ爲ス方法所轄裁判所ノ商業登記ヲ公告スル新聞紙ニ掲載ス　取締役ノ氏名住
所神崎郡北五個莊村大字宮莊七百四十一番地藤井善助　蒲生郡中野村大字中野百五十七番地小梶九郎兵
衛同郡金田村大字西庄七十一番屋敷中小路與平治　神崎郡八日市町大字金屋二百七十番屋敷田中彥次郎
監査役ノ氏名住所蒲生郡市邊村大字市邊五十八番屋敷西村與兵衛　大阪市東區安土町三丁目二番地戸
田榮藏　存立ノ時期明治九十五年十二月三十一日迄　本店ヲ蒲生郡八幡町大字新町二丁目六番地ヨリ
移轉
右本店移轉ニ付大正三年三月二十五日登記

全國自動車所有者名鑑

大正四年四月一日現在　東京輪界新聞社

●滋賀縣

一　甲賀郡土山村北土山二一九二　服部千太郎
二　神崎郡北五個莊村宮莊七四一　藤井養助外二名
三　甲賀郡土山村北土山二一九二　服部千太郎
四　神崎郡北五個莊村宮莊七四一　藤井養助外二名
五　同　同

（上右）湖南鉄道株式会社の商標登記簿、（上中）湖南鉄道株式会社が乗合自動車の営業許可を認可された、という「京都日出新聞」の記事、（上左）は湖南鉄道社長藤井善助、（下）は大正４年４月の滋賀県の自動車、藤井善助が３台、服部千太郎は２台、計５台が滋賀県の総数社長は竹島竹蔵で、経営陣は取締役に服部千太郎、竹島辰蔵ら7名、監査役には三雲村の上西春蔵ら3名が就任した。

営業路線は土山から水口を経て三雲まで、1日5回往復で、料金は全線48銭として運行した。

開業当初は珍しいこともあって乗客も多かったが、料金が高かったためか、その後予想に反して乗客が減少したため経営不振に陥り、2年後の大正6年9月30日の株主総会決議で解散してしまった。

ところが大正9年4月、三重県伊賀上野町の「伊山自動車株式会社（本店三重県阿山郡上野町大字上野東町2920番地、設立大正6年11月7日、資本金2万円、社長山本漠）」が、甲賀郡水口町に支店を設置して、かつて甲賀自動車株式会社が運行していた路線で営業を開始したのである。

しかも運行回数も多く、水口・三雲間が1日12回往復、水口・土山間が1日往復8回であった。

他県の自動車会社の進出に驚いた水口町の馬杉篤彦、青木亮貫らは県人の面目丸つぶれと運動した結果、共同経営することになり、大正12年8月27日、再び旧名を復活させて資本金3万円の「甲賀自動車株式会社」を設立した。

本店は水口町大字水口3212番地、取締役には水口町の前記2名と三重県名賀郡名張町の辻村竹二郎、同県名賀郡上津村の丸井辰三郎ら4名、監査役は水口町の青木楳雄、岩谷良蔵らであった。

4、湖南鉄道の乗合自動車経営

大正3年10月11日の大阪朝日新聞京都版に「湖鉄の自動車開始」という見出しで、湖南鉄道会社が乗合自動車を始めたことを以下のように報じている。

「江州八日市町より院線八幡駅に達する湖南鉄道会社にては八幡駅より八幡町に至る間、本月八日より自動車の運転営業を開始せり、賃金は十銭均一なり、又会社より目下申請中なるが、八日市駅より山上村に達する間、これ又自動車運転営業をなす筈なるが、今秋の永源寺紅楓の頃までには認可ある由なれば、観楓客の便利多大なるべし、賃金は八日市・山上間四十八銭なりと」

湖南鉄道株式会社の設立は明治45年4月18日、資本金は15万円。

本社は蒲生郡八幡町大字新町2丁目6番地で、社長の秋山恕郷は兵庫県人で、その他経営陣のほとんどが兵庫県人と大阪人で占められていた。

しかも創業当時15万円の社債（年利8朱半）を発行してようやく開業にこぎつけたが、軽便鉄道法による政府の補助金をもらっても社債の利子に追われて経営が行き詰まった。

そこで藤井善助が再建に乗り出したのである。

大正3年3月25日、藤井氏は社長に就任すると、本社を八日市町大字小脇第150番地に移転すると同時に自動車事業にも手を伸ばしたのである。

藤井善助は五個荘村出身の近江商人4代目の豪商で、衆議院議員、日本共立生命保険会社社長はじめ江商、島津製作所、京都電燈会社などの重役を務め、交通関係では湖南鉄道、琵琶湖鉄道汽船、八日市鉄道、大津電車軌道、比叡山鉄道などの社長を歴任して、近代的な近江商人の典型的人物と言われた。

彼はまた昭和2年7月17日、経営難に陥っていた「永源寺自動車株式会社（設立が大正8年11月7日、本社は神崎郡山上村大字山上1173番地、資本金1万円、社長今井保治郎）」の再建を委託されて社長に就任すると、資本金を2万円に増資して、本社を八日市町大字八日市308番地に移転。

車両を増車して路線の運行回数を増やし、また路線の拡張をはかった。

特に観楓（かんぷう）の名所である臨済宗大本山の永源寺の宣伝に力を入れ、京阪神の観光客誘致に努めたため、経営は好転した。

昭和18年1月14日善助は他界し、翌年5月10日、政府の企業統合政策によって永源寺自動車株式会社は近江鉄道に合併して解散した。

株式會社設立　商號甲賀自働車株式會社　本店甲賀郡土山村大字北土山第二千百九十二番地ノ一目的自働車運轉シ旅客竝ニ手荷物ヲ運輸ナス事　設立ノ年月日　大正四年四月十七日　資本ノ總額金三万五千圓　一株ノ金額金五十圓　各株ニ付拂込ミタル金額金十二圓五十錢　公告ヲ爲ス方法　管轄登記所ノ公告スル新聞紙ニ掲載ス　取締役氏名住所　甲賀郡土山村大字南土山甲第百五十九番地竹島竹藏同郡同村大字北土山第八百五十七番地竹島辰藏　同郡同村大字平子第五百二十六番地玉井圭太郎同郡同村大字大澤第四百四十三番地中村喜三郎同郡同村大字北土山第二千百九十二番地服部千太郎　同郡大野村大字今郷第六百十六番地長政次郎　同郡同村大字同第八百一番地服部勇藏　監査役ノ氏名住所甲賀郡土山村大字瀬音第九百八十八番地藤丸定次郎同郡同村大字大澤第四百四十五番地藤本百太郎　同郡三雲村大字三雲第四百十二番地上西春藏　存立時期無期限

右大正四年四月三十日登記

大津區裁判所土山出張所

甲賀自働車株式會社　大正六年九月三十日株主總會ノ決議ニ因リ解散

右大正六年十月十三日登記

大津區裁判所土山出張所

●株式會社設立　商號永源寺自働車株式會社　本店神崎郡山上村大字山上千百七十三番地　目的八日市山上間乘合自働車運轉竝ニ一般貸切ニ應スルコト　設立ノ年月日大正八年十一月七日　資本ノ總額金一万圓　一株ノ金額金二十圓　各株ニ付拂込ミタル株金額金二十圓　公告ヲ爲ス方法大津市ニ於テ發行スル滋賀日報ニ掲載ス　取締役ノ氏名住所神崎郡山上村大字山上千百七十三番地　今井保治郎　同郡八日市町大字金屋五百八十九番地　野矢和助　愛知郡高野村八百三番地西坂伊三郎　同郡同村二十二番屋敷上田源左衛門　監査役ノ氏名住所神崎郡　八日市町大字金屋八百十番屋敷　中島岩尾　同郡山上村大字山上九十四番屋敷小西宇吉　存立ノ時期又ハ解散ノ事由設立ノ日ヨリ滿十五箇年

右大正八年十二月四日登記

彦根區裁判所八日市出張所

（上右）甲賀自動車株式会社の登記簿、（上左）永源寺自動車の登記簿、（下）永源寺自動車の車両

近畿地方－京都府

京都府最初の
乗合自動車を検証する

1、第5回内国勧業博覧会

明治36年（1903年）3月1日から7月末まで、大阪天王寺公園で第5回内国勧業博覧会が開催された。この大阪博覧会は史上空前の規模と言われ、出品点数が52万6309点、5カ月間の入場者数530万5209人という大成功であった。

特に、これまでの博覧会は国内製品の出品に限られていたが、大阪博覧会は外国企業にも出品を勧誘したことから、米国、カナダ、オーストリア、ドイツなどの政府や貿易会社の中には日本側が用意した参考館の他に、独自に別館を建てるところもあった。

その参考館や別館に、横浜の貿易商社3社が自動車を出品した。

山下町77番館の米国ロコモビル自動車会社日本代理店が4種類のロコモビル蒸気自動車を出品。

山下町22番館のブルウル兄弟商会がオールズモビルを、山下町242番館のアンドリュース・ジョージ合名会社がトレド蒸気自動車2台とウエバリー電気自動車1台を出品した。

中でもアンドリュース・ジョージ合名会社は別館に展示したトレド蒸気自動車を時折り館外に持ち出して観衆に運転を披露したのである。

2、京都の二井商会

博覧会で自動車の運転を見て感激した人に京都西陣の織物商福井九兵衛と同業の親友壺井菊治郎がいた。彼らは博覧会から帰ると京都市内に乗合自動車を計画した。

博覧会は終わっていたが、横浜のアンドリュース・ジョージ合名会社に問い合わせると、販売代理人のウイリアム・ヴォーンという男を紹介してくれて、彼の説明は次のようなものだった。

目下当社が所有している自動車は2台で、1台は横浜にあり、もう1台は京都で乗合を計画中の平川靖氏と契約の話が進行中である。

自動車は全部2人乗りではあるが、4人乗りにはなる。

値段は改造費を除いて1台2500円くらいで、1マイルの経費は約5銭と見れば良い。

運転は私が教えるが、ちょっと練習すれば誰でも出来るようになる、ということであった。

次に福井氏らは府庁に出向いて警察部長山田平三らに警察の意向を聞いてみると、

「すでに平川靖、池田有造ら2件の出願があるが、先に願書を出した者に優先権があるわけではない、あくまでも営業を実行する者に権利を与えることになるだろう。

近いうちに自動車取締規則を作成公布するつもりであるが、まだ取りかかったばかりで、願書の正式な様式もないから、正式に受理するわけではない。

つまり無許可で営業する者があっても取締規則がないから取り締まることはできないのである。

大阪博覧会に出品し、自動車が展示されたアンドリュース・ジョージ館の館内に展示されたトレド蒸気自動車

二井商会が購入したトレド蒸気自動車２人乗りを６人乗りに改造した

しかし京都は市内電車の開通でも日本最初であるし、乗合自動車も日本最初となれば、名誉なことであるから、出来るだけ便宜を与えるつもりである」
という話だった。

そこで福井氏らはさっそくヴォーンから蒸気自動車2台を購入することにした。

しかし、外国人と直接取引をしたことが無かったので、京都の貿易商大沢商会主大沢善助氏に、購入に関する一切の交渉を依頼した。

その結果、自動車2台の価格は4000円で、支払は手付金500円、車両引き渡し時に2000円を支払い、残金1500円は約束手形5通を6カ月分割払いという好条件で購入することが出来た。

福井氏は壺井氏との共同ということで2人の名字の「井」をとって社名を「二井商会」として、9月20日から営業を開始した。

これが京都府最初の乗合自動車であり、またわが国最初の乗合自動車である。

営業路線と料金は、第1線が堀川中立売から七條駅までを3区間に分けて1区間4銭、第2線が堀川中立売から祇園下までを3区間に分けて1区間4銭の往復で、営業時間は午前7時から午後3時までであった。

3、突然の営業停止命令

ここまでは順調であったが、営業開始した当日、突然京都府警察部から運行中止が言い渡された。

理由は取締規則が公布されていないから、公布するまで運行を停止せよ、というのである。

先に伺いを立てたときの話とはまるで違うではないかと、交渉してみたが聞き入れない。

では取締規則はいつ公布されるのか、と聞いても、何とも厄介な規則で手間がかかる、という返事で取りつく島がなかった。

この警察の中止命令に対しては京都市民から運行を要望する声が起こったことや、京都日出新聞の「見た儘、聞いた儘」欄などに警察を痛烈に批判する投書などもあり、警察も折れて、正式には認めるわけにいかないが、試運転の名目で乗客を乗せ、乗客はお礼として一定額の料金を払い、警察はそれを黙認する、ということで決着した。

そこで、試運転の木札を自動車の前に掲げて運行したが、非常な盛況で、2台では間に合わず、再度大沢商会に依頼してもう1台を購入した。

明治36年10月28日、京都府の自動車取締規則が府令第39号で公布された。

4、二井商会の破産

しかし、12月になると、幌のない吹きさらしの車体は寒くて乗客数はガタ落ちとなり、一方、ニューマチック・タイヤは度々パンクするようになった。

何しろ2人乗りの自動車を6人乗りに改良したのだから傷みが早いのは当然だった。

しかし、福井氏らにはボデーを改良する資力もタイヤを米国から取り寄せる余裕もなかった。

残された手段は、株式会社組織にして資金を調達することだった。

そこで、年が明けると、資本金10万円の「第一自動車株式会社」設立の株式募集を行った。

ところが、間もなく日ロ戦争が起こったため、政府による軍事債券の発行、新規事業の抑制または禁止となり、自動車会社の株式など誰も見向きもしなかったのである。

二井商会はついに多額の借金を抱えて破産に追い込まれた。

こうしてわが国最初の乗合自動車はわずか4カ月間の運行で悲劇の幕を閉じた。

ただ現在、日本バス協会が二井商会の開業日を「バスの日」と定めて讃（たた）えている。

明治三十六年九月十九日

●自動車取締規則《じどうしやとりしまりきそく》に付《つい》て　京都府《きやうとふ》にては昨今《さくこん》自動車取締規則の編製中《へんせいちう》なるが右に付き高木《たかぎ》警部長《けいぶちやう》は語《かた》て曰《いは》く何《いづ》れ遠からず發布《はつぷ》する筈なるが、イヤ誠《まこと》に面倒臭《めんだうくさ》い仕事《しごと》で斯る營業《えいげふ》を爲《な》すものは定《さだ》めて少數《せうすう》ならんも、一人なりとも出願者《しゆつがんしや》のありたる以上《いじやう》之《これ》を取締《とりしま》らねばと云《い》ふ譯《わけ》にもゆかず、左《さ》ればとて愈々《いよ〳〵》制定《せいてい》せん曉《あかつき》には粗漏《そろ》の規則も制定されず、厄介《やくかい》千万《せんばん》サ▲、該規則《がいきそく》の骨子《こつし》と云ふは第一通行《つうかう》の道路《だうろ》を選定《せんてい》するが緊要《きんえう》にて之を人通《ひとゞほ》り繁《しげ》き四條通《しでうどほり》の如《ごと》きには勿論《もちろん》許可《きよか》出來ぬ、次《つぎ》は速力《そくりよく》、車の大小等《だいせうとう》の注意《ちうい》であるが案外《あんがい》窮屈《きうくつ》の規則が出來るかも知れぬ是《これ》も已《やむ》を得ざる事《こと》で自動車は市の文明《ぶんめい》より多く進歩《しんぽ》して居から困《こま》るんだ、夫《それ》から該規則《がいきそく》を營業者《えいげふしや》以外《いぐわい》に適用《てきよう》するや、否《いな》やが問題《もんだい》であるが尚《なほ》今日《こんにち》の處《ところ》自動車を自用《じよう》する人《ひと》もあるまいて云々《うん〳〵》

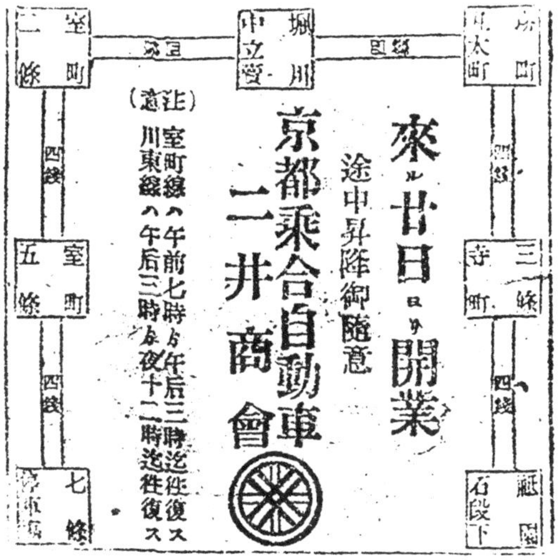

（上右）自動車取締規則の制定を面倒がって厄介千万だと語る、髙木警部長の談話、（上左）明治36年9月19日の京都日出新聞に掲載された二井商会の広告、（中）突然営業中止させた警察に対する市民の抗議の投書「日出新聞」の記事

明治三十六年九月廿二日　日出新聞

へるなど言《い》つて居《ゐ》る人《ひと》もある▲例《れい》の自動車乘合營業《じどうしやのりあひえいげふ》は愈々《いよ〳〵》昨日《さくじつ》から開始《かいし》すると云《い》ふので既《すで》に夫《そ》れ夫《ぞ》れ新聞《しんぶん》にも廣告《くわうこく》し諸般《しよはん》の準備《じゆんび》もチヤンと整《とゝの》つて居つた、處《ところ》が警部長《けいぶちやう》は昨日營業主《さくじつえいげふぬし》を警察部《けいさつぶ》に召喚《せうくわん》してまだ取締規則《とりしまりきそく》が出來《でき》ぬから當分《たうぶん》見合《みあは》せよとの事を説諭《せつゆ》したソーダ▲ソーして營業主《えいげふぬし》は夫《そ》れでは甚《はなは》だ迷惑《めいわく》だから、ドウか遣《や》らせて貰《もら》ひ度《たく》と懇願《こんぐわん》した、スルト警部長《けいぶちやう》はお前等《まへら》が規則《きそく》の無《な》いのに附込《つけこ》んで愍圖〳〵《ぐづ〳〵》言《い》へば今日《こんにち》でも「自動車營業《じどうしやえいげふ》をなさんとする者《もの》は府知事《ふちじ》の認可《にんか》を受《う》く可《べ》し」と云《い》ふ一ケ條《でう》丈《だけ》の府令《ふれい》を出すのみだとて相手《あひて》にならぬソーダ▲聞《き》けば同營業者《どうえいげふしや》が初《はじ》めて警察《けいさつ》に其事《そのこと》を伺《うかゞ》ひ出《いで》たのは本年《ほんねん》三月《ぐわつ》の事《こと》と云《い》へば既《すで》に是《か》れ彼《と》れ七ケ月に成《な》る、無暗《むやみ》に用《よう》もなき法律規則《はふりつきそく》を發布《はつぷ》するのも困《こま》つた者《もの》だが、斯《か》く限前《がんぜん》の必要《ひつえう》に迫《せま》つた者《もの》を相變《あひかは》らず愍圖〳〵《ぐづ〳〵》して居《ゐ》るのも困《こま》つた者《もの》だ▲直《たゞ》ちに一ケ條《でう》の府令《ふれい》を出す位《くらゐ》なら序《つひで》に全部《ぜんぶ》の取締規則《とりしまりきそく》を出《だ》したら善《よ》さソーナ者《もの》だが、玆等《こゝら》が卽《すなは》ち京都府警察《けいさつ》の京都府警察《けいさつ》たる所以《ゆゑん》で有《あ》らう▲尚《なほ》は同警部長《どうけいぶちやう》は「今日《こんにち》の處《ところ》自動車《じどうしや》を自用《じよう》する人《ひと》もあるまいで」など呑氣《のんき》な事《こと》を言《い》つて居《ゐ》るが、既《すで》に京都《きやうと》ホテルにも二臺《だい》の自用《じよう》の自動車《じどうしや》あり、南禪寺《なんぜんじ》の近邊《きんぺん》に居《を》る朝鮮人《てうせんじん》も常《つね》に自用《じよう》として居《ゐ》る事《こと》は御存知《ごぞんぢ》のないのは何處《どこ》迄《まで》も京都《きやうと》の警察《けいさつ》だ（生四十）

明治三十七年一月十日　大阪朝日新聞

第一自動車株式會社株式
募集　廣告

一常會社ハ京都市ニ於テ乘合自動車ヲ運轉シ弘ク交通ノ便ヲ謀ルヲ以テ目的トス
一資本金總額拾萬圓一株ノ金額五拾圓
一總株數貳千株ニシテ内發起人ニ於テ六百卅株ヲ引受ケ殘餘千參百七拾株ヲ一般ヨリ募集ス

一募集締切期日　明治卅七年一月廿五日限

一第一回拂込期日　一株ノ證據金貳円也

明治三十七年一月二十五日限一株ニ付金拾五円（證據金ヲ含ム）
一應募株ニシテ超過シタル場合ハ按分比例ヲ以テ割宛可申候
一目論見書申込書御入用ノ方ハ創立事務所ヘ申越サレタシ

申込場所
京都市上京區中立賣堀川（二井商會内）
第一自動車株式會社創立事務所
京都市下京區烏丸通松原上ル
株式會社京都銀行

千葉每日

○自動車會社の株式募集　京都の第一自動車株式會社は總株の内六百三十株は發起人にて引受け殘り千三百七十株を明年一月十五日の締切期限にて洽く募集する由、證據金は二圓、第一回拂込（一株に付十五圓）期日は同月二十五日限なり

第一自動車株式会社の株式募集広告を出した大阪朝日新聞と募集を報じた千葉朝日新聞

大阪府最初の
乗合自動車を検証する

1、大阪自動車株式会社

明治38年（1905年）7月26日大阪市南区長堀橋筋2丁目23番地に、資本金15万円の「大阪自動車株式会社」が設立された。

社長は西成鉄道株式会社社長桜井義起。

副社長は株式会社大阪工商銀行社長前川彦十郎。

取締役が米国人ジャスタス・ブリックス。

監査役が中川武之助、松尾丈右衛門という経営陣であった。

これが大阪府最初の乗合自動車である。

使用した自動車は米国製ホワイト蒸気自動車5台で、営業路線は南区日本橋北詰から住吉を経て堺大浜公園間を双方から20分ごとに運行した。

料金は大阪―住吉間片道12銭、往復20銭、大浜まで片道24銭、往復40銭だった。

出足は好調であったが、乗客定員10人の車に16人も満載し、しかも20分ごとの運行は当時の自動車としてはかなりの酷使であった。

そのため6カ月もすると、タイヤがリムから外れ、ボイラーが詰まり、ベアリングが摩耗するなど故障が多くなって満足に定期連行することが出来なくなったのである。

そこで、新たに同じ車種を10台増車して、梅田駅を起点に天王寺間はじめ市内各地の路線も運行した。増車によって売り上げは伸びたが、北浜銀行と浪速銀行からの借入金7万円の負債に追われて、経営は苦しくなった。

2、わが国最初の自動車による死亡事故

発足して3カ月後の10月26日の午後5時ごろ、自動車が堺市神明町の大通りで5歳の少女をひいて死亡させる事故を起こした。

これはわが国最初の自動車による死亡事故である。

その後、1カ月もたたない11月16日の午後5時半ごろ、今度は南海鉄道の列車と今宮踏切で衝突して即死1名、重傷者5名、軽傷者2名を出す惨事を起こした。

この事故の原因は、自動車の運転手が列車が進行してくるのに気付きながら強引に踏切を渡った判断ミスによるが、鉄道側にも列車が通過する際には踏切番が小屋から出て通行人や車を停止させることが義務づけられているのに、踏切番がそれを怠ったというので、自動車側と鉄道側で責任や補償問題で長く揉めた。

さらに39年6月16日には修理を終えた自動車を、運転手に代わって整備工が運転して一心寺下の路上を運転中、数珠を持ってお経を口ずさみながら通行していた73歳の老婆をひいて死亡させた。

老婆は腰に住所氏名、何某方と書いた迷子札を付けていたので、この事故も世間の涙をさそった。

Below: one of the first self-propelled vehicles to be seen in Japan, this 1905 White bus made the 6½-mile journey between Osaka and Sakai eight times a day.

大阪自動車株式会社のホワイト蒸気自動車と下は明治 38 年 9 月 28 日、大阪毎日新聞に掲載された開業広告

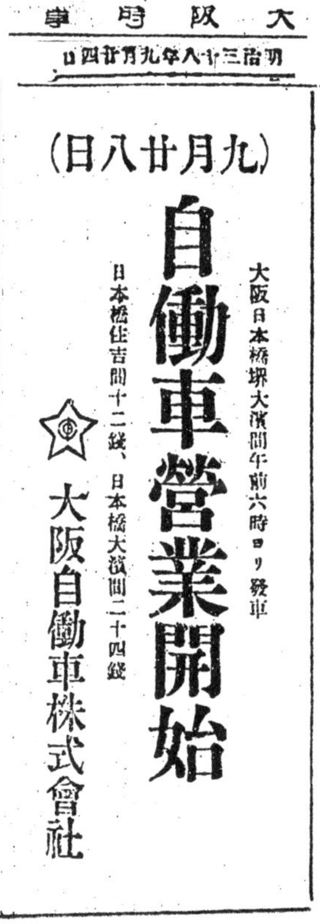
大阪時事
明治三十八年九月廿四日

(九月廿八日)

自働車營業開始

大阪日本橋堺大濱間午前六時ヨリ發車

日本橋住吉間十二錢、日本橋大濱間二十四錢

大阪自働車株式會社

大阪自動車株式会社（設立）

本店	大阪市南区長堀橋筋２丁目２３番地	
目的	自動車を以て人及貨物の輸送を為す、但し自動車の製造及取次販売を為すことあるべし	
設立年月日	明治３８年７月２６日	
資本金	１５万円	
１株の金額	５０円	
１株の払込	１２円５０銭	
取締役	大阪市東区生玉町	桜井　義起
	大阪市南区長堀橋筋１丁目	前川彦十郎
	神戸市北町	ヂャスタス・ブリックス
監査役	大阪市東区南久宝寺町２丁目	中川武之助
	大阪市東区淡路町４丁目	松尾丈右衛門

3、大東自動車株式会社

明治39年6月、会社は経営陣が総退陣し、代わって中央製茶合資会社の米国人ウイリアム・ゼームス・シュロスが負債を肩代わりして再建に乗り出した。

彼は経営を白石米太郎、坪野平太郎、土井吉太郎らに委託した。

白石米太郎は静岡市と清水港間を連行していた東海自動車株式会社の社長で、大阪自動車の経営を委託されると、両社を合併させて新たに「大東自動車株式会社」を設立した。

大東の大は大阪自動車の大で、東は東海自動車の東で、両社の頭文字をとって社名としている。

4、先駆け人と自動車税

その後も度々交通事故を起こしたので、県の保安課は大東自動車会社に対して、車掌の他に案内人の乗務を義務づけた。

これは通称「先駆け人」と呼ばれ、通行人の多い繁華街や街角に来ると、先駆け人が自動車から降りて自動車の先に立って、エイ、エイと大声をあげて両手を広げて通行人に道を開けさせる。

夜間は提灯（ちょうちん）を持って先駆けした。まさに慶応元年（1865年）に英国で行われた悪名高い赤旗法の日本版であった。

また市議会では自動車が道路や橋を破壊するから、その修繕費を自動車営業者に負担させるべきだ、という提案が出され、賛成多数で議決された。

大阪市の自動車税は39年度から課税されて、当初は5人乗りの営業車は府税が60円、市の付加税が120円だった。

それが41年度から市の付加税が一挙に5倍の600円になり、総額660円という前例を見ない高額になった。

この重税に反対した議員からは、自動車が道路や橋を破壊するというが、自動車より重い荷車もあるし、大江橋や淀屋橋、西国橋などは自動車が通らなくとも諸車の通行が頻繁なため傷みが激しいではないか、と皮肉る場面もあった。

また新聞でも、

「自動車が橋梁、道路を破壊するからというのは名目で、実は近く開通する電車の競争機関である自動車を市内から一掃する目的に外ならず」

と報じている。

新聞が報じたように、市内電車の天王寺～梅田間が開通すると大東自動車会社は乗客が半減して経営危機に陥った。

それを見かねた、大阪自動車の創業者中川武之助らが、会社の事業一切を5万5千円で買収して、本社を大阪府西成郡鷺洲村大字大仁字末広104番地に移転させ、路線を山手方面を循環する運行に変えた。

また社名も創業当時と同じ大阪自動車株式会社に戻して桜井義起を再び社長に迎えて再建をはかった。

5、会社の失火と火災保険

ところが、6月19日の深夜、会社西側の車庫から出火して事務所をはじめ社内の建物の大部分を焼失し、車庫に格納してあった自動車11台が焼失した。

しかし幸か不幸か、この西側に格納してあった自動車には東京火災海上保険会社に4万円、明治火災に2万円、大和、大阪両保険会社にそれぞれ5千円、総額7万円の火災保険がかけてあった。

保険会社では始め、保険金目当てに故意に起こした火災ではないか、と疑いを掛けたが、故意の放火という証拠も見つからず、結局保険金7万円のうち車両の消耗減価を差し引いて5万円が支払われた。

会社は明治42年4月、残った車両12台を売却し、保険金を株主に分配して解散した。

実に創業から解散まで波乱に富んだ、というかさまざまな事件に翻弄された会社だったといえる。

明治三十八年十一月十七日　大阪朝日新聞

●汽車《きしや》と自働車《じどうしや》の衝突《しようとつ》

（即死一名、負傷七名）

南區日本橋北詰なる大阪自働車株式會社が近頃創開したる阪堺間交通の自働車は約十二三輛ありて日々絶えず往復し頗る便利なる代りには之に伴ふ危險も甚だしく數々通行人を害する由に聞及びしが昨日は自働車その物が却て他の危害を受けて車體を粉碎せられ乘客を殺傷するの大椿事を惹起したり昨日午後五時二十八分日本橋營の第一號自働車に車掌久保欽之助(二十)運轉手高村末造(二十)及び夜間増員として車掌見習芝崎家興(十六)同じく坂井松之助(二十)乘組み乘客八名と共に堺へ向ふ途中二名の乘客は今宮戎神社の裏手にて降車し更に進行せしに住吉街道の取附にて年齡二十四五歳にて脊廣の古洋服を着したる職人體の男と商人體の男と二人飛乘り再び乘客多數となりたれば車掌は危險を恐れて注意しつゝ進行し五時五十五分頃今宮新家なる南海鐵道交叉線に至りて見れば同所踏切に設けたる信號燈に何等の信號もなかりしを以て自働車は直進線路へさしかゝりしに何ぞ圖らん天王寺驛五時五十七分發の列車(百二十三號)は驀然西轟と音して疾驅し來りぬ、車掌は不意を喰ひて驚きながら今更引返す暇にも行かず躊虎の勢を以て（此の時八哩の速力なりき）突進したるに遂に秒間の差違にて自働車は尾端の一角を汽鑵車に突破せられ車體は眞二ツに引裂かれて粉碎せられ乘客は悉く跳ね飛されて路上又は畑の中へ轉び落ち車掌運轉手も共に路傍へ跳ね落されたり僅に二ツに引裂かれたる車體の後部は如何なる機會にや汽鑵車の或る箇所に引懸りて約十餘間許りも引摺られ前記住吉街道の取附にて乘車したる脊廣洋服の男は無殘にも件の車體と共に引摺り行かれ手首はちぎれ胴體は微塵に押潰されて肉塊地に塗れ目も當てられぬ慘状を呈したり

此の時汽車中にありし尾山、辻岡の兩車掌及び野口運轉手は早くも自働車を衝突したるを知りて手早く運轉を停止し被害の状を一見して直に醫師を急派すべき旨を一同に告げ置き直に汽車を運轉して天下茶屋驛に至り難波の本社へ打電したれば時を移さず同社の神保運輸課長は社員數名及び醫師二名を率ゐて現場へ出張し自働車會社にても間もなく急報を得て櫻井社長、社員及び澤村、錦織外一名の醫師を伴ひて現場に驅つけ同時に所轄平野郷署長及び住吉分署長は部下を率ゐて出張し來れり猶被害者を取調べしに

重傷　東區南久寶寺町二丁目田中仙助妹よね（二十六年）▲同町堺筋北入る田中しか（二十二年）▲南區閏町百二十二番地山本染七方寄留吉田米一郎（二十五年）▲同上木村勝吉▲北區老松町尾崎興(以上五名)

輕傷　前記田中しか方下婢竹田はな（十三年）東成郡安立町九丁目杉江常二郎（二十七年）(以上二名)

明治四十一年七月二十四日

●自動車保險金支拂

過般燒失せし大阪自動車會社の自動車十一輛の保險金七萬圓の支拂に關し火災の原因其他に疑點あるを以て同社と保險會社間に紛議を生じ居たるが既記の如く保險會社側協議の結果燒失自動車十一輛の價格八萬圓に對する保險金七萬圓中車輛破損及消耗減價を査定し元價を五萬七千圓と決定し當初保險契約金七萬圓に比例を取り保險金五萬七百圓内燒殘物代金七百圓を差引正味五萬圓を支拂ふ事に決定したるが保險會社の分擔額は元受會社東京火災は二萬八千圓内再保險一萬五千圓明治火災一萬四千圓の内再保險七千圓大阪火災三千六百圓の内再保險千五百圓にて昨今夫々拂渡を結了したりと

明治38年11月17日、南海鉄道の踏切で大阪自動車のバスが衝突して、死亡1名負傷7名を出すわが国最初の大事故を起こした。10月28日にも5歳の車で轢いて死亡させている。わが国最初の死亡事故であった。火災による5万円の保険金をもらった

近畿地方－兵庫県

兵庫県最初の
乗合自動車を検証する

1、有馬自動車株式会社

明治 38 年（1905 年）6 月 12 日、兵庫県有馬郡有馬町百二十二番地に資本金 3 万円の「有馬自動車株式会社」が設立された。

経営陣は、社長に有馬クラブ・ホテルの大島徳蔵、取締役にホテル陶源御所坊の金井四郎兵衛とホテル兵衛向陽閣の風見喜右衛門、監査役には大阪ホテルの中山説太郎と山本淳吉が選任された。

使用車両はアメリカ・マサチューセッツ州スプリングフィールドのノックス社製 12 人乗り 2 台で、神戸のアベンハイム兄弟商会の代理店、合資会社ゼー・アール商会から 1 台 7000 円で購入した。

ゼー・アール商会というのは三浦広吉と橋本治郎七、横山利蔵らが明治 36 年 12 月 10 日、神戸市葺合町 167 番地に設立した会社である。

三浦広吉は、わが国最初の自動車輸入会社である横浜のブルール兄弟商会に勤めていた男で、ブルール兄弟商会が神戸支店を設立したときに支配人アベンハイムと一緒に神戸に移り、ブルール兄弟商会の解散後、独立してゼー・アール商会を設立した。

どういう訳か知人たちの間では三浦と呼ばれず、八軒広告で通っていた。

運転手には山下友吉と大山善太郎が応募して選ばれ、三浦広吉から運転を教わった。

月給は山下友吉が 30 円で大山善太郎が 18 円であった。

中学校教師の初任給が 20 円、下宿代が 5 円という時代で、外国人並みに革の帽子に革の手袋、ゲートルに編み上げの靴を履いた格好はまさに時代の寵児で、映画スター並みに騒がれたという。

大山はのちに東京に出て麹町六番町に「大山自動車商会」を設立、さらに関東大震災後は「遊覧乗合自動車株式会社」を設立して社長になった。

2、大山善太郎の追憶記事

大山は昭和 3 年、業界誌にこのノックス自動車について次のように述べている。

「この自動車はガソリン機関で、2 気筒、18 馬力のエンジンが運転台の真下に装置されていて、ラジエターとかボンネット、ダッシュボードなどもない極めて妙な車だった。

ハンドルは棒が 1 本、下から出ていて、これを中ほどで倒して舟を漕ぐように前に押し、後に引いて、方向を左右に転換するものであった。

エンジンは自動車と正方形に付いていて、中央が横型に発動するもので、その左端にフライホイールが付いている。

またエンジンの右側に 2 個、鼓形のトランスミッションが付いていたから、これを鼓形輪と呼んでいた。

このトランスミッションの一方のペダルを踏むと前進になり、他の一方を踏むと後進するという方式だっ

有馬自動車株式会社の社長、大島徳蔵が経営する有馬クラブ・ホテル

The Japan Chronicle.

A Morning Newspaper.

WITH WHICH IS INCORPORATED THE "HIOGO NEWS," ESTABLISHED IN 1865.

KOBE, THURSDAY, AUGUST 10, 1905

New Advertisements.

By Automobile to Arima!

WELL-APPOINTED AUTOMOBILES now run between SANDA STATION of the Hankaku Railway and ARIMA in connection with EVERY TRAIN arriving at and departing from Sanda. The trip from Osaka to Arima can thus be made in 2 hours, and from Kobe to Arima in 2 hours and 45 minutes.

The fare between Sanda and Arima is 50 sen for every passenger, and 5 sen per cubic foot for luggage.

Trains for Arima, via Sanda—

Leave Osaka—5 30; 8.10; 9.00 a.m 12.45; 4.56 p.m

Leave Kobe—6.38; 8.38; 11.48 a.m. 4 26 p.m.

THE ARIMA AUTOMOBILE CO., LIMITED,

(Arima Jidosha Kabushiki Kaisha).

Aug. 10, 1905.

ARIMA CLUB HOTEL.

(ABOUT THREE HOURS' JOURNEY FROM KOBE BY TRAIN OR JINRIKISHA.)

THE above Hotel provides every Accommodation for Visitors. It is situated in the midst of delightful Scenery, and a number of beautiful walks are easily accessible. The air at Arima, even during the warmest part of the Summer, is cool and invigorating, making it a delightful resort.

Natural Hot Sulphur Baths may be obtained at short notice within a few minutes' walk from the Hotel.

MODERATE TARIFF. SPECIAL TERMS FOR PROLONGED STAY.

For Further particulars, apply to

T. OSHIMA, Proprietor.

May 10, 1905.

大阪時事新報

明治三十八年八月八日

有馬行自働車開通

●本自働車ハ阪鶴線三田驛ニ於テ各列車發着毎ニ接續致候

●大阪ヨリ二時間神戸ヨリ二時四十五分間ニテ有馬ニ着致候

●賃金御一人金五拾錢　荷物一立方尺金五錢（三田有馬間）

有馬行時間表（大阪發 前五、三〇・八、一〇・九、〇〇・後一二、二五・四、五六）（神戸發 前六、三八・八、三八・一一、四八 後四、二六）

有馬自働車株式會社

（左）ジャパン・クロニクルの広告、（右）大阪時事新報に掲載された有馬自動車株式会社の開通広告た」

有馬自動車株式会社は阪鶴鉄道の三田駅と有馬温泉間を、列車の発着に合わせて運行した。

乗車賃は人力車の40銭に対して50銭、荷物は30センチ立方5銭、運行開始は明治38年8月7日からであった。

有馬街道は道が狭く、にわか仕込みの運転手は開業当日から上山口村で溝に落ちたり、三田村の峠で横転したりしている。

その後も、9月12日の神戸又新日報を見ると、

「先ごろより営業せる有馬自動車は道路の樹木や家屋に衝突して立ち往生の失策をやり旅客が大迷惑なるが、去る8日も上山口村の道端にて1丈5尺の川原に転覆し乗客が両足に重傷を受けたとは危険千万」

と報じている。

事故だけではなく、エンジン・トラブルが起こっても、いちいち神戸に電話して三浦氏に来てもらう。

三浦氏がマグネットをちょっと調節しただけで直ってしまう。

それで10円もとられるから会社ではおいそれとは三浦氏を呼ばなくなる。

大山氏らは修理に来た三浦氏のやることを盗むようにして修理技術を習得したということである。

3、有馬から奈良に営業地を変更する

それでも営業開始当初はさすがに日本有数の温泉地であるから乗客も多かったが、冬に向かって乗客の減少と積雪による運転の難儀が予想された。

そこで有馬自動車株式会社は路線を奈良に変更して、関西鉄道の奈良駅から春日神社二の鳥居間を12月4日から運行した。

料金は奈良駅～郵便局間3銭。

郵便局～一の鳥居間3銭。

一の鳥居～春日神社間4銭。

全区間通し片道10銭だった。

人力車が奈良駅・春日神社間5銭だったからその倍の料金だった。

しかし、有馬時代の事故や故障修理による機関や車体の傷みがひどく、汽車の発着に合わせた正確な運行が出来ず、奈良での営業も長くは続かなかった。

4、長崎双信自動車のノックスとの関係

さて、ここで前回取り上げた長崎県の双信自動車商会が使用したノックス自動車との関係について述べることにしよう。

会社は解散しても、中古ながら自動車は残るのである。まったく自動車を廃棄することは出来ない。

会社としては清算人を立てて買い手を探すことになるのである。

では有馬自動車株式会社はノックス2台をどう処分したのだろうか。

長崎の双信自動車商会は東京自動車製作所から2台購入している。

実はこの2台が奈良で営業した自動車であると考えられるのである。

再び大山善太郎の追憶を引き出してみよう。彼は、

「このノックス式自動車は、吉田真太郎の経営した東京自動車製作所が製作したタクリーと称した自動車と同じもので、内山駒之助が製作したと言われている」

と述べている。

とすれば、このノックスは、有馬から奈良へ、そして東京自動車製作所で改造して長崎へと流転したことになる。

当時有馬自動車会社の運転手だった大山善太郎の思い出

自動車の昔噺

關西の自動車搖籃時代を語る

大山善太郎の思ひ出

水島與志緒

大山善太郎氏
東京自動車業組合理事

運転手だった大山善太郎とその紹介記事

大山と言へば名丈け聞いても凡人で無い樣な氣分に打たれる、其大山善太郎君は大西郷や、松方正義等言ふ豪い人々を澤山輩出したと言ふ鹿兒島の產である、日本最古の關西自動車界から、關東へ渡來して、三ッ井の王城から今の東京遊覽株式會社の社長まで二十年の其間に、嘗め盡した自動車の錆に立身して今日の地位を得るに至つたのであるが、其關西時代と言ひ、關東の前半時代に亘りては、想像も及ばぬ辛酸がある、其辛酸苦艱の明鏡を通して得た處の自動車昔話は、誠に得がたい至寶であり、またと聞くごとの出來ない珍聞がある。

變つて居る機關と構造

自分が初めて業界に這入つたのは兵庫縣有馬自動車株式會社であつた、丁度明治三十八年旅順口の陷落した年の六月であつた、神戸市の某商館から二臺のノックス式と言ふ、ツーシリンダー、十八馬力の乘合式自動車を、時價一臺七千圓で買ひ入れた。

この自動車はガソリン機關で、エンヂンが運轉臺の眞下に裝置されて居て、ラヂエター等は無い、人力の蹴込みの樣になつて居る丈けで、ボンネットとか、ダッシボートの樣なものは無い頗る妙なもので、把手は棒が一本下から出て居つて、之を中程で倒して、船を漕ぐ樣に前に押し後に引いて、方向を左右に轉換するもので、人が之を呼んで――馬の無い馬車――と言ふのも無理な呼び方では無かつたと言ふ程の體裁のものであつた。

エンヂンは自動車と正方形に付いて居る、中央が横型に發動するエンヂンで、其左端にフライホヰールが附いて居る、またエンヂンの右方に二個の鼓形輪が附いて居て、これがトランスミッションであつた、故にトランスミッションを此の頃は鼓形輪と譯してあつたこの鼓形輪の一方のペタルを踏み締めれば、前進となり、他の一方を踏み締めれば前進固形輪が締められ、後進のみが活動して、バックをすると言ふ式で、後日此の式は東京の吉田眞太郎氏の經營した、東京自動車製作所で製作を初めた、タクリーと稱した自動車は、此の車と同樣なものを、內山駒之助氏が見取り圖を書いて、製作したものであると言はれた。

乘合自動車と其當時の模樣

奈良県最初の乗合自動車を検証する

1、有馬自動車株式会社の営業路線変更

明治38（1905年）年8月8日から兵庫県の有馬温泉と阪鶴鉄道三田駅間を運行していた有馬自動車株式会社は、同年10月18日、大阪ホテルで臨時株主総会を開いて2カ月間の営業状況報告と増資計画を提案した。

2カ月間の収入1300円に対して支出が1000円であり、どうにか赤字にはなっていないが、これから降雪期に入ると運行不可能になるから収入減は避けられない。

その上、道路が狭くて悪い上に、事故も続出して自動車の傷みがひどく修理に金がかかるし、新車に買い替えて事業を続行するためには増資が必要である、と報告された。

そうした状況を踏まえて社長大島徳蔵から次のような提案が出された。

「実は奈良市のある有力者から、現在奈良駅と春日神社二の鳥居間に乗合自動車を運行しようと計画している者が居るのだが、資金が集まらず、計画は進捗（しんちょく）していないので、有馬の事業を奈良に移したらどうか、と言って来ている。

もし今日の株主総会で賛成が得られれば、事業を奈良に移したい。

これには関西鉄道会社や奈良市の実業協会の賛同が得られると思う」

と述べた。

この提案には有馬温泉旅館側の株主たちの中に反対者もいたが、大勢は大島社長の提案に賛成で、事業を奈良に移すことになった。

2、先取権をめぐる西尾派の運動と県の営業許可

奈良県で同路線の乗合自動車事業を計画していたのは奈良県会議長西尾長三らで、彼らは1カ月ほど前に県庁に営業許可の願書は提出していた。しかし、その後別に株式の募集もせず、単に路線の先取権を取っておこうという意図だった。

彼らは有馬自動車会社が奈良に進出して来るという話を耳にすると、県当局に対して先願権を主張して、有馬側に許可を与えないようにと要求した。

それに対して県では、願書は受けているが、どんな自動車で営業するのかさえも不明であり、書類だけで認可、却下を決定する訳にいかないとはね退けた。

そこで西尾派は堺～住吉間を運行していた大阪自動車株式会社に頼んで、同社のホワイト蒸気自動車1台を借り受け、それを県庁に持ち込んで試運転を要請した。

県当局は要請に応じて試運転には立ち会ったものの、西尾派が試運転に使用したものと同じ蒸気自動車を購入するのか、また何台購入し、本社や停留所をどこに置くのか、またいつから営業を開始する予定か、などを具体的に書き出すようにと要請した。

奈良縣報　第壹千百四拾七號　明治三十八年十一月二十一日　火曜日

○縣令

○奈良縣令第二十九號

乘合自動車ノ營業ヲ爲サントスルモノハ營業場駐車場ノ位置及營業ヲ爲サントスル道路ノ區域車體ノ員數構造重量乘客定員原動力ノ種類原動機ノ構造製造地名並經歷發着時間回數及賃錢額ヲ詳記シ所轄警察官署ヲ經由シ當廳ニ出願許可ヲ受クヘシ本項ノ事項ヲ變更セントスルトキ亦同シ

車掌運轉手ハ當廳ニ出願鑑札ヲ受クヘシ車體及附屬器具ハ當廳ノ檢査ヲ受クルニアラサレハ使用スルコトヲ得ス

所轄警察官署ハ車體ノ構造設備運轉其他業務行爲ニ關シ必要ナル指揮命令ヲ爲スコトヲ得

前項ノ指揮命令ニ從ハサル者及公安風俗交通衛生ニ關シ危害アリト認ムルトキハ其營業ヲ禁止シ若クハ停止スルコトアルヘシ

本令第一項ニ違背シ出願許可ヲ受ケサル者第二項ニ違背シ鑑札ヲ受ケサル者及車體ノ使用ヲナシタル者第三項ニ違背シ所轄警察官署ノ指揮命令ニ從ハサル者第四項ニ違背シ禁停止ヲ犯シタル者ハ拘留又ハ科料ニ處ス

本令ノ罰則ハ法人ノ場合ニ於テハ其代表者ニ適用ス

明治三十八年十一月二十一日

奈良縣知事　河野　忠三

（上）は奈良県令乗合自動車営業取締規則であるが、わずかに上記だけの簡単なものである、（下）この写真は長崎で写したものであるが、奈良から移転しているので、同じ自動車で、アメリカ製ノックスである

大阪朝日新聞

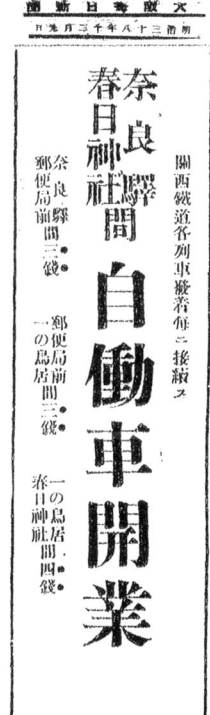

明治三十八年十二月九日

關西鐵道各列車發着毎ニ接續ス

奈良驛 春日神社間 自動車開業

奈良驛 郵便局前間 三錢
郵便局前 一の鳥居間 三錢
一の鳥居 春日神社間 四錢

大阪朝日新聞掲載の明治38年12月9日の奈良～春日神社間乗合自動車開業広告

しかし西尾派ではまだそこまでは何も決めていなかった。

奈良県は明治38年11月21日県令第29号による「命令書」を発布して、有馬自動車株式会社に許可を与えた。

通常、各県では全文30条から40条はどの「自動車営業取締規則」を制定するのであるが、この命令書はわずかに3項目ほどの順守事項と、これに違背した場合の罰則を定めただけの簡単なもので、有馬自動車株式会社に許可を与えるために急きょ作成されたと思われる内容である。

3、有馬自動車株式会社の撤退とその後の自動車事情

明治38年12月9日、有馬自動車株式会社による奈良三条駅から春日神社二の鳥居までの乗合自動車が運行された。

これが奈良県最初の乗合自動車である。

自動車は有馬温泉と阪鶴鉄道三田駅間を運行していた米国マサチューセッツ州スプリングフィールドのノックス15馬力、12人乗り2台で、運賃は奈良駅から奈良郵便局まで3銭、一の鳥居まで3銭、春日神社二の鳥居まで4銭、全線10銭、往復15銭だった。

しかし予想に反して成績は芳しくなかった。開業当初や正月の初詣でには乗客が殺到したものの、自動車の故障も多くなり、列車の発着に合わせた運行に支障が起きると乗客が少なくなり、翌年4月に解散してしまった。

使用していた自動車2台は東京銀座の東京自動車製作所が買い取って、機関の整備、車体の改修をしたあと、長崎県佐世保市浜田町の青木龍三郎に販売し、青木氏は長崎市大浦石橋から出島、大波止、長崎駅、浦上病院下間の乗合に使用した。

4、久保伊一郎と株式会社松山自動車商会

その後、奈良県ではしばらく乗合自動車を営業するものが絶えたが、大正6年になって宇陀郡松山町大字出新1834番地の元衆議院議員久保伊一郎が、「松山自動車商会」を設立して5月25日から松山～桜井駅間13キロに乗合を運行させた。

営業時間は松山発が午前5時50分から午後5時20分まで1日5回、桜井発が午前7時10分から午後7時10分まで1日5回、運賃は松山発が50銭、桜井発は上り坂の関係で60銭、4歳未満無料、10歳未満半額だった。

当初1台で運行したが開業以来成績極めて良好で、2年後には6台に増車して、路線を古市場、鷲家口方面まで延長し、さらに大正10年3月30日には資本金6万5000円の株式会社に組織変更した。

経営陣は久保社長以下取締役に松山町の都司太右衛門、大阪市南区宗衛門町の工藤義一、監査役は松山町の森田徳兵衛、松尾七郎らが就任した。

5、松山自動車のその後と取締役工藤義一

大正13年3月、久保伊一郎は事業を取締役都司太右衛門に譲渡し、譲り受けた都司は社名を「株式会社宇陀吉野自動車商会」とし、さらに大正15年には会社とは別に出資金10万円の個人事業として上市町～柏木間、西原茶屋～上桑原間の乗合自動車を運行させるのである。

取締役の一人工藤義一は大正8年7月25日に大阪市南区竹屋町25番地に資本金15万円の「クドウ自動車株式会社」を設立していて、同社の社長と松山自動車商会の取締役を兼務していた。

久保伊一郎が事業を都司太右衛門に譲渡すると工藤氏は退社して、13年6月27日、大阪市南区宗右衛門町56番地に、資本金40万円の「均一タクシー自動車株式会社」を設立する。

英国製の小型自動車トロージャン73台を購入して、料金を「一停車場に限り市内は距離の遠近に拘らず一円とす」という、均一料金制のタクシーを運行した。この方式は瞬く間に全国に普及し、戦前のタクシー界を風靡（ふうび）した。つまり「円タク」である。工藤義一はその元祖であった。

奈良新聞に載った松山自動車商会の広告と事故の記事。
下は松山自動車商会の乗合自動車

奈良新聞

大正六年八月十七日

松山《まつ》櫻《さくら》井《ゐ》間《かん》僅《はつ》かに四十分《ぶん》間《かん》にて快走《くわいそう》す

車体《しやたい》は最新式《さいしんしき》の六人乗《にんの》り高尚《かうしやう》で全安《あんぜん》で加《くわ》ふるに速力《そくりよく》の迅《はや》きこと到底《たうてい》汽《き》車《しや》や電車《でんしや》の及《およ》ぶ處《ところ》でない、況《いは》んや馬車《ばしや》や人力車等《なさ》は比較《くらべ》ものにはならぬ、御家族《ごかぞく》一行《かう》の御旅行《ごりよかう》などには持《もつ》て來《こ》いの誂《あつら》へむきなり、大《だい》都市《とし》は兎《と》も角《かく》地方《ちはう》の都市《とし》では未《ま》だ使用《しよう》し得ざる此最上《このさいじやう》交通機關《かうつうきくわん》を而《しか》も交通不便《かうつうふべん》の松山《まつやま》、櫻井間《さくらゐかん》に於《おい》て運轉《うんてん》すると云《い》ふことは當商會《たうしやうくわい》が決《けつ》して營利主義《ゑいりしゆぎ》でないと云《い》ふんと丈《だ》け認《みと》めて頂《いただ》きたい。

料金《れうきん》は
上《のぼ》り（松山行《まつやまゆ》き）金《きん》七十五錢《せん》
下《くだ》り（櫻井行《さくらゐゆ》き）金《きん》六　十錢《せん》

松山自働車商會

奈良新聞

大正七年二月八日

自働車墜落《じどうしやついらく》
乘客《じやうきやく》二名負傷《めいふしやう》

松山町《まつやまちやう》より櫻井驛間《さくらゐえきかん》に通《つう》ずる松山自働車會社第一號自働車は昨《さく》七日午前《ごぜん》九時《じ》四十分櫻井驛よりの歸途《きと》、宇陀《うだ》郡神戸村《かんべむら》野依のカーブに於《おい》て運轉《うんてん》を過《あやま》り宇陀川へ眞逆樣《まつさかさま》に墜落《ついらく》したり、乘客六名の中大阪市南區天王寺巳野義郎及び妻ノブの兩名は左脚を挫き頭に輕傷を負ひたれば直ちに近所の森下醫師に擔ぎ込み手當を加へたり其他は無事なりと（松山電話）

裁判だより

▲運轉手公判《うんてんしゆこうはん》　既記宇陀郡《うだぐん》松山町自働車運轉手北浦秀一（二五）にかゝる業務上の過失傷害事件控訴公判は昨日午前當地方裁判所にて開廷前日實地檢證の結果作成されたる鑑定書を讀聞かせ事實審問を終り立會能澤檢事は控訴棄却（原審禁錮四ケ月）の論告をなし岩井辯護士の無罪論ありて閉廷次回は來る十九日米田辯護士の辯論ある筈

和歌山県最初の
乗合自動車を検証する

1、自動車取締規則の制定

大正２年（1913 年）２月８日の紀伊毎日新聞に次のような記事が出ている。

「さきに双輪商会が自動車の運転を開始し、今また神前純一郎君更に一輛を加ふ、県俄かに取締規則を発布した、恨むらくは市街狭隘、これが運転に適すもの僅々数條の路線に過ぎず、新町の如きは街路整理の必要を感ずること痛切なり」。

和歌山市内京橋南際にあった自転車商双輪商会が大正２年１月、貸切（ハイヤー）を営業するために自動車１台を購入し、次いで２月に神前純一郎が自家用１台を購入した。

これが和歌山県の自動車事始めであった。

これら２件の届け出を受けた県では、急きょ自動車取締規則の作成に取り掛かり、同年２月７日、県令第９号、全文 52 条の、自動車取締規則を作成公布した。

近隣の京都府が明治 36 年の制定、大阪府と奈良県が 38 年に制定しているから、和歌山県はかなり遅れての制定で、全国的に見ても 41 番目である。

しかも、新聞に書かれたように、市内の道路が狭くて自動車の通行に支障があったものか、間もなく双輪商会や神前（かんざき）氏は自動車を手放してしまったのである。

県の統計書を見ると、大正３年度には海草郡に１台だけとなり、その後も４年に１台、５年に２台、６年３台で、これらはすべて海草郡歌ノ浦の旅館の所有車で、宿泊客の送迎用に購入したものである。

2、最初の乗合自動車と海側路線

大正７年 12 月 22 日に、和歌山市 11 番丁 13 番地に、資本金 10 万円の「南海自動車株式会社」が設立された。

これが和歌山県最初の乗合自動車である。

社長が市内３番丁の中清五郎、営業路線は和歌山駅から和歌の浦、紀三井寺までで、その後同社は路線を塩津まで延長する。

南海自動車の設立をきっかけに、以後紀伊水道側から太平洋岸の各地に乗合自動車会社が設立される。

大正８年９月 10 日、日高郡比井崎村に資本金３万円の「比井自動車株式会社」が設立されて比井～御坊間を運行し、さらに同年 12 月 21 日、白浜温泉を有する西牟婁郡田辺町大字上屋敷に、資本金 10 万円の「熊野自動車株式会社」が設立されて田辺町から印南までを運行した。

翌９年２月１日には日高郡御坊町大字薗に資本金 20 万円の「日の出自動車株式会社」が設立されて、御坊～箕島間の乗合自動車を運行する。

これら４社の乗合自動車を乗り継ぎすることによって、和歌山市から田辺町まで８時間で行けるようになった。

●株式會社設立

商號南海自働車株式會社　本店和歌山市十一番丁十三番地　目的自働車ヲ使用シ旅客竝ニ貨物ノ運輸及賃貸等ヲ營ミ且ツ之カ附屬品ノ販賣ヲナス　設立大正七年十二月二十二日
資本總額金十万圓　一株金五十圓　各株ノ拂込額金十二圓五十錢
公告方法會社ノ店頭ニ掲示ス　取締役和歌山市三番丁五番地中濱五郎同市北桶屋町三十七番地坂本彥次郎　同市湊本町三丁目十番地泉湧吉海草郡鳴川村大字小野田七百七十九番地　小野田貞之助
和歌山市雜賀町九番地三毛佐一郎　監査役海草郡山口村　大字平岡四十六番地明渡益一　和歌山市小野町三丁目三番地笠松直一　存立時期滿三十箇年

右大正七年十二月二十四日登記

和歌山區裁判所

駐車場

和歌山驛構內　電話五一四番

新和歌浦　和歌浦電三一番

貸自働車

本社　和歌山市十一番丁(丸之內)

南海自働車株式會社　電六四五番

注意

萬一右ノ駐車場ニ自働車無之候節ハ本社ヘ御申聞セ被下候ヘバ早速御廻シ可申候

大阪朝日新聞　大正八年十二月二十三日

示威運動《じゐうんどう》の動機

＝自動車會社對車夫問題《じどうしやくわいしやたいしやふもんだい》

伊都郡《いとぐん》高野口町《かうやぐちちやう》に於《お》ける自動車會社《じどうしやくわいしや》對車夫駕舁《たいしやふかごかき》の紛爭問題《ふんさうもんだい》につき勞働者側《らうどうしやがは》に同情《どうじやう》して斡旋《あつせん》の勞《らう》を執《と》りつゝある岡本彌《をかもとや》氏《し》の談《だん》に

高野登山《かうやとざん》自動車會社《じどうしやくわいしや》の自動車運轉《じどうしやうんてん》を開始《かいし》したるは本年《ほんねん》四月十五日にして爾來《じらい》百八十餘日《よにち》を經過《けいくわ》せるに過《す》ぎざるに

事故《じこ》の發生《はつせい》せる事《こと》二十六回《くわい》に及《およ》べり即《すなは》ち六日に一回《くわい》の事故《じこ》を生《しやう》じたるものにして此《こ》の外《ほか》に吾人《ごじん》の耳朶《じだ》に觸《ふ》れざるものを數《かぞ》ふれば枚擧《まいきよ》に遑《いとま》あらざるべし、此《これ》は即《すなは》ち當然《たうぜん》の成行《なりゆき》にして高野街道《かうやかいだう》は僅《わづか》に九尺幅《しやくはゞ》の道路《だうろ》なるに七尺幅《しやくはゞ》の自動車《じどうしや》をして疾走《しつそう》せしむればなり斯《か》くの如《ごと》くにして捨《す》て置かんか高野登《かうやと》山者《ざんしや》をして將來《しやうらい》

高野山《かうやさん》に登《のぼ》るには危險《きけん》の甚《はなはだ》きものなりと思《おも》はしむるに至《いた》るのみならず車夫駕舁《しやふかごかき》の通行《つうかう》に多大《ただい》の危險《きけん》を感《かん》ぜしめ將來之《しやうらいこれ》によつて登山《とざん》するもの殆《ほとん》ど皆無《かいむ》となり其《そ》の職《しよく》を失《うしな》はしむるに至《いた》る恐《おそ》れあり、故《ゆゑ》に自動《じどう》車會社《しやくわいしや》に對《たい》し適當《てきたう》の措置《そち》を交渉《かうせふ》するも誠意《せいい》の認《みと》むるに足《た》るべきものあらざるを以《もつ》て遂《つひ》に集團《しふだん》の力《ちから》を以《もつ》て之《これ》に當《あた》らんとしたるのみ今日《こんにち》自動車會社側《じどうしやくわいしやがは》にては

四千圓《ゑん》を投《とう》じて道路《だうろ》の改修《かいしう》を行《おこな》ふべしと揚言《やうげん》し居《を》れども四千圓位《ゑんぐらゐ》の金《かね》にては到底之《たうていこれ》を完成《くわんせい》し得《う》べくもあらず故《ゆゑ》に本日《ほんじつ》も保安課長《ほあんくわちやう》と面會《めんくわい》し此《この》點《てん》につき陳情《ちんじやう》し置《お》きたり云々《うんぬん》(和歌山)

高野登山自動車株式会社が設立してから登山者や駕かき、人力車夫との間に事故が多発し、また駕かき、人力車夫の生活が成り行かなくなった、というので大きな問題になった

3、高野登山自動車株式会社

前記の海側路線に対して山側路線であるが、大正時代になると霊場高野山に参詣する人が急増し、関西線高野口駅はごった返した。

参詣者たちは、ここから霊場まで約3里20町を徒歩で登ったのである。

そこで、大正8年10月22日、伊都郡高野口町大字名倉827番地に、資本金10万円の「高野登山自動車株式会社（代表取締役田村重亮）」が設立され、高野口から椎出間を米国製ハップモビル、ベリーなど3台で運行した。

これはいつも乗客が満員の好評で、3台では到底需要には追いつかず、10台に増車する計画が持ち上がった。

しかし高野口付近には常時200台ほどの人力車や駕籠があったし、付近の農家では参詣者が激増する時期には臨時に人力車を引いて稼いでいたので、乗合自動車の出現は彼らにとっては死活問題であった。

彼らは自動車会社の増車を耳にすると、高野口の劇場に集まり、労働協会を設立して代表者を選出し、自動車会社の重役、発起人たちの屋敷や警察署に押し掛けて増車反対の交渉を起こした。

会社側では労働協会側の要望など当初は一蹴（しゅう）していたが、妙寺町の有力者松岡由太郎や警察署長らが仲裁にはいって話し合った結果、譲歩して最終的には増車は取りやめて、3、4、5月の3カ月間は9人乗りの自動車1台と6人乗り1台の2台。

6、7月の2カ月間は6人乗り2台。

8、9、10の3カ月間は6人乗り2台と9人乗り1台の3台。

11、12、1、2月の4カ月間は6人乗り2台という制限協定を結んで決着した。

しかしこれではいくら乗客が満員でも赤字にならない程度で、事業としてのうまみはまったく無かった。

4、高野山参詣自動車会社

一方、高野山鉄道の敷設権は京阪電鉄と高野山ケーブル鉄道の2社がすでに得ていたが、両社はいろいろな事情があってなかなか工事にかからなかった。

これに業を煮やした山麓の有力者、萱沢正策らは高野登山自動車会社の牲川実太郎らと相談して、乗合自動車の増車案を県に提出した。

県では、労働協会との取り決めがあるので増車は認められないが、参道とは別に自動車専用道路をつくるならば認可するということになった。

そこで萱沢氏らは大正13年6月5日、資本金50万円の高野山参詣自動車株式会社を設立して、自動車専用道路をつくることにした。

専用道路の工事は和歌山市の原庄組が請け負い、椎出から神谷まで4マイル（約6・5キロ）幅員2間半（約4・5メートル）の第1期工事が翌14年2月に完成した。

これはわが国最初の自動車専用道絡である。

会社では東京の簗瀬自動車株式会社から米国製ビュイック15台を新たに購入して運行し、高野登山自動車会社は解散した。

大正14年4月24日の朝日新聞を見ると「高野登山客で大儲けの登山自動車」という見出しで、

「高野登山客を呑吐（どんと）する九度山駅の雑踏と来たらお話にならず、毎日五、六千人の客が乗降し、そこから高野登山自動車で運ばれるが、自動車は三十台余りが間断なく運転して、一日の収入が二千円を下ったことがない、という大景気である」

と報じている。

その後鉄道は大正14年8月に椎出まで、昭和4年には高野山電気鉄道によって極楽橋まで延長、さらに翌年、高野山駅までのケーブルカーが完成する。

高野山参詣自動車会社はその後女人堂までの自動車道路を完成させて参詣客に利便を与えたが、太平洋戦争による政府の企業統合政策によって昭和18年10月26日に解散することとなった。

和歌ノ浦割烹旅館「米栄」がお客の送迎に使用した乗用車

大正13年4月6月5日設立の高野山参詣自動車株式会社が山頂で客待ちする自動車と経路を案内した広告

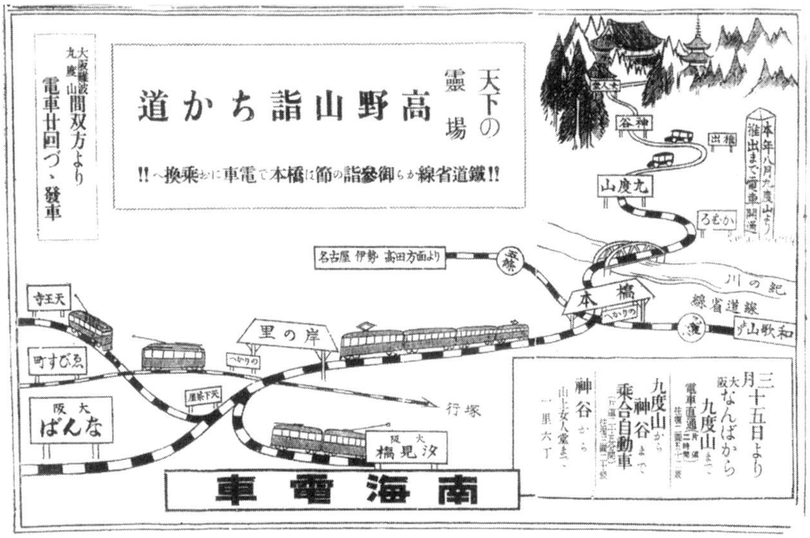

わが国最初の自動車専用道路と高野山参詣自動車株式会社の車庫

中国地方

中国地方－鳥取県

鳥取県最初の
乗合自動車を検証する

1、鳥取～智頭間の自動車

明治45年（1912年）1月29日の「因伯時報」を見ると、

「米子・日野間に自動車の運転を見、また鳥取・智頭及び若桜間またこれが運転を開始しつつあるが、（後文略）」

と報じている。

つまり、45年1月の時点で鳥取県では東部の鳥取と西部の米子でほとんど同じ頃に乗合自動車が営業されたことになる。

鳥取～智頭間と鳥取～若桜間に乗合自動車の営業を始めたのは鳥取市瓦町の勝原源蔵（本籍が八頭郡上私都村大字落岩村）らで、勝原氏らは明治44年10月に営業許可願を県に提出した。

営業路線は、智頭線が鳥取を起点に、今町、叶、円通寺、河原、釜口、鷹狩、用ケ瀬、安蔵、川中を経て智頭まで。

若桜線が鳥取駅を起点に、吉方村、山崎、桂木、堀越、郡家、御門、安井、竹市、富枝を経て若桜まででであった。

営業時間は両線とも午前5時から午後10時まで、1日3回往復し、運賃は鳥取・智頭間が全線64銭、鳥取・若桜間が全線65銭とした。

自動車は米国製ホワイト蒸気自動車の12人乗り2台で、新聞にはエフ式と書いてある。

エフ式というのはエフイット式のことで、これはドイツのブンセン氏が発明したもので、瞬間湯沸かし器のように水を沸騰させるのに時間がかからないバーナーを備えていた。

つまり自動車を早くスタートさせることが出来るもので、それがホワイト蒸気自動車の特色であった。

2、ホワイト蒸気自動車

勝原氏が購入したホワイト蒸気自動車は大阪自動車株式会社が使用していたものである。

同社は解散に際して、なんとか売り物になる12台の中古車を販売し、そのうちの2台を島根県の三代伊之助が購入したことは島根県のところで述べた通りである。

しかし三代氏の経営は長くは続かなかった。

勝原氏はおそらく、三代氏から、彼が使用していた2台を譲り受けたものと思われる。

新聞には、横浜の英国人エム・エス・ジエンスの後援で、と報じているから、斡旋したのはジエンスと考えられる。

ところで、明治44年9月6日の「鳥取新報」に大阪のイヅミヤ自動車商会が乗合自動車の広告を出している。

これは乗客が車体のサイドから乗り降りする珍しい車体で、私の調査では、今までこの種の車体は日本では三重県の尾崎鉄之助が津～白子、神戸、河原田間の乗合自動車に使用したホワイト蒸気自動車以外には見

八頭郡落岩の勝原源蔵が大阪自動車から買ったと思われるホワイト蒸気自動車の中古車（この写真は兵庫県の小倉武雄氏所蔵）

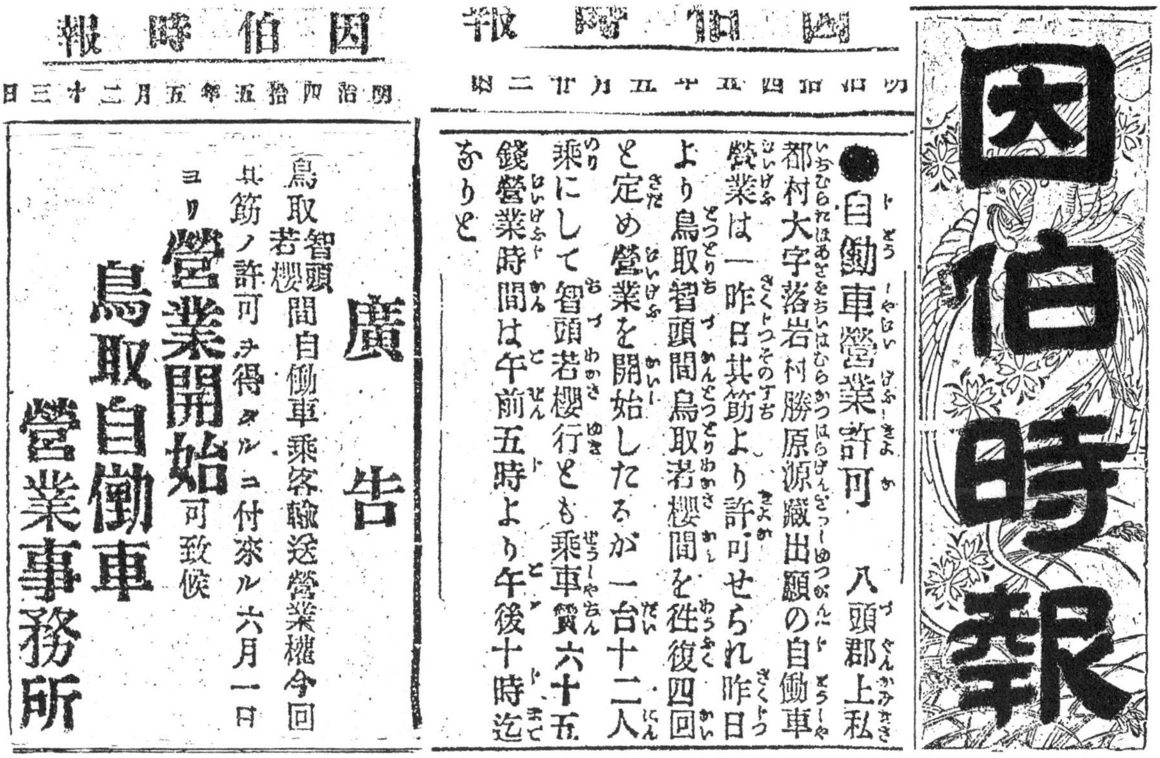

因伯時報

因伯時報　明治四拾五年五月廿二日

●自働車營業許可《きよか》　八頭郡上私都村大字落岩《おちいは》村勝原《かつはら》源藏出願の自働車營業は一昨日其筋《そのすぢ》より許可せられ昨日より鳥取智頭間鳥取若櫻間を往復《わうふく》四回と定《さだ》め營業を開始《かいし》したるが一台《だい》十二人《にん》乗《のり》にして智頭若櫻《わかさ》行《ゆき》とも乗車賃六十五錢營業時間は午前《ぜん》五時より午後十時迄なりと

因伯時報　明治四拾五年五月二十三日

廣告

鳥取智頭
鳥取若櫻間自働車乗客輸送營業權今回其筋ノ許可ヲ得タルニ付來ル六月一日ヨリ營業開始可致候

鳥取自働車營業事務所

「因伯時報」に掲載された鳥取～智頭間及び鳥取～若桜間の乗合自動車営業開始広告

当たらない。
しかしイヅミヤのこの広告から考えて、勝原氏が三代氏から購入したのはこれと同型のホワイトと考えられる。これはあくまで私の推測であるが、おそらく間違っていないと思う。

3、警察が黙認する

勝原氏らが県に営業許可を願い出ると、当局者に当県ではまだ自動車取締規則が制定されていないから、制定するまで受け付けるわけにはいかないと却下されてしまった。
しかし、勝原氏らが岡山、広島、山口各県では8年も前にすでに自動車取締規則が制定されているし、島根県でも4年前に制定されていて、現に乗合自動車が営業されている。
私が購入したのも島根県で営業している自動車である、と指摘したので当局者は、とにかく至急制定交付するが、それまでは、正式な許可を出すわけにはいかない。
しかし自動車を購入したのであれば、県としては見て見ぬふりをして黙認することにする、という苦肉の内示を与えた。
この件について、明治45年1月10日の「鳥取新報」は、
「営業許可が出願されるも、本県には未だ営業取締規則設定しあらざるより、已む無く願書を受理せざし由なるに、当該自動車は現に鳥取・智頭間を毎日数回往復しつつあるは甚だ不条理の次第なれども、実は営業は許可せざりしも、任意にすべし、との内示ありしをもって、かく日々営業せるものなりとは、ちょっと妙体なり」
と報じている。
県では明治45年3月17日県令第11号の自動車取締規則を制定交付し、改めて勝原氏らに営業許可を与えた。

4、米子～法勝寺間の自動車

「鳥取県史」によると、
「山陰線が開通した明治45年、町会議員岩宮金太郎ほか吉成藤太郎らの発起で米子・法勝寺間のバスが運行を開始した。
当時は鳥取県には自動車がなく、開通式には京都のミカド・ホテルから自動車2台を列車輸送して取り寄せる有様であった。
当時はバスといってもフォード6人乗りホロ型であった」
と書かれている。
この米子・法勝寺間の自動車については、米子市立町2丁目の乾物、生魚仲買商店吉成藤太郎や、灘町の海産物、精米業岩宮金太郎らの人事禄などを調べてみたが、彼等が乗合自動車を営業したという記載は見つからなかった。
県史を書いた人も他界してしまい、資料の出所が不明であった。
開業当時、鳥取県には自動車が1台もなく、京都のミカド・ホテルから自動車を借りてきて間に合わせた、という点も疑問である。
新聞を見ると、山陰鉄道の開通式当時、県では式に列席する政府の高官や貴賓用に2頭立て高級馬車1台と自動車3台を神戸から借り入れて汽車積みにして取り寄せて、という記事があるから、これは自動車の開業式ではなく、鉄道の開業式ではなかろうか。
また、昭和47年に発行した「日野郡史」を見ると、
「自動車が初めて本郡入りしは明治44年、根雨町大字金持（かもち）の人、若林鶴太郎、若林治三郎、根雨・米子間に運転を開始したるをもって嚆矢とす」
と述べている。
どうもこちらの方が信頼できそうである。
しかし、若林鶴太郎らについて日野文化センターなどで調べてもらったが、残念ながら、現在それらの子孫は根雨に住んでいないとの回答であった。
鳥取県の自動車史はさらに掘り下げて調査する必要があるが、しかし掘り下げても、果たして新資料が掘り出せるかどうか、今となってはなかなか難しいように思われる。

「鳥取新報」に掲載された大阪のイヅミヤ自動車商会の広告。前向き座席の乗合自動車は日本では珍しい

明治四十四年九月六日

鳥取新報

自働車を利用せよ

乗客及荷物運搬用として人車馬車を用ゆるの時代は既に過古に屬す我イヅミヤ自働車商會は先般來各地方に乘合自働車を提供して好評を博し居れり上圖に示すもの即ち我イヅミヤ商會最新輸入に係る乘合自働車となす乘合定員壹號九名貳號六名外に運轉手車掌各壹名を收容す見積書御申込次第贈呈すべし

其他最新式二人乘四人乘五人乘七人乘自用自働車
各種新着目錄郵券二錢を要す
英米獨佛各國自働車及附屬品直輸入業
大阪梅田停車場構内
イヅミヤ自働車商會
電話東五七四番

明治45年に三重県津～白子～河原田間を走ったホワイト蒸気自動車。鳥取～智頭間を走ったのも、これと同じ車種と思われる

中国地方－島根県

島根県最初の
乗合自動車を検証する

1、最初の計画

明治43年（1910年）末までに山陰西線が松江から今市まで延長されるというので、それに合わせて、今市を起点に乗合自動車を運行させようという計画が起こった。

計画したのは簸川郡鵜鷺大字鷺の長谷川駔悦らで、今市を起点に庄原～多岐～小田間と今市～杵築間の営業許可を県に出願した。

この出願に対して、明治43年8月15日、県は庄原～多岐～小田間を許可したが、今市～杵築間は道幅が狭く、自動車取締規則9条の「営業路線は三間以上の幅員を有するを要す」という規則を理由に認可しなかった。

その上、長谷川氏が購入しようとしていた自動車は、わが国最初のトラック会社である帝国運輸自動車株式会社が解散した際に、使用していた7台のトラックを金山銀行頭取米山利之助が買い取って芝自動車製作所を設立、ボデーを乗合自動車に改造して販売したもので、同製作所は香川県の讃岐自動車株式会社に3台、新潟県の田中二四郎に3台、埼玉県の本庄自動車株式会社に1台を販売したあと車輛が無くなって製造を中止して解散してしまった。

長谷川氏は期待していた今市～杵築の路線が許可されなかったことや、安い大型乗合自動車が購入出来なくなったことで善後策に窮した。

明治44年3月19日、県は自動車取締規則第33条の、

「正当な理由なくして許可の日より180日以内に営業を開始せざるとき」

という条文を適用して長谷川氏に与えた許可を取り消してしまった。

2、三代伊之助の乗合自動車

島根県八束郡本庄の三代伊之助が出願していた同郡宍道町を起点に飯石郡三刀屋に至る路線が明治43年10月に認可された。

認可を受けた三代氏は大阪自動車株式会社から自動車2台を購入した。

その自動車は大阪自動車株式会社が解散した際、同社が使用していた米国製ホワイト蒸気自動車12台を安売りしたもので、三重県の尾崎鉄之助に6台。

鈴木伊八郎に1台。

東京の報知新聞社に3台。

島根県の三代伊之助に2台を売り12台を完売した。

しかし、何しろ使い古した蒸気自動車だったので故障が多く、定期的な運行が出来なかった。

三代氏は事業をあきらめ、能義郡荒島村の山崎幾太郎、宮本栄市らに営業権と自動車を譲ってしまった。

譲り受けた山崎氏らは、「旭自動車営業部」を設立して、大阪から高田伊太郎技手を呼んで完全な整備を施し、明治45年3月12日から、宍道駅から三刀屋

ホワイト蒸気自動車。三代伊之助が買ったのはこの12台のうち2台

アメリカ製ホワイト式12人乗蒸気自動車

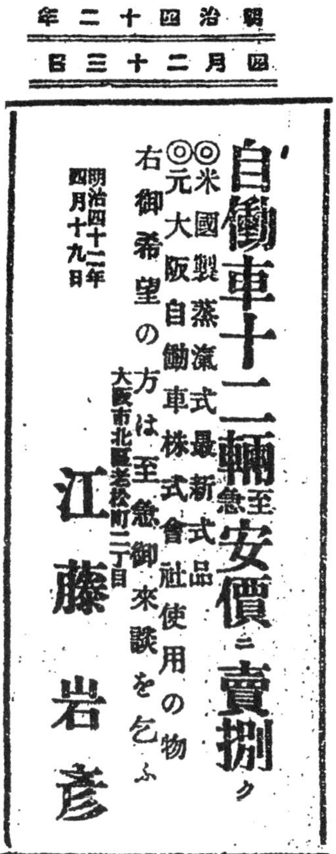

明治四十二年
四月二十三日

自働車十二輛至急安價ニ賣拂ク
◎米國製蒸滊式最新式品
◎元大阪自働車株式會社使用の物
右御希望の方は至急御來談を乞ふ
大阪市北區老松町二丁目
江藤岩彦
明治四十二年四月十九日

大阪自動車株式会社が解散に際して販売した中古車の広告（報知新聞）

を経て掛合村までの乗合を開始した。

しかし、これも何カ月も続かなかったようで、明治45年4月28日の「松陽新報」を見ると、運転手たちが、商店からツケで購入した代金を踏み倒して夜逃げしてしまい、自動車が宍道駅に置き去りになっていると報じている。

3、山根新蔵の乗合自動車

明治44年、島根県気高郡大郷村松原の山根新蔵が米子町の高田鉄蔵と共同で島根県簸川郡今市から那賀郡浜田までに乗合を計画し、自動車を東京麹町区八重洲1丁目のセール・フレーザー株式会社からフォードT型2台を購入し、6月に県の許可を受け、9月18日から営業を開始した。

全線29里6丁（約120キロ）を5時間半で運行したのである。

当初、明治40年9月に制定された取締規則では、速度制限が、

「市街地や人家稠密地は時速4マイル（6・4キロ）その他の道路は8マイル、但し往来雑踏の場所は歩行者と同一速度で徐行すべし」

という全国でも厳しい規則だったので、それでは10時間もかかるので県に速度制限の緩和を要望した結果、20マイルに改正された。

運転手は東京から山口真一、河合与一のベテラン2人を雇った。

開業してみると、連日満員の盛況だったので、山根氏は翌年10月、さらに2台を増車し、その後浜田～津和野間も営業した。

4、内国通運の乗合自動車

大正2年7月、貨物輸送が主体の営業であった「内国通運株式会社（現日本通運株式会社）」が今市～浜田間の乗合自動車を営業した。

乗合自動車事業は同社初めての試みで、使用した自動車はイタリア製フィアットの12人乗り3台で、1台1万1000円という豪華な車だった。

しかし、その後山陰鉄道の延長が進み、成績は良好とは言えなかった。

5、その後の自動車状況

帝国自動車保護協会が大正7年9月末に調査した島根県の自動車状況には次のように報告されている。

「同県は明治44年6月、簸川郡今市から那賀郡浜田町に至る国道に乗合が開始されたが、目下は浜田から安濃郡大田町間を運転している。

県内には現在、乗合自動車が10台あり、自家用車は1台もない。

乗合は那賀郡浜田町に5台、鹿足郡津和野に4台、大原郡大東町に1台である。

乗合自動車は鉄道の延長に伴って漸次運転区域が縮小される傾向にあるが、鉄道事業の発達に伴って諸種の事業が勃興するので、将来の発達を期し得るのは勿論である」

と将来の発達を期待された。

しかし、その後の発達も芳しくなかった。

内閣統計局の統計を見ると、大正15年3月末になって乗用車が64台と、沖縄を除いて全国で最も自動車の少ない県であった。

大正元年十月二十六日

◎今市濱田 往復自働車

今般新臺自働車貳臺ヲ増設
左記時限ニ依リ確實ニ運轉
開始仕リ候間玆ニ謹告候

▲今市發 ●午前六時 ●午後一時
▲濱田發 ●午前六時 ●午後一時

追告尚十一月上旬ヨリ更ニ濱田、津和野間ノ運轉ヲモ開始スル事ニ致シ候

簸川郡今市町
那賀郡濱田町
山根自働車事務所

明治四十四年十月一日

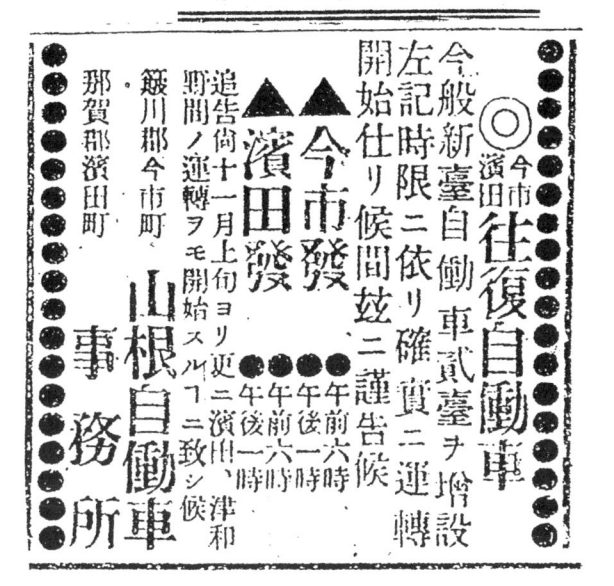

今市濱田間自動車

▲發着時間改正▼ 九月二十八日ヨリ

今市 濱田 兩基点

毎日
午前六時 午後十二時十分 發
午前十一時二十一分 午後五時卅一分 着

松陽新報

明治四十四年九月八日

今濱間《こんぴんかん》自働車《じどうしや》

氣高郡《けたかぐん》大郷村《だいごうむら》大字松原村山根新藏氏《やまねしんぞうし》の計劃《けいくわく》せる今市濱田間《いまいちはまだかん》（六十七哩《まいる》）自働車運轉《じどうしやうんてん》は既《すで》に本縣知事《ほんけんちじ》の認可《にんか》を得《え》自働車注文中なりしが米國《べいこく》ゼールフレーザー會社《くわいしや》製造《せいぞう》の自働車《じどうしや》二臺《だい》（六人乘《にんのり》一臺約六千圓《えん》）を購入《こうにゅう》し去《さ》る二日東京《とうきやう》より汽車便《きしやびん》にて運搬《うんぱん》し神戸《かうべ》、姫路《ひめぢ》、上郡《かみごほり》を經《へ》て四日鳥取《とつとり》着《ちやく》六日汽車便《きしやびん》にて米子《よなご》に着《ちやく》し仝地《どうち》有志者《いうしや》の希望《きぼう》に依《よ》り二回境間《くわいさかひかん》を往復《わうふく》し其夜《そのよ》山根《やまね》氏乘込《のりこ》みて米子《よなご》を發《はつ》し八時十分着松せるを以《もつ》て昨日縣廳警察部《さくじつけんちやうけいさつぶ》にて營業《えいげふ》鑑札《かんさつ》を受《う》け午後《ご》重《おも》なる官民《くわんみん》を乘《の》せて玉造迄《たまつくりまで》驅走を試《こゝろ》みたり愈々《いよ／＼》開業《かいげふ》は十日後《ご》なるべく速力《そくりよく》は一時間《じかん》八哩位《まいるくらゐ》にて途中《とちう》古志、神西、小田、波根東、波根西、大田、久利、大家、波積、都治、淺利、江津、有福に停留場《ていりうぢやう》を設《まう》け往復共《わうふくとも》に凡《およ》そ八時間《じかん》半《はん》を要《よう》すべく當分毎日《たうぶんまいにち》一回相互《くわいそうご》より發《はつ》せしむべしと尚該運轉士《なほがいうんてんし》山口眞一《やまぐちしんいち》氏《し》は去《さる》四十二年《ねん》より神田田中《かんだたなか》自働車《じどうしや》會社《くわいしや》に入《い》り後藤伯所有《ごとうはくしよゆう》の自働車運轉《じどうしやうんてん》手《しゆ》を勤《つと》め其後横濱《そのごよこはま》グランド會社平塚《くわいしやひらつか》日本火藥製造所《にほんくわやくせいぞうしよ》等の自働車運轉《じどうしやうんてん》をなし又河合《またかはひ》興一郎氏は仝年《どうねん》より日本《にほん》自働車合資會社其他《じどうしやごうしくわいしやそのた》にて勤《つと》め共《とも》に經驗《けいけん》深《ふか》く外《ほか》に各車掌《かくしやしよう》一人搭乘《にんたふじよう》する由《よし》

自動車運轉成績《じどうしやうんてんせいせき》

今市《いまいち》より濱田《はまだ》に始運轉《しうんてん》を試《こゝろ》みたる自動車《じどうしや》は十一日午前《ごぜん》八時《じ》濱田《はまだ》を發《はつ》し三隅其他《すみそのた》を視察《しさつ》し十一時四十分益田《ますだ》に着《ちやく》し午後《ご》一時半益田《はんますだ》を發《はつ》し二時五十分濱田着《ぶんはまだちやく》仝日午後四時十分濱田發《ぶんはまだはつ》江津《ごうつ》、波積等各所《はつみとうかくしよ》にて小憩《しようけい》大森《おほもり》にて夜《よ》に入《い》りしを以《もつ》て点火《てんくわ》し七時《じ》五十分大田《ぶんおほだ》に着《ちやく》し十二日午前《ごぜん》七時大田發《おほだはつ》波根《はね》東小田《ひがしをだ》の各所《かくしよ》に立寄《たちよ》り仝八時五十分《じぶん》今市《いまいち》に着《ちやく》したり昨日《さくじつ》は醍醐今市驛長《だいごいまいちえきちやう》中田助役《なかだじよやく》等同乘濱田《どうじようはまだ》に赴《おもむ》き午後《ご》引返《ひきかへ》したるが近々《きん／＼》の内運轉手《うちうんてんしゆ》の免狀下附《めんじやうかふ》を受《う》け開業《かいげふ》の運《はこ》びなるも各地停留《かくちていりう》に時間《じかん》を要《よう》し縣令規定《けんれいきてい》の八哩《まいる》の速力《そくりよく》にては十時間以上《じかんいじやう》に及《およ》ぶ可《べ》きを以《もつ》て速力増加《りよくぞうか》を申請《しんせい》する筈《はず》なり尚停留場《なほていりうぢやう》は既記《きき》の外大森《ほかおほもり》、都濃津《つのつ》にも設《まう》くと

今市〜浜田間自動車発着時間改正の広告。明治 44 年 9 月 18 日山根自動車の開業広告

写真の裏書きに大正３年頃大田～浜田間16人乗りフィアット３台、浜田女学校付近とある。右端はページ４人乗り

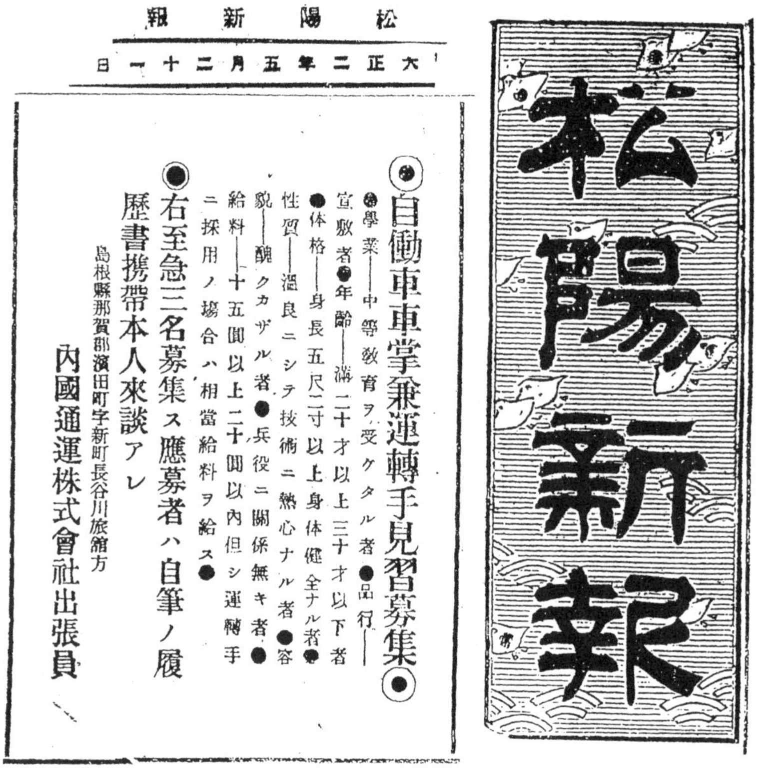

松陽新報

大正二年五月二十一日

◉自働車車掌兼運轉手見習募集◉

●學業―中等教育ヲ受ケタル者●品行―宜敷者●年齢―滿二十才以上三十才以下者●体格―身長五尺二寸以上身体健全ナル者●性質―温良ニシテ技術ニ熱心ナル者●容貌―醜クカザル者●兵役ニ關係無キ者●給料―十五圓以上二十圓以内但シ運轉手ニ採用ノ場合ハ相當給料ヲ給ス●

●右至急三名募集ス應募者ハ自筆ノ履歴書携帯本人來談アレ

島根縣那賀郡濱田町字新町長谷川旅舘方

内國通運株式會社出張員

内国通運株式会社（現日本通運株式会社）が初めて乗合自動車を営業した

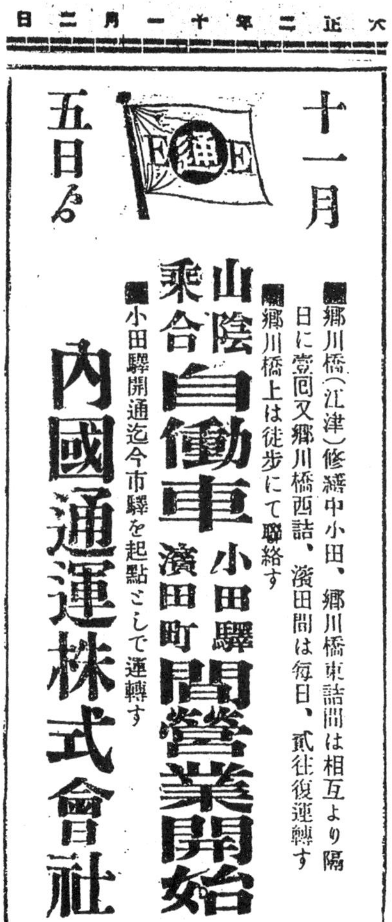

大正二年十一月二日

十一月五日ゟ

山陰乗合自働車 小田驛 濱田町 間営業開始

■鄕川橋（江津）修繕中小田、鄕川橋東詰間は相互より隔日に壹回又鄕川橋西詰、濱田間は毎日、貳往復運轉す

■鄕川橋上は徒歩にて聯絡す

■小田驛開通迄今市驛を起點として運轉す

内國通運株式會社

内国通運株式会社（現日本通運株式会社）の開業広告

●株式會社設立　商號三葉自動車株式會社　本店島根縣大原郡木次町大字木次町四百十四番地　目的一自動車ニ依ル一般運輸事業二自動車ノ賃貸　三自動車ノ修理　四自動車運轉手ノ養成　設立ノ年月日大正八年一月二十九日　資本ノ總額金二十五万圓　一株ノ金額金五十圓　各株ニ付拂込ミタル株金額金十二圓五十錢　公告ヲ為ス方法松江市ニ於テ發行スル松陽新報及山陰新聞廣島市ニ於テ發行スル中國新聞ニ掲載ス　取締役ノ氏名住所島根縣大原郡大東町大字大東千八百六十八番地木村小左衛門　同縣簸川郡今市町五百五十五番地遠藤嘉右衛門　同縣松江市末次本町十五番地織原万次郎　廣島縣廣島市上流川町八十九番地中村峯天　東京府北豊島郡巣鴨町字上駒込九十一番地妹尾勇吉　會社ヲ代表ス可キ取締役ノ氏名木村小左衛門　監査役ノ氏名住所島根縣大原郡幡屋村大字遠所九百一番地武田友治　同縣同郡日登村大字東日登三百六十番地藤井朝一郎　同縣松江市末次五十五番地山本檔七
支配人選任登記　支配人ノ氏名住所島根縣大原郡大東町大字大東千九百番地高橋米右衛門　主人ノ氏名住所島根縣大原郡木次町大字木次町四百十四番地三葉自動車株式會社　支配人ヲ置キタル場所島根縣大原郡木次町大字木次町四百十四番地
右大正八年二月四日登記

木次區裁判所

木《き》村《むら》　小《こ》左《ざ》衛門《えもん》

大正８年、島根県仁多郡横田～大原郡木次間を運行した三葉自動車株式会社の車（益田市出雲正樹氏提供）
（下左）同社の登記簿。（下右）社長木村小左衛門。彼は第一次吉田内閣の農林大臣、片山内閣の内務大臣、第三次吉田内閣の国務大臣を歴任している

中国地方－岡山県

岡山県最初の乗合自動車を検証する

1、大阪の中根鉄工所と岡山県の山羽電機工場

明治36年（1903年）3月から7月末まで大阪天王寺公園で第5回国内勧業博覧会が開催され、横浜の貿易商社アンドリュース・ジョージ合名会社、ブルウル兄弟商会、ロコモビル会社日本代理店の3社がそれぞれ輸入した自動車を展示した。

中でもアンドリュース・ジョージ合名会社では、日本語に堪能な自転車曲乗り師ウイリアム・C・ボーンがゼスチャーたっぷりにトレド蒸気自動車を運転して観衆の喝采を浴びた。

これを見物した岡山市三幡村の楠健太郎、森房造らは岡山市内から吉備郡総社町を経て上房郡高梁町まで乗合自動車を計画する。

自動車を出品していた各社に値段を聞いてみると、2人乗りが2500円で、これは客席を改造すれば4人乗りになり、改造費は300円程度である。

8人乗り以上の大型車は現在日本になく、本国から輸入するとなれば6000円くらいになるとのことだった。

しかも遠距離を運行するには最低2台なくては定期的に運行は出来ないし、故障や整備を考慮して予備車がもう1台必要だろうということだった。

楠氏らにはそんな大金を出す余裕はなかったので、岡山に帰って友人らにこの話をすると、

「いま三蟠港の伊達芳太郎のところに陸用蒸気機関と付属品一切があり、これは大阪市西区三軒家下町の中根鉄工所から販売を依頼されているもので、中根鉄工所は蒸気機関や石油発動機、工作機械などを製造販売している専門工場だから、もしかしたら蒸気自動車など安くつくれるのではないか」

という話だった。

喜んだ楠氏らは再び大阪に出かけ、中根鉄工所に相談すると、つくってみましょうかという返事だったので、手付金を渡して岡山に帰った。

ところが、中根鉄工所も初めて取り組む自動車の製造は容易なことではなかったのである。

その後、何カ月経っても自動車が出来たと言ってこなかった。

楠氏らが中根鉄工所に行って催促すると、

「ここまで製作は進行しているが、どうしても国産では出来ないものがあり、輸入をしなければならないので時間がかかる。

そう急がされても安々と出来るものではない」

ということだった。

楠氏らは中根鉄工所を諦めて、地元の天瀬可真町98番地の山羽電機工場主山羽虎夫氏に製作を依頼することにした。

山羽氏は、今まで山根鉄工所がつくっていた蒸気機関やシャシーなどを譲り受けて、とにかく自動車らしきものを組み立てたのである。

しかし、乗合自動車として使用するには極めて不完全で、実用にはならなかった。

大阪朝日新聞　明治三十六年十一月一日

▼▲機械完全能ク外國製ニ勝ル

▼▲中根式蒸氣自動車

世ノ進歩ニ伴ヒ益々交通機關ノ必要ヲ生ズルニ際シ我工場ニ於テ内地ニテ率先シ蒸氣式自動車ノ製造設計中ノ處幸ニ岡山ニ自働車會社設立シ同社使用ノ分一切我工場ニ依頼ヲ受ケ目下拾人乘製造中御引續キ他ノ方面ヨリモ續續御照會有之大小共多數ニ設計致居候間續々御注文アランコトヲ乞フ

價格最モ低廉ナリ

大阪西區立賣堀南通貳丁目明治橋南詰
元三軒家
中根鐵工所

中根鐵工所

當所ハ京都乘合自動車二井商會ヘ出資加盟致候ニ付自今御便宜上同商會ニ於テモ同様御取引ヲ乞フ

陸用コールニユシ形滊鑵公稱四馬力壹個
平両ガイシ形エンジン參馬力六一臺附属品一切
右物品岡山三蟠港伊達芳太郎方ニ現存ス
滊機滊鑵石油發動器製造販賣ス

中根鐵工場
大坂市西區三軒家下町

各種電機

山羽電機工場
岡山市可眞町

●山羽電機工場

所在　岡山市天瀬九十八番地
電話　五一〇番
電信略號　ヤハ
創立年月　明治三十年一月
營業　電氣に關する諸機械製造販賣、山羽式
「ガヤスリンモーター」製造、自轉車用
小形「ガヤスリンモーター」製造、特許
山羽式「アセツチリン」瓦斯水中燈
場主　山羽虎夫　岡山市天瀬可眞ノ町
（電五一〇）

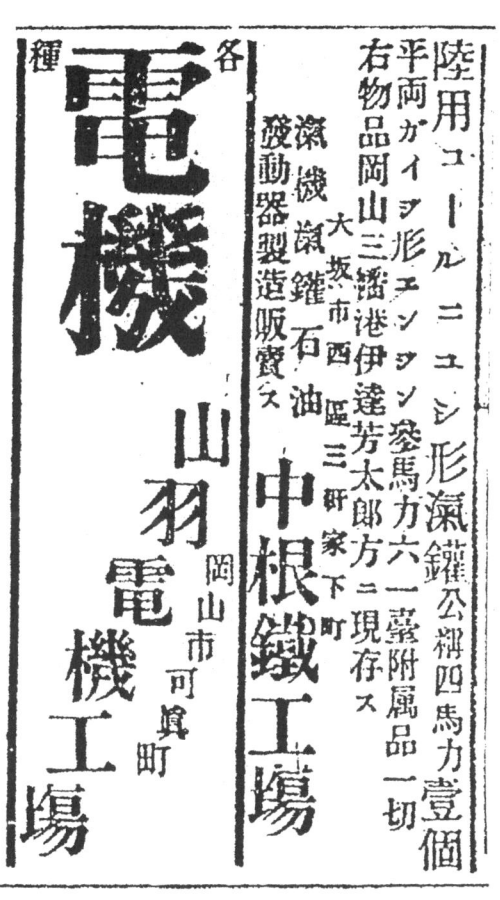

（上）山羽氏の自動車製作に協力した大阪市西区立売堀南通２丁目の中根鉄工所の蒸気自動車の広告、（下）は中根鉄工所の山陽新聞の広告

2、同一路線に4件の営業許可願が出される

その後、明治45年になると隣の鳥取県米子と根雨間に乗合自動車が営業されて好成績だというので、岡山県側の真庭郡勝山町と苫田郡津山町でも乗合自動車計画が起こり、両町間の国道と、途中久世町から落合町に迂回する路線などを含めて、一度に4件の乗合自動車営業が当局に出願された。

個人で出願する者、2名、あるいは3名の連名で提出する者、8名の連名で提出する者などだった。

許可願を受けた所轄勝山警察署では、同一路線に4者の営業を許可するわけにいかないので、一事業者にまとめるよう指示した。

松尾署長のあっせんで、出願者らは久世町の浅井旅館で話し合ったが、岡山市西中山下の西尾吉三郎のように本気で営業しようとする者もあった。

しかし、会合に欠席する者や、中にはとりあえず路線の営業権を取っておこうという者や、先願権を取っておいて、その権利を売りつけようという魂胆の者もあって、あっせんをした勝山警察の松尾署長を呆れさせた。

また当時の県知事大山綱昌も、自動車は危険な乗り物であるという先入観を持っていて、なかなか許可を出さなかった。

3、岡山県最初の乗合自動車

大正2年に知事が交代して湯浅倉平（後の宮内大臣）になると、彼は改めて出願者らに許可を与えた。

許可がおりると西尾吉三郎は、神戸市下山手通5丁目2番地の東洋自動車会社から、スチュードベーカー社のE・M・Fを購入して、大正3年1月から浅口郡の玉島駅を起点に付近の町村間に乗合自動車を開業した。

これが岡山県で最初の乗合自動車となった。

同年2月13日の「山陽新報」を見ると、

「乗合自動車の評判が良いので人力車夫らが死活問題だと騒ぎ出し、10日の午前9時、自動車が玉島駅下り列車の降車客を乗せて駅構内を発車しようとすると、一人の車夫がいきなり自動車に飛びかかり、鋭利なナイフでタイヤを刺してパンクさせる事件が起こった。

運転手がその場で犯人を取り押さえて警官に引き渡して告訴した」

「また同年7月15日、津山の有志らが津山・勝山・高梁・倉敷間に乗合自動車を運行させる計画で、会社設立の発起人会を開いた。

それを察知した人力車夫ら200余名が同盟して反対運動を起こし、18名の委員を選出して、津山町の発起人の屋敷に押しかけて会社設立の撤回を迫り、もし要求が入れられなければ、さらに美作5郡の車夫らと結束して反対運動を起こすと強要したため、発起人たちは争いを恐れて自動車会社の設立を断念してしまった」

などの事件が記されている。

このように、乗合自動車の初期においては馬車曳きや人力車夫らの妨害が各地で起こったが、とくに広島、山口、岡山、三重、山形など各県の反対運動や妨害が激しかった。

岡山市天瀬可眞ノ町98番地、山羽虎夫が明治37年4月につくった山羽蒸気自動車（昭和8年8月、児島重三編「自動車の岡山」より）。乗っているのは注文主の森房蔵一家

岡山県最初の乗合自動車、西尾吉三郎のE・M・F

中国地方－広島県

広島県最初の
乗合自動車を検証する

1、現存する 3 枚の写真

広島県最初の乗合自動車については、明治 30 年代という極めて早い時代にもかかわらず、幸いなことに 3 枚の写真が保存されているので、まずこの 3 枚の写真を検証してみよう。

1 枚は神社の大鳥居の前で撮ったもの（次ページ右下）で、自動車は米国製オールズモビル・カーブドダッシュである。

これは通常 2 人乗りであるが、背もたれの裏側の蓋を開くとあと 2 人が後ろ向きに乗れるドス・エ・ドス型である。

購入したのは広島市大手町 1 丁目の自転車商鳥飼繁三郎で、東京・銀座 4 丁目 1 番地のモーター商会から購入した。

モーター商会の販売記録を検討してみると、日露戦争が勃発して間もない、明治 37 年（1904 年）3 月か 4 月頃と推定される。

もう 1 枚は、鳥飼繁三郎商店の前で撮ったもの（次ページ上）で、車は神社の前で撮ったものと同じであるが、鳥飼氏が客席を前向きの 4 人乗りに改造している。

店の入り口の柱に看板が掛けてあり、この写真では文字がよく見えないが写真を拡大して濃くすると「貸自動車」と書いてある。

窓の下にオートバイが写っている。

オートバイは米国製トーマスである。

「自動車之日本」誌の昭和 2 年 6 月号に「鳥飼繁三郎君の思い出」という記事があり、それによると鳥飼氏が明治 34 年、神戸に自転車の仕入れに行った時、マンシニーという外人がオートバイに乗っているのを見て欲しくなり、500 円を払って譲り受けたということである。

トーマスは、横浜市山下町 22 番地のブルウル兄弟商会が明治 34 年 9 月に 2 台輸入して、そのうち 1 台を神戸市京町 24 番地の神戸支店に送ったもので、鳥飼氏が明治 34 年に神戸のマンシニーから買ったとすれば、その 1 台ということになる。

3 枚目の写真は、横川駅前で撮ったバス（P159 上）で、これは中島本町の杉本岩吉らが東京・京橋区木挽町 4 丁目 9 番地の双輪商会から購入した 12 人乗りで、明治 38 年 2 月 5 日から横川駅前・可部間を運行した、わが国最初の大型乗合自動車（バス）である。

杉本岩吉らがバスを購入した動機については、前記の「鳥飼繁三郎君の思い出」には次のように書かれている。

「広島市から可部町までは四里（約 10 マイル）、この間の交通はなかなか頻繁（ひんぱん）であるが、僅かにガタ馬車で乗客を満足させていた。

鳥飼君はこの悠長な、時間の観念に疎い町民を文明の恩沢に浴せしめんと、二、三の友人と乗合自動車を計画して上京し、オールズモビル一台を購入して帰った。

この車で暫く経営してみたが、車が小さい上に一台

四人乘貸自動車營業

御用向の御方は左記の處へ御申込あれ

横川驛前　自動車停車場

大手町一丁目鳥飼自轉車店

長沼旅館本支店

宇品町大手町間は毎日數回往復致居候

鳥飼繁三郎が銀座のモーター商会から買ったオールズモビル。上は鳥飼重三郎商店の前で撮った同車。下右は神社の大鳥居の前の米国製オールズモビル・カーブドダッシュ。下左は4人乗り貸自動車営業の広告

ではどうも営業に支障があるので、その後大きな自動車を買い入れた。

これがツー・シリンダーのホリゾンタル・エンジンの自動車で、これを持って乗り込んで来たのが、吉田真太郎君、内山駒之助君、助手の内海徳太郎君であった」

2、吉田真太郎はどこで大型車を購入したか

自転車を輸入販売していた双輪商会主吉田真太郎は自動車の輸入を計画して、明治36年11月、銀座3丁目5番地に「自動車販売部」を創設するとともに翌年の1月7日、自動車事情視察に渡米する。

彼が帰国したのは同年4月9日で、「東京エコー」の明治41年10月号によれば、吉田氏はこの視察旅行で大型の営業車、娯楽車、乗用車の3台を購入して帰国し、娯楽車は銀座のアンドリュース商会に、乗用車は韓国人に売り、大型の営業車は広島に売ったとして、

「広島に於いては馬車屋たちの妨害甚だしく、或は馬車を置き去りにし、或は障害物を投ぜられ、そのため泥田に飛び込み、または転覆し、或は傷つきて動かざる等、あらゆる活動を演じたりし」

と述べている。

広島での開業式や馬車屋たちの妨害については、地元の新聞にも報じられているが、問題は、吉田氏がこのバスをアメリカの何という会社から購入してきたかである。

しかし、どういう訳か、この件については吉田氏も内山氏も真相をほとんど語っていない。

3、ボデー製造所の謎

吉田氏が米国で購入した大型車は無蓋車だったので、ボデーは帰国してから日本でつくっている。

昭和28年3月に、日本乗合自動車協会が、「バス事業50年史」を発行するにあたって、この件について広島バス協会に調査を依頼した。

その時の広島バス協会の回答文書によると、

「今は消えてしまったが、写真の裏面に『横川駅前で写す、東京の吉田真太郎が名古屋の車輛会社にてボデー製作、シャシーは吉田氏が同所で組み立てたもの』という鉛筆の裏書があった」

と報告している。

当時、名古屋で電車や汽車、馬車ボデーを製作していたのは熱田町の日本車輛製造株式会社しかなかったから、この裏書が本当なら、日本車輛製造株式会社がつくったことになる。

同社の社史「80年のあゆみ」にも、当社でボデーを製作したと述べている。

だが、自動車工業会が「日本自動車工業史稿」を出版するに当たって、昭和36年6月、永田調査員が同社を訪ねてその件の調査を依頼したが、同社には古い書類は保存されておらず、同社に関係していた古老たちに聞いてみても、知っている者は居なかったということである。

尾崎正久著『日本自動車車体工業史』には、

東京でつくり、9日間かけて陸送したため、広島に到着したとき運転手たちは疲れ果てて2日間腰が立たなかった、

と書いているが、この話はとても信じられない。

吉田氏が他界してしまった今日となっては、彼が渡米して購入した3台の自動車の車種や、ボデーを何処でつくらせたのか、その真実を聞くことが出来ない。自動車史の一つの謎である。

横川駅前で撮ったバス（「レトロバス復元の会」提供）

国産初の乗合バスが横川を出発する様子を撮影したとみられる写真。安芸高田市で見つかった

山口県最初の乗合自動車を検証する

1、最初の計画３件

山口県最初の乗合自動車は大正２年（1913 年）６月、萩～小郡間を運行した萩自動車交運社であるが、計画されたのはそれよりかなり早く、明治 36 年 11 月にすでに３件の営業許可願が県当局に提出されている。

一つは下関市伊崎町の中島四郎と今浦町の磯部良介らが提出した壇ノ浦町を起点に長府町を経て下関駅までの路線。

二つ目は吉敷郡山口町今市の信吉五朗、同町中市の山田卯之助らが提出した山口町を起点に宇野今村、大歳村を経て山陽鉄道小郡駅までと、左波郡防府町を経て同三田尻駅までの路線。

三つ目は唐戸の関門汽船会社の桟橋を起点に田中新道を経て生野村幡生駅に至る路線である。

これらの営業許可願を受けた県当局では、さっそく取締規則の作成に取りかかり、翌年１月 19 日、県令３号による「自動車営業取締規則」42 条を制定公布した。

2、シカゴ・オムニバス

信吉五朗らが提出した営業許可願を見ると、使用自動車をシカゴ・モーター・ビークル・カンパニー製、瓦斯式自動車と明記し、技手、車掌とも 12 人乗り、全長８尺５寸、全幅３尺５寸、全重量 80 貫、12 馬力、時速８マイル、木製ホーク、金属リーム、ゴム・タイヤと記載し、この自動車を６台使用して、営業時間は午前７時から午後９時まで、運賃は１里６銭、12 才以下４才未満まで半額、４才以下は無料、と届け出ている。

営業許可願に自動車名や仕様を明示した例は珍しい。筆者の調査ではこのシカゴ・オムニバスと三重県の尾崎鉄之助が出したホワイト蒸気自動車の２件だけである。

アメリカのシカゴ・モーター・ビークル・カンパニーは明治 28 年（1895 年）に創立された会社で、イリノイ州ハービーに工場があり、主にオムニバスや商用車を製造していた。

最盛期は週 100 台を生産していたと言われたが、その後販売不振に陥ったため、市街鉄道車輌の製造に主力を転向したものの、明治 37 年末に倒産したという。

日本では東京市京橋区木挽町４丁目９番地の双輪商会自動車販売部が、このオムニバスを輸入しようと業界誌などに広告を出しているが、輸入されたという資料は今までのところ見当たらない。

山口県の信吉五朗らも日露戦争が起こったため乗合自動車計画を断念してしまった。

3、広島県の杉本岩吉らの第二次計画

明治 38 年２月、広島県の横川駅～可部間で乗合自

(二) 明治三十七年一月九日 防長新聞

○自動車營業の認可

當地大字今市町信吉五朗同中市町山田卯之助の兩名より客年十一月一日付を以て本縣廳へ出願したる山口町小郡驛間及山口町三田尻間に於ける自動車營業の件は客月二十八日を以て認可の指令を受けたる由其の營業は六ヶ月間以内に開始する筈なりといふ而して右自動車に關する營業項目は如左

營業項目

一營業所の位置　吉敷郡山口町大字中市第三十三番地

一駐車場の位置　吉敷郡山口町大字中市町及同郡小郡町山陽鐵道株式會社小郡驛構内充用の見込　佐波郡防府町山陽鐵道株式會社三田尻驛構内充用の見込

一營業線路　吉敷郡山口町より同郡下宇野令村大歳村小郡町を經て山陽鐵道小郡驛に至る縣道及び山口町より同郡大内村小鯖村佐波郡防府町山陽鐵道三田尻驛に至る縣道とし往復交通さす

一車體の員數及搭載並に乘客の定員

一車輛の種類シカゴモーターベータルコンパニー製瓦斯式

一乘客員數　技手車掌共十二人

一車體全長　八尺五寸

一同幅　三尺五寸三分

一高　六尺五寸

一全重量　八十貫目

一車輪　木製ホーク金屬リームゴム製タイヤー

一車輛員數　六臺

一營業時間　毎日午前七時より午後九時迄但乘客の都合に依り變更することあるべし

一速力　一時間の速度八哩以下

一運轉手　一名

一車掌　一名

一運轉手及車掌の服装　一定の制服（冬季は黒地夏季は白地の洋服を用ゆ）

一回轉數　一車毎轉六回乃至八回

一實馬力　十二馬力

一賃金　一里六錢以下但十二歲以下四歲以上は半額とす四歲未滿の携帯兒は無賃とす

山口県今市町の信吉五朗、中市町の山田卯之助から県に乗合自動車営業許可を願い出た時の申請書。購入しようとしていた自動車は、東京の双輪商会からシカゴ・モーターを買う予定であった

謹告

自動車の交通機關として有益なることは既に世人の知了する處、然も誰か斯車熱心なる直輸入者たらんとする者未だ之れ無きに至りては、豈隔靴搔痒の感なきに非らずや、弊商會爰に願る所あり過去數年間研究の結果、更に業務の範圍を擴め此際大に該車の輸入を計らんとす、各地交通不便の地に在りて苟も文明嶄新なる動器の利用を以て、有益なる運搬各種の事業を設計せられんとする各位に於ては、貴命御申越次第懇切を旨とし設計總ての御相談に應ずべし、敬白

●十二人乘自動車

本車は乘合自動車にして十二人を乘用せしむ、瓦斯式にして消耗費殊に僅少運搬頗る夥大なり而して一時間の運轉に要するガソリンは其量一ガロンを以て足り邦價金四十錢に當る

明治三十七年一月

東京市京橋區銀座三丁目五番地

双輪商會自動車販賣部

電話架設中

明治37年1月の12人乗り乗合自動車を紹介した双輪商会自動車販売部の広告

TWELVE PASSENGER BRAKE—CANOPY AND CURTAINS

A GREAT MONEY MAKER

WRITE FOR CATALOGUE "H."

CHICAGO MOTOR VEHICLE CO.

(Factory, Harvey, Ill. Phone, "Long Distance 4.")　370-372 Wabash Ave., Chicago, Ill. Phone, Harrison 2929.

信吉五朗らが購入を検討しようとしていた「シカゴ・オムニバス」

動車を運行した杉本岩吉は馬車屋たちの妨害や自動車の損傷で５カ月間ほどの経営で解散するが、彼は自動車事業をあきらめず、今度は隣の山口県での営業を計画する。

大阪自動車株式会社が使用していたホワイト蒸気自動車を購入して、山口～小郡間の営業許可を山口県に出願した。

杉本氏は明治38年７月、12人乗りホワイト自動車を小郡に持ち込んで試運転を行なった。

山口～小郡間をわずか26分で運行するというので、付近の住民から大いに期待された。

ところが、杉本氏がひとまず自動車を小郡の樫部旅館に預けて広島に帰ったあと、馬車屋、人力車夫らが自動車排斥運動を始め、もし小郡の旅館が自動車に便宜を与えるようなことがあれば、今後その旅館には馬車も人力車も一切お客を送迎しないことを申し合わせ、樫部旅館にそのことを通告した。

驚いた樫部旅館では、さっそく杉本氏に電話して事情を話し、自動車を引き取ってくれるように申し入れたのである。

杉本氏は、こんな状況ではとても山口県では営業できないとあきらめ、県に提出していた営業許可願を取り下げてしまった。

4、防長自動車株式会社

その後、大正２年に阿武郡萩町の口羽節介が東田町2246番屋敷に「萩自動車交通社」を設立して、６月10日から萩～小郡間の営業を開始した。

萩～小郡間片道２円28銭、１日２往復で、これが山口県最初の乗合自動車となった。

自動車は、東京市本所区横綱町２丁目11番地の、内山自動車商会にドイツ製ロイド12人乗りを注文することにした。

しかし、ボデー製造に時間がかかり開業式に間にあわないことから、内山自動車商会ではとりあえず６人乗りを提供して開業した。

開業してみると、連日満員の盛況で１台ではとても乗客のニーズに応えられないので、口羽氏は株式を募集して同年８月５日、資本金３万円の「防長自動車株式会社」を設立した。

社長には口羽氏、取締役に萩町の大岡与右衛門、東京市深川区数矢町の松本忠次郎、監査役に同町松本壮介、萩町の善甫正蔵という経営陣であった。

会社ではさっそくロイド車をもう１台購入し、翌年さらに12人乗りを増車した。

5、その後の自動車事情

次いで大正４年５月17日、美弥郡佐村四八一九番地に資本金１万円の「伊佐仙崎自動車株式会社」が設立された。

取締役に伊佐村の山本左弌、厚狭郡船木村の加藤熊太郎、美弥郡大嶺村の北村晥。

監査役に伊佐村の岩崎虎之助、厚南村の磯部文蔵という経営陣であった。

その後、乗合自動車は各地で運行され、大正７年には総数36台に増加している。

内訳は下関市の下関自動車商会の17台を筆頭に、萩町の防長自動車株式会社が５台。

吉敷郡宅野村の山崎自動車商会の５台。

防府町三田尻の交通社の４台。

大津郡伊佐仙崎自動車商会の２台と、近隣各県と比較して乗合自動車は盛んであった。

吉田真太郎は自動車輸入販売を計画して明治37年1月渡米した。目的は米国シカゴ・モーター・ヴィークルズ会社と輸入契約を結ぶことにあった。しかし渡米してみると同社はすでに自動車製造をやめ、鉄道車両の製造に転向していて、その目的は果たせなかった。右の写真は信吉五朗らが購入しようとした「シカゴ・オムニバス」

広島の杉本岩吉は隣の山口県で乗合を運行させようとホワイト自動車を県庁に持ち込んだ、そのホワイト。徳山警察署前で（「山口県警察史」より）

上は防長自動車株式会社が使用したドイツ製ロイド。下は内山駒之助が製作したバスボデー12人乗り（「防長交通60年史」より）

四国地方

四国地方－徳島県

徳島県最初の乗合自動車を検証する

1、最初の営業の出願

明治 36 年（1903 年）9 月、徳島県勝浦郡生比奈村の高木浜蔵が大阪の細川勝喜、同岩根真知らと乗合自動車の営業許可を徳島県に出願した。

彼らの計画では自動車を 2 台購入して、徳島市を起点に北は板野郡撫養（むや）まで、南は小松島を経て勝浦郡富岡までの 2 路線を運行し、料金は 1 里に付き 5 銭というものであった。

出願を受けた県当局では、許可するにしろしないにしろまず取締規則を作成しなければならなかったので、他府県の取締規則制定状況調査に取りかかった。

大阪府に問い合わせると、まだ出願する者が無いので、自動車取締規則は公布していない、ということであった。

次に東京の警視庁に問い合わせると、出願者が 3 件あったが、市内には電車、自転車、荷車、さらに 4 万台もの人力車が溢れている現状で、その上危険な乗合自動車を許可することは保安上問題があるので出願を却下した、したがって取締規則は作成していない、という返答であった。

また京都府では取締規則を公布しないうちに出願者が自動車を購入して営業しようとしたので、取締規則を公布するまで営業停止を命じて、現在作成中であるが、いやはや面倒で閉口しているとの回答であった。

さらに愛知県では取締規則を作成して許可を与えたが、出願者が自動車の購入や会社設立の資金調達に難航しているようで、まだ営業していない。

取締規則に、

「許可を与えてから 6 カ月以内に営業を開始しない場合には許可を取り消す」

と明記してあるので、許可を取り消すことになるかも知れないとの回答であった。

これらの調査結果から徳島県当局は出願者に対して、単に路線の先願権を取得しておこうという者には許可を与えない、と通告するとともに、年度末の県議会が間近く、その対策に多忙なことから、取締規則は年が明けてからゆっくり作成しようということになったのである。

ところが年が明けると間もなく日ロ戦争が起こったため、この件は自然消滅してしまった。

2、取締規則の作成公布

その後、明治 40 年 3 月に東京赤坂区の板岡賀太次ほか 3 名の発起で、再び撫養と徳島市間の乗合自動車営業が出願された。

しかし取締規則をつくっていなかった県当局者は、鉄道敷設に関する「軌道条例」の「営業路線の幅員が少なくとも 3 間以上を要する」を適用して、道路の幅員が狭いという理由で却下している。

さらに翌 41 年 8 月 12 日、今度は県会議員の石田真二ほか 4 名の連名で、徳島市内中洲波止場から市内全域と、新町、富田、勝浦、小松島、那賀郡羽ノ浦

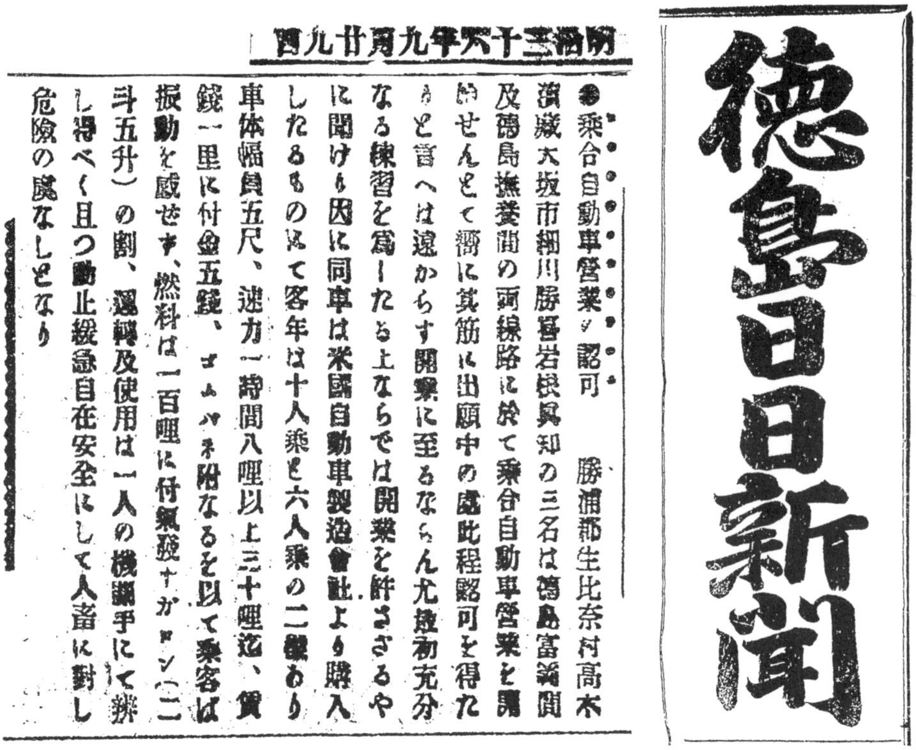

德島日日新聞

明治四十一年九月廿九日

●乗合自動車營業の認可　勝浦郡生比奈村高木濱藏大坂市細川勝曾岩根具知の三名は德島富岡間及德島撫養間の兩線路に於て乗合自動車營業を開始せんとて縣に其筋に出願中の處此程認可を得たりと言へは遠からす開業に至るならん尤最初充分なる練習を爲したる上ならでは開業を許さざるやに聞けり因に同車は米國自動車製造會社より購入したるものにて客年は十人乗と六人乗の二輛あり車体幅員五尺、速力一時間八哩以上三十哩迄、賃錢一里に付金五錢、ゴムパネ附なるを以て乗客は振動を感ぜす、燃料は一百哩に付氣發すガソン（二斗五升）の割、運轉及使用は一人の機關手にて辨し得べく且つ動止緩急自在安全にして人畜に對し危險の虞なしとなり

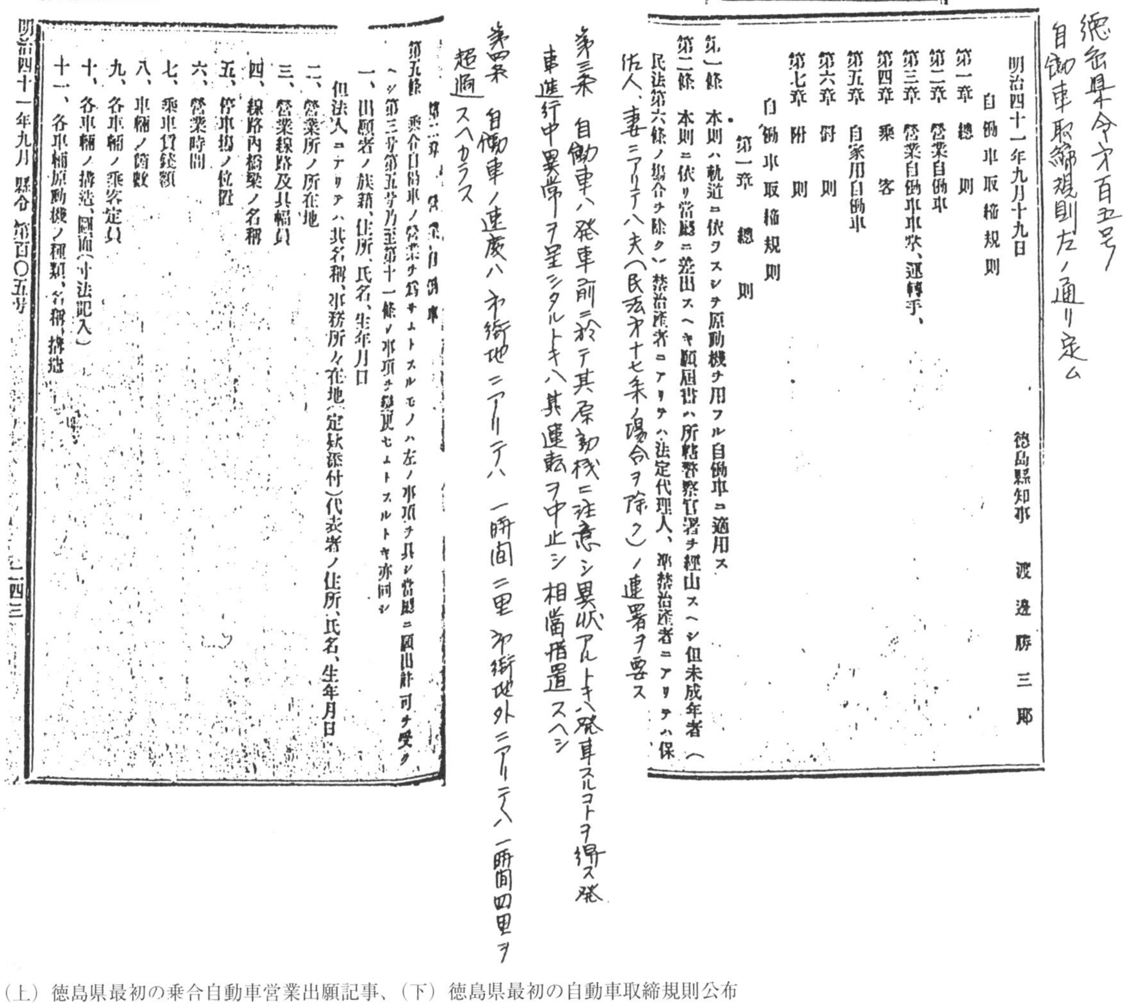

德島県令第百五号

自働車取締規則左ノ通リ定ム

明治四十一年九月十九日

德島縣知事　渡邊勝三郎

自働車取締規則

第一章　總則
第二章　營業自働車
第三章　營業自働車車掌、運轉手、
第四章　乗客
第五章　自家用自働車
第六章　罰則
第七章　附則

自働車取締規則

第一章　總則

第一條　本則ハ軌道ニ依ラスシテ原動機ヲ用フル自働車ニ適用ス

第二條　本則ニ依リ當廳ニ差出スヘキ願屆書ハ所轄警察官署ヲ經由スヘシ但未成年者（民法第六條ノ場合ヲ除ク）禁治産者ニアリテハ法定代理人、準禁治産者ニアリテハ保佐人、妻ニアリテハ夫（民法第十七条ノ場合ヲ除ク）ノ連署ヲ要ス

第三条　自働車ハ発車前ニ於テ其原動機ニ注意シ異状アルトキハ発車スルコトヲ得ス発車進行中異常ヲ呈シタルトキハ其運転ヲ中止シ相當措置スヘシ

第四条　自働車ノ速度ハ市街地ニアリテハ一時間二里　市街地外ニアリテハ一時間四里ヲ超過スヘカラス

第二章　營業自働車

第五條　乗合自働車ノ營業ヲ爲サムトスルモノハ左ノ事項ヲ具シ當廳ニ願出許可ヲ受クヘシ第三号第五号乃至第十一號ノ事項ヲ變更セムトスルトキ亦同シ

一、出願者ノ族籍、住所、氏名、生年月日
但法人ニアリテハ其名稱、事務所ノ在地（定款添付）代表者ノ住所、氏名、生年月日
二、營業所ノ所在地
三、營業線路及其幅員
四、線路内橋梁ノ名稱
五、停車場ノ位置
六、營業時間
七、乗車賃錢額
八、車輛ノ臺數
九、各車輛ノ乗客定員
十、各車輛ノ構造、圖面（寸法記入）
十一、各車輛原動機ノ種類、名稱、構造

明治四十一年九月　縣令　第百〇五号　一四三

（上）徳島県最初の乗合自動車営業出願記事、（下）徳島県最初の自動車取締規則公布

までの路線の営業許可が出願された。

賃銭は市内5銭均一、市外は20銭ということであった。

石田氏は自動車15台を購入して運行すると、大風呂敷を広げて当局に申し入れた。

しかし、石田氏は間もなく福原街道改修にからむ汚職で逮捕され、この計画も立ち消えになってしまったのである。

たび重なる出願があったことと、すでに37年11月に香川県が制定していることや、1カ月半ほど前に愛媛県でも取締規則が制定されたこともあって、徳島県では急きょ41年9月19日、県令105号、全文7章38条の自動車取締規則を制定公布した。

この取締規則は、条文の文言を多少変えているところもあるが、第2章に営業自動車、第5章に自家用自動車の規定を設けているところなど、基本的には愛媛県令と警視庁令（東京府令）を参考にしていることがわかる。

これは他府県の自動車取締規則には見当たらない。

3、前田利行の乗合自動車

大正2年（1913年）10月2日、徳島市仲町通北側20番地の歯科医師前田利行が、自動車を購入し、市内船場町の小児科医師弘田克忠、仲ノ町の産婦人科医師江口又衛と連名で、池田町を中心に北は香川県の琴平までと南は高知市まで3県にまたがる長距離路線の許可を3県に出願した。

前田氏は乗合自動車を営業する理由について、徳島毎日新聞の記者に次のように述べている。

「私は高知県吾川郡弘岡上ノ村の出身で、大正2年7月にサイドカー付きのオートバイを購入して、たびたび郷里まで往復したのであるが、途中の難所である大歩危（おおぼけ）、小歩危も自動車が通行可能なことを確認した。

池田から高知まで人力車では5円かかり、しかも途中大田口か杉で1泊しなければならないが、自動車はたった4時間しかかからない。

しかも人力車と大差ない料金で運行するつもりである。医者の私が自動車事業に手を出すことを疑問視する人もあろうが、これは私利私欲のためではなく徳島、高知、香川の3県民に交通の便益を与えるために計画したのである」

大正3年3月25日、徳島本線が全線開通して池田駅が終点になると、池田町は徳島、高知、香川3県を結ぶ陸上交通の要衝となった。

前田氏は3県の許可を取り付けて大正3年9月13日、三好郡池田町に「四国自動車商会」を設立し、池田～琴平間の貸切り日帰り運行を開始した。

料金は池田～琴平間2円34銭、池田～高知間5円41銭であった。

これが徳島県最初の乗合自動車になった。

高知から中国地方への海上輸送は時間がかかることや天候が悪いと欠航することが多く不便であったから、この定期便は好評とまではいかないまでも、それなりの利用客があった。

4、四国自動車商会のその後

大正8年頃になると、「土佐共同自動車組合」が高知から池田まで、「株式会社野村組自動車部」が香川県財田の「三豊自動車株式会社」と手を組んで高知から琴平まで営業するなどライバル会社が現れた。

四国自動車商会も経営陣が前田利行から田上隣平、入交好頴（よしひで）、矢野安吉と代わり、従来の路線に加え池田から愛媛県川之江間も運行した。

大正13年4月30日、四国自動車商会は資本金5万5千円の株式会社となったあと、昭和2年1月20日、四国交通界の大御所野村茂久馬が代表取締役に就任し、「野村自動車株式会社」の傘下に吸収された。

大正二年九月十七日

△前田齒科專門醫院 中通町 二丁目 ●●

口腔全般ノ疾病ヲ卽治ス 義齒、充塡、抜齒、續齒術、矯整術

主任デンチスト前田利行

本縣へ始めて自動車が來た

池田高知間を運轉せんとする乘合自動車

德嶋毎日新聞

写真は大正２年９月17日の徳島毎日新聞に掲載された前田利行が購入したフォードＴ型と前田利行の歯科医院の広告

大正三年九月十三日

池田發琴平行 毎日午前七時 午後一時

池田發高知行 毎日午後一時

琴平間 高知間 自働車定期運轉開始

德島市ヨリ琴平參詣日歸リ御希望ノ御方ニハ特ニ御相談ニ應ス

乘車賃 池田高知間 五圓四十一錢 池田琴平間 二圓三十四錢

三好郡池田町 四國自働車商會

德島市富田橋町 四國自働車商會出張所 （電話二〇〇番）

徳島毎日新聞に掲載の池田～琴平間、池田～高知間定期乗合自動車の広告（池田町四国自動車商会）と乗合自動車として運行する前田利行が購入したフォードＴ型

●株式會社設立　商號　株式會社阿南自動車協會　本店　那賀郡羽ノ浦町大字宮倉百二十六番屋敷　目的　一般旅客貨物運輸ノ爲メ自動車營業ヲ爲ス　設立　大正八年二月二十三日　資本ノ總額　金三万圓　一株ノ金額　金五十圓　各株ニ付拂込ミタル株金額　金二十五圓　公告ヲ爲ス方法　營業所ノ店頭ニ掲示ス　會社ヲ代表スヘキ取締役　谷六三郎　取締役ノ氏名住所　那賀郡羽ノ浦町大字宮倉百二十六番屋敷　谷六三郎　那賀郡羽ノ浦町大字岩脇字二反地七十一番地　高山武一　那賀郡加茂谷村大字楠根字北内四十一番地　福岡吉次郎　徳島市寺島本町北二百四十六番地　西村德男　那賀郡羽ノ浦町大字岩脇字二反地九十五番地　井内政吉　那賀郡富岡町大字富岡字内町百七十六番地　篠野貫治　那賀郡中野島村大字中原三百三十二番地　西宇右衛門　監査役ノ氏名住所　那賀郡羽ノ浦町大字岩脇字中地十八番地ノ二　武岡德次　那賀郡新野町大字豐田四百六十六番屋敷　平田利太郎　存立ノ時期　會社設立ノ日ヨリ滿二十箇年
右大正八年三月一日登記　富岡區裁判所羽ノ浦出張所

●株式會社阿南自動車協會　取締役井内政吉　監査役平田利太郎　北村充三　大正十一年一月三十日辭任ス　同年二月一日　那賀郡羽ノ浦町大字岩脇字二反地九十五番地　井内政吉　同郡桑野村大字山口字南谷二十二番地ノ一　湯淺竹五郎　監査役ニ就任　大正十一年一月三十一日　那賀郡橘町字汐谷四十九番地ノ一　那賀自動車株式會社ヲ合併シタルニ因リ以下事項ヲ追加ス　合併ニ因ル増加資本ノ總額　金二万圓　各株ニ付拂込ミタル金額　金二十五圓　合併決議　大正十年十一月十三日
右大正十一年二月十三日登記
富岡區裁判所羽ノ浦出張所

（上）古庄～日和佐間を運行した阿南自動車協会の乗合自動車。（下右）同協会の設立登記簿。設立大正8年2月23日。（下左）大正11年1月31日、那賀自動車株式会社を合併。資本金2万円を増加

阿南自動車古庄駅前、正月の勢揃い（羽ノ浦町・大正末期）。営業網は富岡・小松島に始まり、新野・由岐・橘と拡張して便数も増加、やがて日和佐・徳島へと拡張していった（高山武巳氏提供）

給油中の阿南自動車のフォード車（羽ノ浦町・昭和初期）。曲折の多い砂利道でも古庄から日和佐まで1時間30分～40分で行ったという（高山武巳氏提供）

香川県最初の
乗合自動車を検証する

1、讃岐自動車株式会社

香川県では明治37年（1904年）11月30日に県令第68号、全文37条の「自動車営業取締規則」を制定している。

大阪府より1年早く、全国で16番目という早い時期である。

日ロ戦争のまっただ中で、乗合自動車事業を出願する者はなかったから、おそらく36年12月30日の岡山県、37年1月19日の広島県、同山口県などの制定に刺激されたものと考えられる。

もちろん四国4県では最初の制定である。

さて、香川新報を見ると明治42年に2件の乗合自動車営業許可願いが当局に提出されている。取締規則はすでに制定されていたから、いずれも問題なく認可された。

ひとつは三豊郡財田村の三宅延次によるもので、営業路線は琴平町と財田村字戸川間で、認可された三宅氏は自動車購入のため大阪に出かけ、自動車は3月4日に到着した、と香川新報が報じている。

しかし、どうした訳か、その後営業したという報道は途絶えてしまう。

何らかの理由で営業に至らなかったようである。

もう1件は琴平町の宮崎千太郎らが計画したもので、営業路線は琴平を起点に多度津間と丸亀間で、これは1株50円900株の資本金4万5000円で讃岐自動車株式会社を設立するという計画であった。

8人乗りと18人乗りの自動車5台を購入し、途中小瀧、善通寺、金蔵寺に停留所を設けて、30分ごとに発車することとし、料金は汽車の半額にするというものであった。

株式募集は順調で、満株になったことから4月10日、小瀧の清風館で設立総会を開き、約款の制定、役員の選任を行なった。

社長には琴平町の宮崎千太郎、取締役に大阪市西区京町堀通りの田辺直樹、神戸市中山手通4丁目の荻田吉二郎。

監査役に多度津町の合田茂吉、琴平町の香山恒四郎という経営陣が選出された。

2、自動車の車種について

注文した自動車は明治42年12月19日に8人乗りが1台到着し、そのあと年末に18人乗りが1台到着して、県の検査を受け、翌年の正月から営業を開始したのであった。

これが香川県最初の乗合自動車になった。

香川新報はこの2台の自動車は大阪の田中鉄工所でつくったと報じている。

しかし大阪の田中鉄工所というのを調べてみたが、該当するような工場は見当たらない。

東成郡中本町の田中製作所というのがあるが、どうも自動車を製作するような工場ではない。

ところが、明治43年3月11日の日本新聞や14日

香川新報

明治四十二年十二月廿一日

●自働車開業

琴平町《ことひらちやう》讃岐《さぬき》自働車《じどうしや》株式會社《かぶしきくわいしや》の自動車《じどうしや》八人乘《にんのり》一輛《りやう》大阪《おほさか》より十九日《にち》午后《ご》七時《じ》頃《ころ》當市《たうし》上陸《じやうりく》午后《ご》十時《じ》縣道《けんだう》下道線《しもみちせん》より琴平《ことひら》の同社《どうしや》へ午后《ご》十二時《じ》頃《ころ》着[illegible]て同社《どうしや》より受取《うけとり》のため出張中《しゆつちやうちう》の宮崎《みやざき》社長《しやちやう》と運轉手《うんてんしゆ》二名其他《そのた》關係者《くわんけいしや》乘込《のりこ》み着《ちやく》したるより同町《どうちやう》の有志《いうし》多數町端れ迄《まで》出迎《でむか》へたり二十日《か》はパノラマ館《くわん》前にて一般《ぱん》の縦覽《じうらん》に供《きよう》したるが不日《ふじつ》縣《けん》の檢査《けんさ》を受《う》け二十五日頃《にちごろ》より差當《さしあた》り琴平《ことひら》多度津《たどつ》間《かん》の營業《えいげふ》をなす、又數日中《すうじつちう》に瓦斯式《がすしき》十八人乘《にんのり》一輛《りやう》も着《ちやく》し一日《じつ》より營業《えいげふ》し殘《のこ》り三輛《りやう》は何《いづ》れも十八人乘《にんのり》にて明年《みやうねん》二月頃《げつごろ》到《たう》着すべく着《ちやく》の上《うへ》は琴平《ことひら》多度津《たど》間《かん》と琴平《ことひら》丸龜《まるがめ》間《かん》を運轉《うんてん》する由《よし》

株式會社設立

一商號	讃岐自働車株式會社
一本店	香川縣仲多度郡琴平町六百三十四番地
一目的	琴平丸龜間琴平多度津間ノ國道ニ於テ自働車ヲ運轉シ交通者ヲ運送シ並ニ温泉營業ヲ為ス
一設立ノ年月日	明治四十二年四月二十五日
一資本ノ總額	金四万五千圓
一一株ノ金額	金五十圓
一各株ニ付キ拂込ミタル株金額	金五十圓
一公告ヲ為ス方法	所轄登記所ノ公告ヲ為スヘキ新聞紙ヲ以テ公告ス
一取締役ノ氏名住所	香川縣仲多度郡琴平町六百三十四番地 宮崎平太郎 大阪市西區京町堀通一丁目三十五番屋敷 田邊直樹 神戸市中山手通四丁目百一番地ノ十二 猿野吉二郎 香川縣仲多度郡多度津町大字多度津三百五十六番戸 合田茂吉
一監査役ノ氏名住所	同縣同郡琴平町三百四十四番戸 香西恒四郎
一存立ノ時期	設立ノ日ヨリ滿三十箇年

右明治四十二年五月五日登記

丸龜區裁判所琴平出張所

一讃岐自働車株式會社ハ明治四十三年九月二十三日臨時株主總會ノ決議ニ因リ解散ス

一合資會社香川商會支配人原田于太郎ハ明治四十三年九月二十八日辭任ス

右明治四十三年十月五日登記

丸龜區裁判所琴平出張所

香川県最初の乗合自動車となった、讃岐自動車株式会社は明治42年4月25日に設立、翌年の正月から営業を開始した

の東京朝日新聞、さらに栃木県の下野新聞などを見ると、東京の芝自動車製作所が讃岐自動車株式会社から注文を受けて、国産自動車を製作し、日比谷公園で試乗会を開くという記事が見つかった。

各紙それぞれ「内地製自動車の成功、価は舶来品の半額」とか、「本邦製の自動車」と報じている。

特に朝日新聞は国産であることを仕様などを列挙して詳細に報じているし、日本新聞は自動車の写真を掲載して、

「金山銀行頭取米山利之助氏は自動車製作の研究に熱心なる芳賀五郎氏の為に、芝白金三光町九七に自動車製作研究所を起こし、去る三十九年以来研究を重ね、讃岐自動車株式会社より乗合（十八人乗り）一台の注文を受けて、製作中なりしが、今回愈々竣工し、数日前試運転を為したるに、前回の製作より一層の進境を示し、頗る好成績を得たれば、来る十五日午前十時より午後十五時まで日比谷公園に於いて自動車に趣味を有する人々を招待して試乗を請ふべしと」

と報じている。

国産自動車と報じているが、実はこの自動車はわが国最初のトラック会社である帝国運輸自動車株式会社が経営難から放出した中古車を米山利之助が購入して乗合自動車に改造して販売したものである。

車種はフランス製のド・ディオン・ブートン・クレメントである。

大型乗合自動車で、しかも価格が安かったので、この改造車は好評で、香川県の讃岐自動車の他、新潟県の田中仁四郎、埼玉県の丸山善太郎、愛媛県の石丸繹などにも販売している。

新潟県の田中仁四郎は讃岐の金毘羅宮を参拝した折りに乗合自動車が走っているのを見て、小千谷～来迎寺間に乗合自動車を走らせようと思い立ち、社長宮崎千太郎に面会して経営や運転手の雇用、運賃などを詳細に尋ね、帰りに東京の芝自動車製作所に立ち寄って、3台を注文して帰ったということである。

下野新聞を見ると、讃岐自動車株式会社に納入するという車体には3の字が書かれている。

2台までは大阪でつくり、3台目からは東京の芝自動車製作所でつくったとも考えられる。

後にそのことが、会社解散の大きな原因になったようである。

3、会社の解散

讃岐自動車株式会社の経営は長くは続かなかった。明治43年5月22日の香川新報を見ると「自動車営業中止」という見出しで、

「琴平・多度津間を営業中の讃岐自動車は車輪の護謨輪が脱輪するを以て危険を慮り運転を中止せり」

と報じている。

讃岐自動車株式会社は、それから4カ月後の明治43年9月22日に株主総会を開いて解散した。

会社が設立されてから1年5カ月、営業を開始してから僅か9カ月での解散である。

香川新報には解散の理由を「都合により」としか報じていないので、解散した理由は判らない。

しかし、取締役3人の内2人が大阪と神戸の人間であることや、タイヤの脱輪など故障が多かったことが原因と思われる。

4、芝自動車製作所の功績

しかし讃岐自動車が解散した3カ月後に、隣県高松市堀江の石丸繹が芝自動車製作所から2台購入し、明治44年11月には埼玉県本庄の丸山善太郎も1台を購入している。

振り返ってみると、わが国最初のトラック会社が使用したトラックが乗合自動車に改造され、香川県の讃岐自動車をはじめ、新潟県の田中仁四郎に、田中仁四郎から山形県の鶴岡自動車会社に、さらに栃木県の西那須野を走り、愛媛県、埼玉県と、いずれも各県最初の乗合自動車となったのである。

このことは、わが国の乗合自動車史にとって特筆すべきことである。

明治四十三年三月十四日　東京朝日新聞

●内地《ないち》製《せい》自動車《じどうしゃ》の成功《せいこう》

▽價は舶來品の半額

日本橋區越前堀一丁目一番地米山利之助は芝區白金三光町に假工場を設け技師芳賀五郎を主任とし自動車の製作に付き研究せしめつゝありしが其結果一品も外國の材料を仰がず製作し得るに至りたる由發電着火器及感應器に於ける接觸關係、音響靜止器排器排出作用、機關と動力轉換器に於ける摩擦車、機關水套の氣筒に於ける高熱度放熱器の關係作用、後車輪に及ぼす動力の調整調桿等舶來品に優れる點尠からずタイヤー其他の構造の如きも粗惡なる我國道路にも適應せる樣工夫しありて運轉に要する費用は頗る低廉にして二十四馬力を有する十六人乘自動車にして一時間僅に一升の揮發油を要するのみ材料は全部內地品のみに仰ぎたれば舶來品の半額位にて製造し得べし同人は曩に試驗的に二人乘自動車を製作し四十一年秋畿內の陸軍大演習に傳令用として試用を乞ひ乃木大將も之に試乘し好評を博し今回讃岐自動車會社の依囑に依り十六人乘自動車の製作をなしたりと尚來る十五日午前十一時より午後五時まで日比谷公園にて試運轉を行ひ同好者の試乘を乞ふ筈

芝自動車製作所の創設者・米山利之助氏

讃岐自動車納入の自動車を製作した東京芝自動車製作所と所長米山利之助

日本

明治四十三年三月十一日

●本邦《ほんぽう》製《せい》の自動車《じどうしゃ》

金山銀行頭取米山利之助氏は自動車製作の研究に熱心なる芳賀五郎氏の爲めに芝白金三光町九七に自動車製作研究所を起し去る卅九年以來研究を重ねたる効空しからず一昨年自用二人乘の自動車一臺を仕上げたるが其後讃岐自動車會社より乘合車(十八人乘)一臺の注文を受けて製作中なりしに今回愈〻竣工し數日前試運轉を爲したるに前回の製作より一層の進境を示し頗る好成績を得たれば來る十五日午前十時より午後五時まで日比谷公園に於て自動車に趣味を有する人々を招待して試乘を請ふべしと

明治四十三年三月十五日

本日日比谷公園《ほんじつひゞやこうゑん》に試乘《しじょう》する本邦《ほんぽう》に於《お》て初《はじ》めて製作《せいさく》せし自動車《じどうしゃ》

日比谷公園で披露した讃岐自動車株式会社のバス。車種はド・ディオン・ブートン・クレメント（下野新聞より）

四国地方－愛媛県

愛媛県最初の
乗合自動車を検証する

1、取締規則と自動車税

愛媛県が自動車取締規則を制定公布したのは明治41年（1908年）8月1日であるが、当時自動車の営業許可を出願したという記録は見つからない。

おそらく明治37年頃から、すでに広島県、岡山県、山口県、さらに隣県の香川県などで自動車取締規則が公布されていたので、愛媛県でもやがて取締規則の制定が必要になることを予想して制定したものと思われる。

しかも愛媛県では取締規則を制定した年末の県議会に自動車税を提議して可決している。

課税額は9人乗りまで年税1台7円、10人乗り以上10円だった。

自動車税は明治37年に京都府、名古屋市、兵庫県、岐阜県、39年に大阪府、40年に東京府、41年に栃木県、次いで愛媛県と、愛媛県は全国的に見ても非常に早く、四国地方の他の3県はもとより、中国地方でも島根県を除いて明治時代に自動車税を制定した県はない。

しかも明治44年2月には、さらに9人乗りまで7円を10円に、10人乗り以上10円を15円に増税している。

馬車や自家用人力車、自転車も増税しているから、よほど県の財政が苦しかったか、あるいは贅沢（ぜいたく）品と思われたのだろう。

2、最初の乗合自動車

明治43年3月、北宇和郡の今西幹一郎、徳本良一、清水義彰らが松山～堀江間の乗合自動車を計画したが、購入する車種を蒸気自動車にするか、ガソリン自動車にするか、電気自動車にするか、タイヤはニュウマチックにするかソリッドにするか等、発起人たちの意見がなかなかまとまらなかったところ、同年12月に堀江村の石丸繹（おさむ）が自動車を購入して山越から堀江までの乗合自動車を運行させた。

これが愛媛県最初の乗合自動車となった。この自動車に、松山市の東堀端から堀江まで試乗した愛媛新報の記者は翌日の新聞で次のように報じている。

「伊予鉄道の1等車同様、内部の腰掛など海老茶色の天鵞絨（ビロード）を敷き詰め、乗り心地はガタ馬車など比較にならない。札の辻や師範学校の曲がり角なども何の苦もなくスーッと曲がる。

スピードは時速25マイル出るそうだが、珍しいので見物人が重包囲するため危険でスピードを出すことが出来ない。料金は山越～鴨川間5銭、鴨川～遍路橋まで4銭、遍路橋～堀江まで1銭、全線10銭の予定だという」

3、どんな自動車だったのか

この自動車については、松山市堀江公民館が発行した「ふるさとほりえ発見の旅」に「石丸氏は明治43

愛媛新報

明治四十二年一月廿一日

縣公報

令達

●愛媛縣令第三号

明治四十二年度營業税雜種税賦課規則縣會ノ決議ヲ經テ左ノ通之ヲ定ム

明治四十二年一月廿一日　愛媛縣知事　安藤謙介

一車

自働車（乘客定員十人以上　年税金拾圓
　　　（仝九人以下　年税金七圓

馬車二匹立以上　年税金七圓

仝一匹立　年税金五圓

荷積馬車　年税金參圓五拾錢

人力車　自用　年税金參圓五拾錢
　　　　渡世　年税金貳圓六拾錢

牛車　年税金四圓

荷積大七八車ノ荷臺尺面積十四坪以上ノモノ　年税金參圓貳拾錢

但輪幅荷車取締規則第三條ニ依レルモノハ金五拾錢ヲ減ズ

荷積中小車ノ荷臺尺面積十四坪未滿ノモノ　年税金壹圓八拾錢

但輪幅荷車取締規則第三條ニ依レルモノ及輪幅ニ制限ナキ小車ハ金五拾錢ヲ減ズ

猫車　年税金五拾錢

一自轉車　年税金貳圓

一日本形船（積石五十石以上ノモノ　壹石ニ付年税金參錢

一西洋形船

明治四十四年二月十六日

縣公報

令達

●愛媛縣令第九號

明治四十四年度營業税雜種税賦課規則縣會ノ決議ヲ經テ左ノ通リ之ヲ定ム

明治四十四年二月十六日　愛媛縣知事　伊澤多喜男

營業税雜種税賦課規則

一車

自働車　乘客定員十人以上　年税金拾五圓
　　　　同九人以下　年税金拾圓

馬車二匹立以上　年税金拾圓

仝一匹立　年税金六圓

荷積馬車　年税金四圓

人力車　自用　年税金四圓
　　　　渡世　年税金貳圓六拾錢

牛車　年税金四圓五拾錢

荷積大八七車ノ荷臺面積十四平方尺以上ノモノ　年税金貳圓七拾錢

荷積中車ノ荷臺面積七平方尺以上ノモノ　年税金壹圓八拾錢

荷積小車ノ荷臺面積七平方尺未滿ノモノ　年税金壹圓貳拾錢

猫車　年税金五拾錢

一自轉車　年税金貳圓五拾錢

一日本形船　積石五十石以上ノモノ

縣令

●愛媛縣令第七十三號

自働車取締規則左ノ通リ定ム

明治四十一年八月一日　愛媛縣知事　安藤謙介

自働車取締規則

第一章　總則

第一條　本則ハ鐵道又ハ軌道ニ依ラスシテ原動力機ヲ用フル自働車ニ適用ス

第二條　本則ニ依リ當廳ニ差出スヘキ願屆書ハ營業者ニ在リテハ營業所々轄警察官署、營業者ニ非サル者ニ在リテハ其ノ住所地所轄警察官署ヲ經由スヘシ

第三條　未成年者禁治産者ノ爲ス願屆書ニハ法定代理人ノ連署、準禁治産者、妻ノ爲ス願書ニハ保佐人又ハ夫ノ連署ヲ要ス但シ民法第十七條ノ場合ハ此ノ限ニ在ラス

第四條　自働車ノ速度ハ市部ニ在リテハ一時間八哩郡部ニ在リテハ一時間十哩ヲ超過スヘカラス但シ往來雜踏ノ場合ニ於テハ歩行者ト同一速度ヲ以テ徐行スヘシ

第二章　營業者ニ對スル規定

第五條　自働車ニ依リ運輸ノ業ヲ營マムトスル者ハ左ノ事項ヲ具シ當廳ニ願出許可ヲ受クヘシ第二號第四號乃至第十號及第十二號ノ事項ヲ變更セムトスルトキ亦同シ

一　出願者ノ族籍、住所、氏名、生年月日但シ法人ニ在リテハ其ノ名稱、事務所所在地、定款及代表者ノ住所、氏名

二　營業ノ種別

三　營業所ノ所在地

四　營業線路ノ圖面（道路幅員記入）

五　停車場ノ位置

六　營業時間

七　客車ニ在リテハ旅客ノ定員及賃錢額
　　貨車ニ在リテハ貨物ノ積載定量

八　車輛ノ重量、乘數、構造、圖面（寸法記入）

九　動力ノ種類

十　原動力機ノ名稱、構造、圖面（寸法記入）馬力及其ノ他ノ重要事項

一

愛媛県における（上）自動車税、（下）自動車取締規則

年２月、東京の羽賀五郎（註・正しくは芳賀五郎）から中古車の12人乗り乗用車一台を買い入れ、尾道から船で運び堀江に陸揚げした。（中文略）コースは堀江の元郵便局前を起点として終点は山越えの松屋旅館前で、一日六往復の運行であった。しばらくして更に東京からもう一台買い入れた」と述べ、堀江郵便局の前に乗合自動車が１台停まっている写真が掲載されている。

この自動車をよく見ると、ラジエター・グリルの上部に一つ目玉のヘッドライトが付いている。この自動車はまぎれもなく、明治41年２月20日、東京市麹町区有楽町３丁目３番地に、資本金50万円で設立された、わが国最初のトラック会社である帝国運輸自動車株式会社が使用したフランス製ド・ディオン・ブートン・クレメントである。

同社はトラック14台を使用して開業したが、経営不振で、３度も社長が交代し、資本金を35万円に減資したり、社名を帝国自動車株式会社と改称して、最後はトラックを乗合自動車に改造して各地に販売している。

明治42年４月25日、香川県仲多度郡琴平町に設立された「讃岐自動車株式会社」にも３台販売しているし、その他新潟県の田中仁四郎、埼玉県の本庄自動車株式会社、長野県の平穏運輸自動車株式、さらに栃木県の西那須野駅〜塩原温泉間のレンタル乗合自動車事業も行なっている。

この帝国自動車株式会社の技師だったのが前述の芳賀五郎である。

結局、会社は明治45年２月20日に解散するが、使用していた自動車10台ほどを、金山銀行の米山利之助が買い取り、芳賀五郎を雇って芝自動車製作所を設立し、改造した乗合自動車を販売したのである。

ところで、琴平町の讃岐自動車株式会社であるが、同社は１年半ほど営業して明治43年９月23日に解散している。

ここで元に戻るが、愛媛県の石丸繹が芳賀五郎から自動車を購入したのは愛媛新聞の報道によれば明治43年12月である。つまり讃岐自動車株式会社が解散した３カ月後ということになる。

とすれば時期的にみて、石丸氏は讃岐自動車が使用していた自動車を購入したのではないかと推察される。

しかし前記「ふるさとほりえ発見の旅」には東京から買って広島県の尾道から船で運んだと書いている。この点では疑問が残るところである。

4、馬車組合との確執

石丸氏らが運行した乗合自動車の出足は好調で、３月１日から24日までの成績では乗客が１日平均74人もあり、充分採算がとれた。

自動車側の好調は逆に馬車屋にとっては死活問題であった。馬車組合の幹部らは政友会の有力者に頼んで県に自動車営業の認可取り消しを依頼し、多額の賄賂を贈った事実が発覚して幹部５人が逮捕される疑獄事件となった。

さらに、自動車は山越から堀江間までの往復だったので、その先北条まで行く乗客は、堀江で馬車に乗り換えなければならなかったが、馬車屋たちは自動車に乗って来た乗客を馬車に乗せることを拒否した。これも問題を起こした。

さらに馬車組合では山越〜堀江間を自動車の半額の５銭に値下げして対抗した。

馬車屋たちの妨害だけでなく、大正２年（1912年）頃になると自動車の故障が多発して修理のため休業する日数が多くなり、しかも道路が悪くて重い車体ではタイヤの傷みが早く、経営不振に陥った。

対策として石丸氏は車体を小型にしたり、タイヤをソリッドにしたり、営業路線を伊予鉄道木屋駅から北条町まで延長したりして経営努力を重ねた。

5、解散した時期について

石丸氏らの経営がいつまで続いたかについては確実な資料はないが、愛媛県統計書を見ると、大正４年３月末には松山市に自動車が２台あるが５年３月末には松山市は０になり、代わって西宇和郡に３台が登場している。これは八幡浜町1412番地に設立された伊予自動車株式会社の所有車である。従って石丸氏の乗合事業は大正４年３月から５年３月までの間に終わったと考えられる。

温泉郡の石丸繹が芝自動車製作所から購入した車。堀江郵便局前にて

愛媛新報

明治四十三年十二月十七日

自働車《じどうしや》に乘《の》る

▽一足飛びの大都會人《だいとくわいじん》だ

▽一時間《じかん》二十五哩《まいる》の速力《そくりよく》

▲十四日午后三時、東堀端《ひがしほりはた》の八ッ股《また》に差《さ》し掛《か》ると黑山《くろやま》の樣《やう》な人集《ひとだか》り、ハテ何《なに》事《こと》だらうと足《あし》を停《と》めて見ると今度《こんど》山越《やまごえ》と堀江《ほりえ》との間《あひだ》に設《まう》けられた最新《さいしん》瓦斯《がす》式《しき》の自働車《じどうしや》で今日《けふ》本縣警察部《ほんけんけいさつぶ》の檢査《けんさ》を受《う》け今《いま》しも堀江《ほりえ》に歸《かへ》るべく發車《はつしや》の準備中《じゆんびちう》なのであつた、恥《はづ》かしながら斯《か》く申《まを》す吾《わが》輩《はい》は田舍《ゐなか》育《そだ》ちの悲《かな》しさ未《いま》だ曾《かつ》て自働車《じどうしや》といふものは活動寫眞位《くわつどうしやしんくらゐ》の外《ほか》見たことがないのでこれ幸《さいはひ》と一足飛びの大都會人《だいとくわいじん》となつて自働車上《じどうしやじやう》に風《かぜ》を切《き》つて見《み》るべいとトンでもなき野心《やしん》を起《おこ》し持主《もちぬし》たる石丸繹氏《し》に其旨《そのむね》を通《つう》じ早速《さつそく》其承諾《そのしようだく》を得《え》折柄《をりから》當日《たうじつ》の議事《ぎじ》を了《を》へて歸途《きと》にありし德本縣會議員《けんくわいぎゐん》と共《とも》に車中《しやちう》の人となる、

▲車《くるま》は中々《なかなか》立派《りつぱ》なもので村郎野孃《そんらうやぢやう》なんかの輸送機關《ゆそうきくわん》に充《あ》つるのには勿体《もつたい》ない位《くらゐ》である、伊豫鐵《いよてつ》の一等列車《とうれつしや》同樣《どうやう》內部《ないぶ》の腰掛《こしかけ》、腰當《こしあた》りのあたり總《すべ》て海老茶色《ゑびちやいろ》の天鵞絨《びろうど》で敷《し》き詰《つ》めてあつて善美《ぜんび》を盡《つく》して居《ゐ》るのみならず、乘《の》り心地《こゝち》も現在《げんざい》郡中地方《ちうちはう》や堀江街道《ほりえかいだう》を通《かよ》つて居《ゐ》る危險《きけん》極《きは》まる例《れい》のガタ馬車《ばしや》の比《ひ》ではない、全速力《ぜんそくりよく》で駛走《しそう》すると一時間《じかん》に廿五哩《まいる》は出《で》るさうだが何分《なにぶん》地方《ちはう》の樣《やう》な田舍《ゐなか》の細道《ほそみち》では思《おも》ふ樣《やう》に速力《そくりよく》を出《だ》せぬと運轉手《うんてんしゆ》が話《はな》して居《ゐ》た、其上《そのうへ》物珍《ものめづら》しいため前後《ぜんご》左右《さいう》へ小學校《せうがくかう》の生徒《せいと》を始《はじ》め中僧《ちうぞう》、大僧《おほぞう》ども附《つ》き纏《まと》はつて絶《た》へず重包圍《じうはうゐ》を喰《くら》はすので運轉《うんてん》を始《はじ》めたものゝ徐行《じよかう》の止《や》むなき次第《しだい》となつて眞《しん》の乘工合《のりぐあひ》を味《あぢは》ふことが出來《でき》なかつたのは遺憾《ゐかん》千万であつた然《しか》し曲折《きよくせつ》は自由自在《じいうじざい》なもので札《ふだ》の辻《つじ》や師範學校《しはんがくかう》の東角《ひがしかど》などは何《なん》の苦《く》もなく右折左曲《さきよく》してサッと進《すゝ》む、

▲石丸君《くん》の話《はな》しに依《よ》ると機關手《きくわんしゆ》の免状《めんじやう》が下《さが》り次第《しだい》十八日頃《ころ》から開業《かいげふ》する豫定《よてい》で準備《じゆんび》は既《すで》に整《とゝの》ふて居《ゐ》るとのことである賃金《ちんきん》は山越《やまごえ》、堀江《ほりえ》間《かん》を三つに區切《くぎ》りして山越鴨川間《やまごえかもがはかん》五錢《せん》、鴨川遍路橋間《かもがはへんろはしかん》四錢《せん》、遍路橋堀江間《へんろはしほりえかん》壹錢《せん》で山越《やまごえ》、鴨川《かもがは》、遍路橋《へんろはし》、堀江《ほりえ》の四ヶ所《しよ》に停留塲《ていりうぢやう》を設《まう》け切符《きつぷ》を發賣《はつばい》するさうである、何《なに》は兎《と》もあれ自働車《じどうしや》が開業《かいげふ》された曉《あかつき》には逸早《いちはや》く便乘《びんじやう》して文明《ぶんめい》の風《かぜ》に吹《ふ》かれて見《み》るも時《とき》に取つての一興《けう》であらう(一記者)

県警察部の検査を受けて、堀江に帰ろうとしていた上記の車に乗った愛媛新報記者の初乗り記事

高知県最初の乗合自動車を検証する

1、国産自動車第１号

「読売新聞」の明治35年（1902年）３月26日号に「石油発動機車（高知発）」として次のような記事が出ている。

「高知市今政某は石油発動機を応用して軌道（レール）なしに車輛を運転することを発見し、高知・伊野間に於ける交通営業の許可を得たり、該機車は馬車、電車等に比して大いに経費を節約し得るのみならず、製造費も低廉なる由」

明治35年３月といえば、まだわが国に自動車は指折り数えるほどしか輸入されていない。そんな時代に、国産の石油発動機車をつくって高知市と伊野間に乗合事業を行うというのである。

県当局の許可を得たというが、一体どんな自動車だったのだろうか。

もちろん国産車第１号で、しかも乗合自動車である。今政某とはどんな人物だろうか。

その後どうなったのか、さっそく高知県立図書館に読売新聞の記事を送って問い合わせてみた。

ところが、当館には当時の新聞は保存されていません。関連した資料を探しましたが、まったくありませんでした、との回答であった。

そこで伊野町に出掛けて、図書館や教育委員会を訪ねてみたが、読売新聞の記事を珍しそうに見つめるだけで、結果は高知図書館と同様であった。今から９年前の平成13年７月のことである。

半ば諦めかけていたところ３年ほど前、偶然、「大阪毎日新聞」に同様の記事を見つけた。こちらは読売新聞よりもう少し詳しい。

今政某を高知市中新町の今政猪熊とあり、彼は大阪で自動車を製造して専売特許を申請中で、大阪の資本家の中には資本を出して各地にこの自動車を普及させようと申し込む者もある、と報じている。

そこで特許庁に行って今政猪熊が特許を取ったかどうか調べてみた。

しかし彼が特許を取ったという資料はなかった。ただ、明治33年４月５日に大阪市西区京町堀通１丁目151番地の天川佐兵衛ほか２名が、レールの要らない石油機関車の特許を取っていることが分かった。

車体は電車に似ているが、特許の解説を読んでみるとまぎれもなく石油発動機車である。

高知の今政猪熊は大阪で自動車をつくったというから、この天川佐兵衛のところでつくったのではないかと推測されるが、問題は高知～伊野間を走ったのかである。

そこで、各地の新聞を漁ってみると、読売新聞より１年４カ月ほど後の「新愛知」明治36年７月４日号に、再び高知の自動車に関する記事を発見した。

この記事では、岐阜市の本多正直ほか数名が資本金３万円の岐阜自動車株式会社を設立して、岐阜と上有知間に自動車を運転するため、県の認可を取り付け、本多氏らは技師を連れて高知に出張し、同地で営業中の自動車の運転や機械の使用法を練習して来た、とい

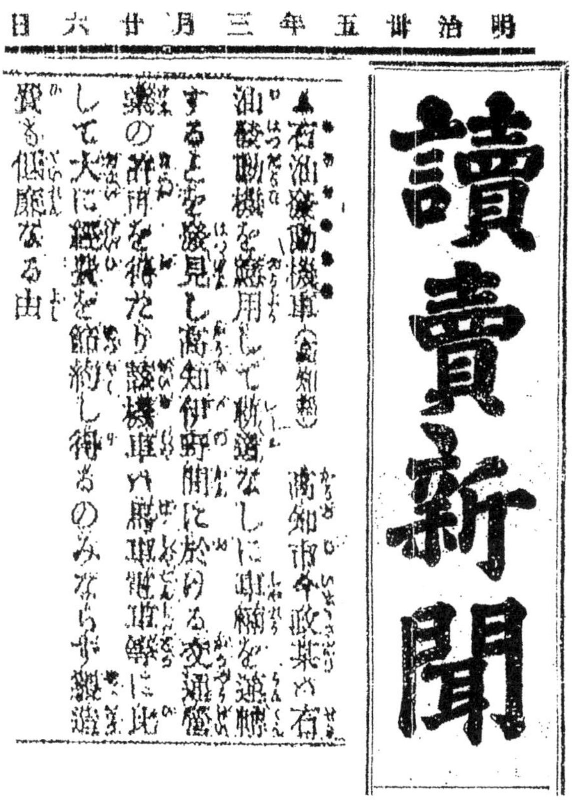
讀賣新聞

明治卅五年三月廿六日

▲石油發動機車（高知縣）　高知市今政猪熊氏は石油發動機を應用して軌道《レール》なしに車輌を運轉する事を發見し高知伊野間に於ける交通營業の許可を得たり該機車は馬車電車等に比して大に經費を節約し得るのみならず製造費も低廉なる由

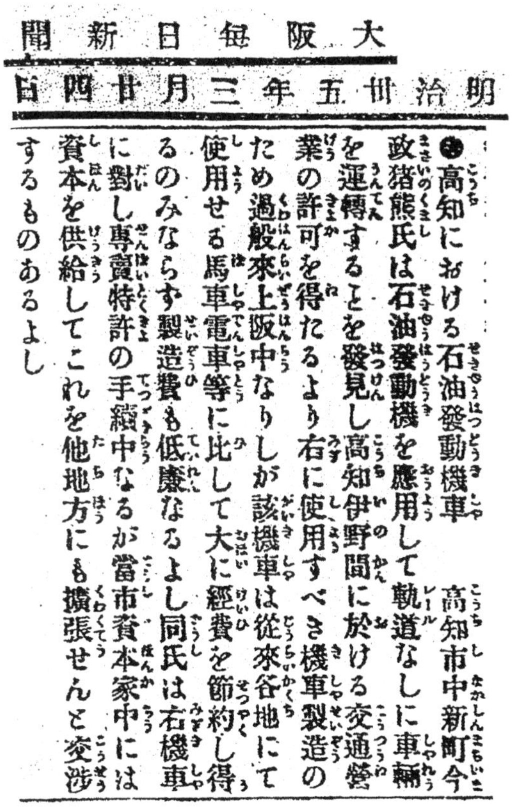
大阪毎日新聞

明治卅五年三月廿四日

◎高知《こうち》における石油發動機車《せきゆうはつどうきしや》　高知市《こうちし》中新町《なかしんまち》今《いま》政猪熊氏《まさいのくまし》は石油發動機《せきゆうはつどうき》を應用《おうよう》して軌道《レール》なしに車輌《しやれう》を運轉《うんてん》する事を發見《はつけん》し高知《こうち》伊野《いの》間《かん》に於《お》ける交通《こうつう》營業の許可《きよか》を得《ゑ》たるより右《みぎ》に使用《しよう》すべき機車《きしや》製造《せいぞう》のため過般《くわはん》來上阪中なりしが該機車《がいきしや》は從來各地《じうらいかくち》にて使用《しよう》せる馬車電車等《ばしやでんしやとう》に比《ひ》して大《おほい》に經費《けいひ》を節約《せつやく》し得《う》るのみならず製造費《せいぞうひ》も低廉《ていれん》なるよし同氏《どうし》は右機車に對《たい》し專賣特許《せんばいとくきよ》の手續《てつゞき》中なるが當市資本家《たうししほんか》中には資本《しほん》を供給《けうきう》してこれを他地方《たちはう》にも擴張《くわくちやう》せんと交渉《こうせう》するものあるよし

高知市の今政猪熊という人がレールの要らない石油発動車をつくって特許を出しているということを伝える読売新聞・大阪毎日新聞の記事

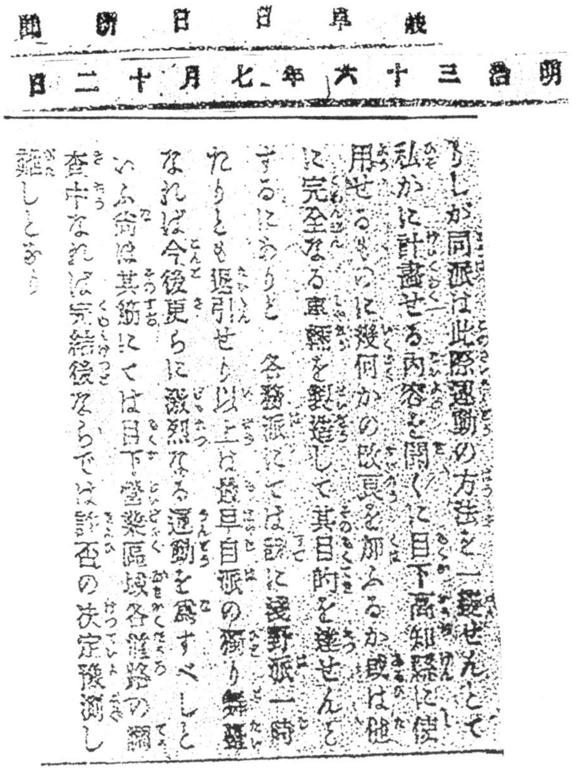
岐阜日日新聞

明治三十六年七月十二日

りしが同派は此際運動の方法を一變せんとて私かに計畫せる内容を聞くに目下高知縣に使用せるものに幾何かの改良を加ふるか或は他に完全なる車輛を製造して其目的を達せんとするにありと　各務派にては既に淺野派一時たりとも遲引せし以上は岐阜自派の獨り舞臺なれば今後更らに激烈なる運動を爲すべしといふ尚は其筋にては目下營業區域各道路の調查中なれば完結後ならでは許否の決定發表し難しとあり

高知で運行している自動車は改良の余地があるので、岐阜で改良するかどうか迷っている。その間に競争相手の各務派ではガソリン車を持って来て県の許可を出願しているという。それを伝える岐阜日日の記事

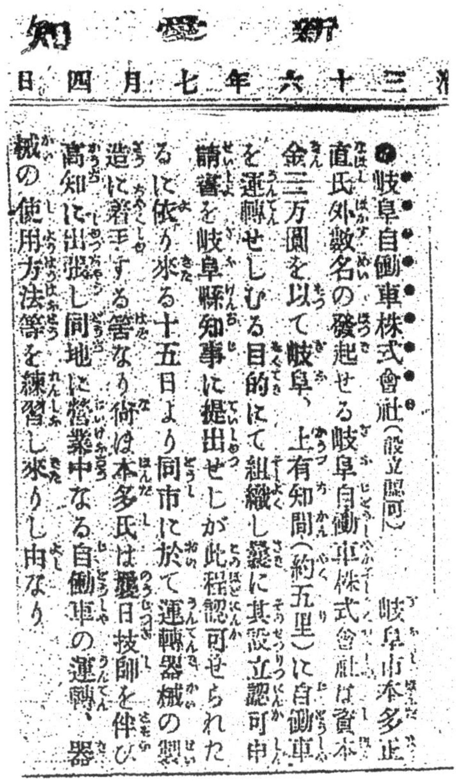
新愛知

治三十六年七月四日

◎岐阜自働車株式會社（設立認可）　岐阜市本多正直氏外《ほか》數名《すうめい》の發起《ほつき》せる岐阜自働車株式會社は資本金《きん》三万圓を以《もつ》て岐阜《ぎふ》、上有知間（約五里）に自働車を運轉《うんてん》せしむる目的《もくてき》にて組織《そしよく》し曩《さき》に其設立認可《そのせつりつにんか》申請書《せいしよ》を岐阜縣知事《けんおじ》に提出《ていしゆつ》せしが此程《このほど》認可せられたるに依《よ》り來《きた》る十五日より同市《どうし》に於《おい》て運轉器械《うんてんきかい》の製造《せいぞう》に着手《ちやくしゆ》する筈《はず》なり尚《な》は本多《ほんだ》氏は曩日技師を伴ひ高知《かうち》に出張《しゆつちやう》し同地《どうち》に營業《えいげう》中なる自働車の運轉《うんてん》、器械《きかい》の使用方法等《しようはうはふとう》を練習《れんしふ》し來《きた》りし由《よし》なり

岐阜市の本多正直らが岐阜～上有知間に乗合自動車営業の許可を出願したが、同氏らは高知に行って、営業中の自動車を見たり、運転を習ってきたという記事、新愛媛新聞

うのである。

さらに地元の「岐阜日日新聞」を見ると、県当局が慎重でなかなか認可しないので、本多氏らは自動車の製造に着手出来ず、対策として自動車を高知から取り寄せて県の検査を受けようと、再度高知県に問い合わせると、機械に不完全なところがあって、修繕のため現在営業を中止しているとの回答を受け、本多氏が困惑していると報じている。

結局、本多氏らの計画は実現しなかった。

しかし読売新聞、大阪毎日新聞、新愛知、岐阜日日新聞などの記事から推察して、高知の乗合自動車は1年半ほど運行したことは確かである。

とすれば、これはわが国で最初に運行した乗合自動車ということになる。

従来の「京都が最初」説を覆すことになるのである。

2、前田利行の乗合自動車

業界紙「モーター」の大正3年（1914年）10月号に、次のような読者からの投稿記事が出ている。

「高知県の自動車界も近時ようやく賑やかになって参りました。乗合自動車は毎朝高知を出発し徳島県池田町を経て香川県琴平町着です。

その他に出願中のものは、高知から西は昔一條公が流罪になった幡多の中村、東は捕鯨で有名な室津までの二件です（後文略）」

大正2年10月、高知県人で徳島市中町通北側20番地在住の医師、前田利行がT型フォード2台を購入すると、高知市本町筋2丁目を本拠にして徳島県池田町を経由し、香川県琴平までの乗合自動車を運行した。

料金は高知市から杉まで2円10銭、太田口まで2円55銭、琴平まで9円60銭だった。

四国山脈を越えて3県を結ぶ長距離乗合自動車である。

当時、わが国の乗合自動車での最長距離路線は岐阜県の濃飛自動車株式会社の岐阜～高山間138キロ、運賃11円で、この高知～琴平路線はそれに次ぐ115キロである。

高知から中国地方の岡山や広島に行くにはこの乗合自動車は時間的にみて極めて便利であったが、何しろ当時一人前の大工の日当が1円の時代だったから9円60銭は高額で、利用する乗客は少なく、前田氏は2年ほど営業して徳島市の田上隣平に経営権を譲渡してしまった。

3、四国自動車商会と野村自動車株式会社

譲り受けた田上氏は営業路線を交通量の多い高知～安芸間に変更して定期乗合と、室戸までの貸切も運行した。

料金は高知から赤岡まで70銭、安芸まで1円75銭、室戸まで3円75銭だった。

しかしここも成績は上がらず、1年ほどの経営で日章村の入交好顯（よしひで）に譲渡する。

入交は造船業者で、第一次世界大戦の好景気で儲けて金廻りが良かったので、新たに新車4台を購入して、「四国自動車商会」を設立し、高知～安芸間の他に、高知から中村までの路線も運行した。

さらに、佐川までの路線も運行した。佐川まで1円90銭、窪川まで4円、中村まで6円50銭だった。

四国自動車商会は大正13年4月30日に、組織を変更して資本金5万5000円の株式会社となり、香川県香川郡伊野町の矢野安吉が社長に就任するが、昭和2年1月20日、四国の交通王と言われた野村茂久馬が社長に就任して、「野村自動車株式会社（創立は大正8年8月15日、資本金1万円の野村組自動車部で、昭和3年1月25日、資本金69万円の野村自動車株式会社を設立）」のグループ会社となる。

野村自動車株式会社は昭和9年には「四国自動車株式会社」、「土佐バス株式会社」、「香陽自動車株式会社」、「城北自動車株式会社」を傘下に収めて高知県最大の自動車会社となった。

第四〇四三號 石油機關車

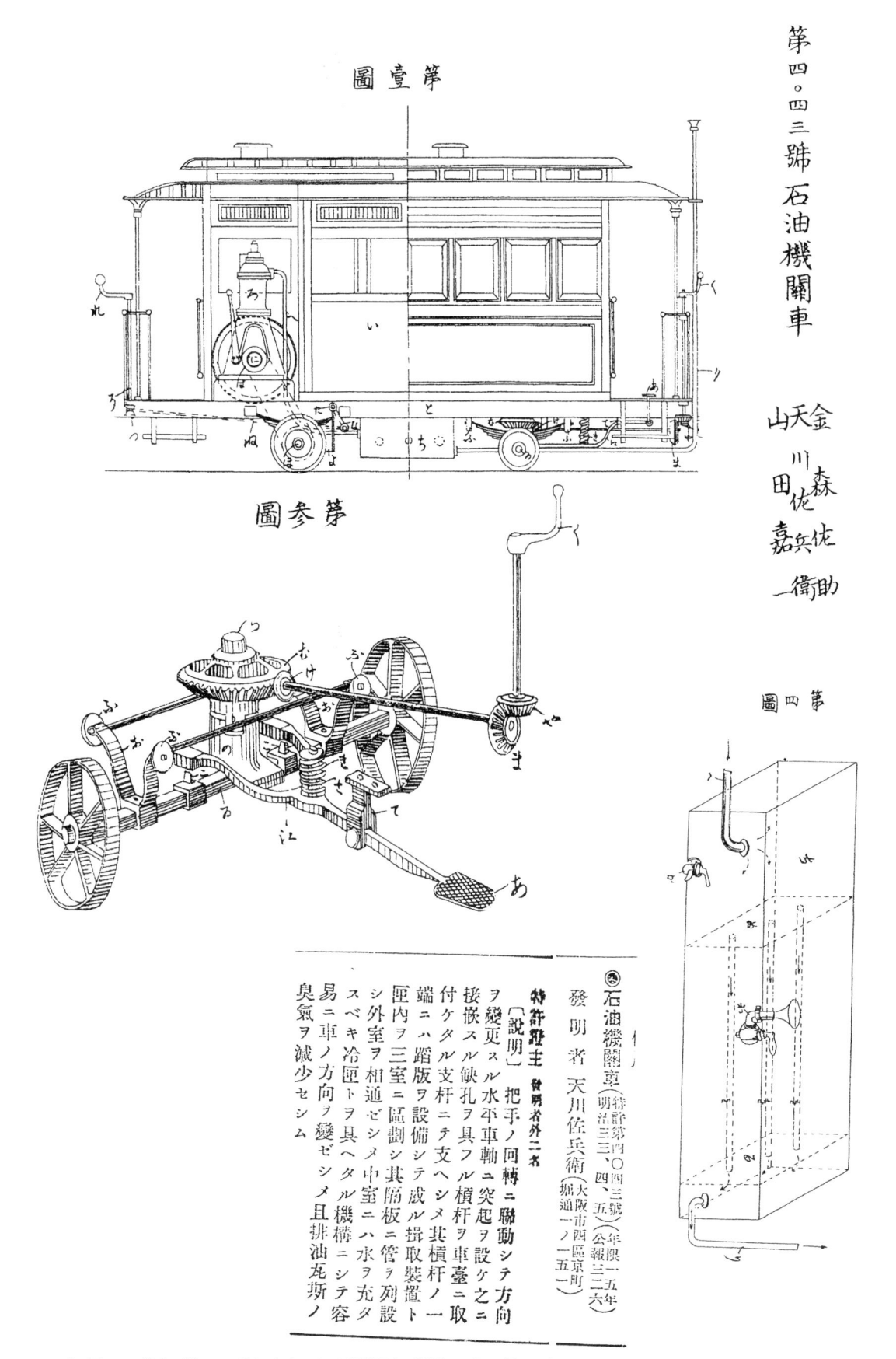

金森佐助
天川佐兵衛
山田嘉一

第壹圖

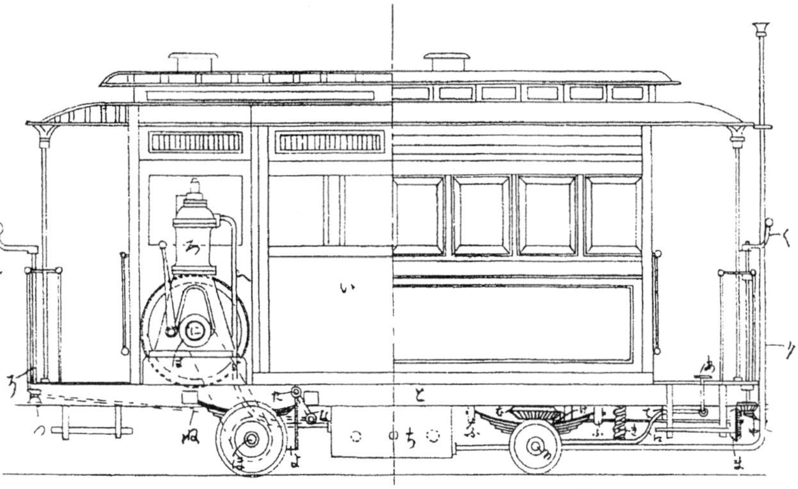

第参圖

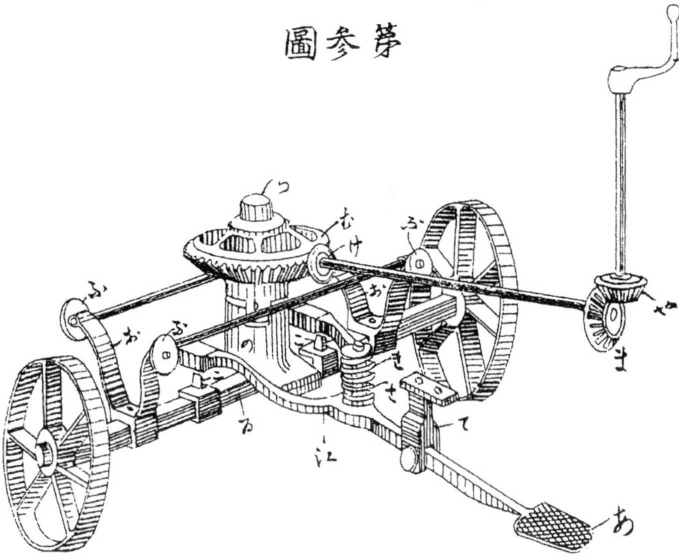

第四圖

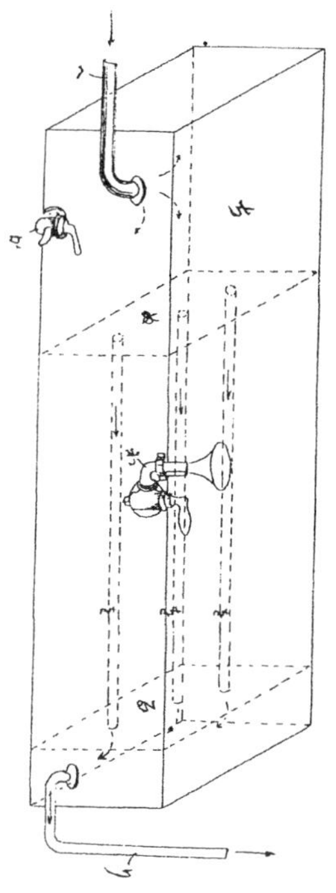

◎石油機關車（特許第四〇四三號 明治三三、四、五）（年限一五年 公報三三二六）
發明者 天川佐兵衛（大阪市西區京町堀通一ノ一五一）
特許權主 發明者外二名
〔說明〕把手ノ回轉ニ聯動シテ方向ヲ變更スル水平車軸ニ突起ヲ設ケ之ニ接嵌スル缺孔ヲ具フル槓杆ヲ車臺ニ取付ケタル支杆ニテ支ヘシメ其槓杆ノ一端ニハ踏版ヲ設備シテ成ル揖取裝置ト匣内ヲ三室ニ區劃シ其隔板ニ管ヲ列設シ外室ヲ相通ゼシメ中室ニハ水ヲ充タスベキ冷匣トヲ具ヘタル機構ニシテ容易ニ車ノ方向ヲ變ゼシメ且排油瓦斯ノ臭氣ヲ減少セシム

天川佐兵衛らが特許（第4043号）を取った石油機関車（明治33年4月5日）

香川県三豊郡財田村大字財田上56番地、三豊自動車株式会社。琴平～高知の中間点で池田町琴平間を中継した

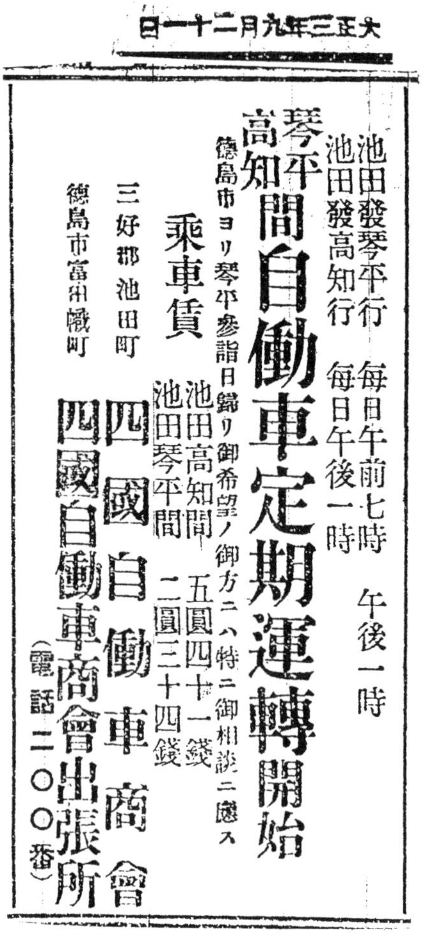

大正三年九月二十一日

池田發琴平行　毎日午前七時　午後一時
池田發高知行　毎日午後一時

琴平 高知 間自働車定期運轉開始

德島市ヨリ琴平參詣日歸リ御希望ノ御方ニハ特ニ御相談ニ應ス

乘車賃
池田高知間　五圓四十一錢
池田琴平間　二圓三十四錢

三好郡池田町　四國自働車商會

德島市富田[illegible]町　四國自働車商會出張所（電話二〇〇番）

大正3年9月21日の四国自動車株式会社の琴平～高知間の定期運転開始の広告と橋を走る乗合自動車

九州・沖縄地方

福岡県最初の乗合自動車を検証する

1、乗合自動車より自家用車が早かった福岡県

全国各都道府県最初の自動車を調査してみると、そのほとんどが乗合自動車である。

つまり日本の自動車事業は乗合自動車から始まったと言うことが出来るのである。

自家用車から始まったのは東京、横浜、神戸、沖縄、それと今回取り上げる福岡県くらいである。

外国人が多かった横浜、神戸、一流事業家の多かった東京は理解出来るが、沖縄、福岡は意外であった。

福岡県最初の自動車は大牟田の三井鉱山港倶楽部が、明治44年（1911年）に日本自動車合資会社から購入したフランス製ローリングで、接客用に使用している。

福岡県ではその後、大正元年に7台、3年3月末には15台に増加したが、すべて自家用車であった。

乗合自動車が運行されるのはそのあと大正3年8月からである。

お隣の佐賀県を見ると大正7年の自動車総数16台がすべて営業車で、自家用車は1台もない。福岡県とは極めて対照的である。

2、自家用車が多い理由

ところで帝国自動車協会が大正7年に各県の自動車事情を調査しているが、その「福岡県の部」を読むと、福岡県に自家用車が多かった理由が理解出来るので、ここに引用してみよう。

「わが国の大富源たる筑豊の野に自動車が多いのは当然で、総数70台を所有している。

自家用車34台、営業用（貸自動車）27台、乗合9台という内訳になる。

それを地域別にみると福岡市に19台、大牟田市に2台、門司市に3台、八幡市に2台、若松市に3台、久留米市に7台で、他は郡部にあるのだが、八幡製鉄所の4台が1社の所有としては筆頭で、福岡市の中島徳蔵氏の3台、伊藤伝ネム君の2台、三井鉱山、貝島栄一氏の2台ずつ、営業用は福岡市の梁瀬長太郎、中島甲子磨、堀勇助、久留米市の野口伝四郎氏等3台ずつ、他には2台、或いは1台ずつである。

一体この県はエントツ林立して黒煙天を曇らすほど工業、鉱山業の盛んなところだけに会社所有の自動車が多く、個人所有でも鉱山家が多い」

と述べている。

営業車のところに梁瀬長太郎氏が3台所有していると書いているが、これはおそらく博多支店の販売車で乗客を乗せる営業車ではないだろう。

三井物産機械部が輸入する自動車を専属販売していた梁瀬長太郎氏が独立して梁瀬自動車株式会社を設立したのは大正9年2月2日であるから、この調査時点では、個人名を使ったと思われる。

福岡県最初の自家用自動車、大牟田三井倶楽部のローリング（松本晉一氏提供）

3、自動車営業取締規制を制定する

しかし福岡県で最初に乗合自動車が計画されたのはかなり早く、明治39年（1906年）年4月で、営業許可申請が県に提出された。

提出したのは若松市の中込次郎、片山和助、小林富三郎らで、資本金35万円の「若松自動車株式会社」を設立して若松市内と小倉・北方間の乗合自動車と、戸畑から若松町海岸に連絡する汽船を兼営すると申告している。

中込氏らの出願を受けた県内務部では、さっそく取締規則の制定に取りかかり、明治40年5月27日、全文18条からなる「自動車営業取締規則」を作成公布した。

しかしこの取締規則は乗合自動車に関する知識に乏しいものが作成したと思われるほど、不備なものであったのである。

例えば、第2条では「営業路線は市街地にあっては幅員4間（約7・2メートル）以上、其の他は3間以上の幅員を有する道路に限る」としているが、幅員4間以上の道路は福岡市内にはほとんど無かった。

当時、県と市民が協力して4間に拡張しようと運動している真っ只中で、店舗の一部を無償で道路に提供することから、中には反対するものもあり、拡張計画が思うように進まなかった。

久留米市でも、せめて兵営前の道路だけでも4間か5間に拡張しようという運動が起こったが、これも工事費を住民の寄付で賄うというので実現は容易ではなかった。

他府県の自動車取締規則を見ても、愛知県が幅員2間以上、長野県が2間半以上、京都府が3間以上、富山県2間以上、鹿児島県が3間以上となっている。当時の都市の道幅はだいたい3間くらいだったのである。

また第3条の「車輪の長さ10尺（約3・3メートル）以内、幅員5尺以内なること」とあるが、全長10尺では10人乗り以上の乗合自動車は使用できないことになる。

さらに第7条の「車輪進行の速度は市街地に在りては1時間2里（約8キロ）、其の他に在りては1時間4里を超過すべからず」となっているが、人力車の平均時速が大体2里、客馬車が3里だったから、客馬車以下のスピード制限であった。

これではとても営業にならない。すでに出願している者は営業を見合わせ、これから営業する者からは苦情が出た。

そこで、県では規則を全面的に見直し、大正2年6月5日、新たに全文30条の自動車取締規則を制定したのである。

改正された主な点は、第2条の市街地の幅員4間以上を3間以上と改め、第3条の車輪の長さを10尺以内、幅5尺以内を長さ16尺以内、幅6尺以内と改め、第7条の市街地の時速2里以内を15マイル（約24キロ）以内（但し市街地及び夜間は10マイルを限度とする）、と大幅に改正している。

4、最初の乗合自動車

この改正に基づいて大正3年8月10日、福岡県糸島郡波多江村池田の三嶋藤七、同郡可也村小金丸の瀬知昇一、佐賀県東松浦郡浜崎村の堤常助、同郡唐津町の草場猪之吉らによって、資本金3万円の「西海自動車株式会社」が設立された。

これが福岡県最初の乗合自動車である。

本店は糸島郡前原町1224番地、営業路線は東松浦郡浜崎町と糸島郡前原町間で、自動車3台で運行された。

社長の三嶋藤七は現在の株式会社糸島新聞社二代目社長である。

同じ年の9月に福岡市東中洲町256番地の堀勇助と大熊浅次郎が共同で、博多・太宰府間を1日21回、3台で往復する営業を開始した。

これが福岡県で2番目の乗合自動車になった。

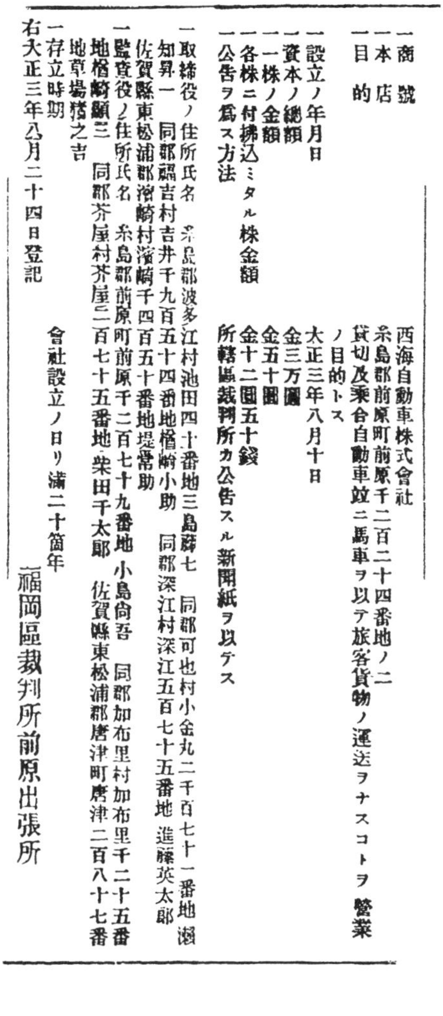

一商號　西海自動車株式會社
一本店　糸島郡前原町前原千二百二十四番地ノ二
一目的　貸切及乗合自動車竝ニ馬車ヲ以テ旅客貨物ノ運送ヲナスコトヲ營業ノ目的トス
一設立ノ年月日　大正三年八月十日
一資本ノ總額　金三万圓
一一株ノ金額　金五十圓
一各株ニ付拂込ミタル株金額　金十二圓五十錢
一公告ヲ爲ス方法　所轄區裁判所カ公告スル新聞紙ヲ以テス
一取締役ノ住所氏名　糸島郡波多江村池田四十番地三島藤七　同郡可也村小金丸二千百七十一番地瀬知昇一　同郡福吉村吉井千九百五十四番地楢崎小助　同郡深江村深江五百七十五番地進藤英太郎　佐賀縣東松浦郡濱崎村濱崎千四百五十番地堤常助
一監査役ノ住所氏名　糸島郡前原町前原千二百七十九番地小島尚吾　同郡加布里村加布里千二十五番地楢崎顯三　同郡芥屋村芥屋二百七十五番地柴田千太郎　佐賀縣東松浦郡唐津町唐津二百八十七番地草場猪之吉
一存立時期　會社設立ノ日り滿二十箇年
右大正三年八月二十四日登記
福岡區裁判所前原出張所

（上）福岡県最初の乗合自動車西海自動車株式会社のシボレー、（下左）その登記簿、（下右）糸島新聞の創業者で西海自動車株式会社社長の三嶋藤七（三嶋洋一氏提供）

佐賀県最初の
乗合自動車を検証する

1、県内自動車総数の推移

佐賀県内務部発行の「佐賀県勢要覧」諸車の部に自動車が登場するのは大正3年（1914年）からで、3台となっている。

しかし、内閣統計局編纂の「日本帝国統計年鑑」を見ると、こちらは大正3年3月末に1台、4年3月末に3台となっている。

内閣統計局の集計は3月末であり、佐賀県の調査は年末であるから、3年4月から年末まで2台増えたと考えられる。

もう一つ「帝国自動車保護協会」が大正7年に調査した資料を見ると、7年の現状報告の他に3年から7年までの自動車数の推移を次のように述べている。

「大正三年に営業用が三台あった。

四年に自家用が一台出来て、五年に至って自家用が廃されて営業用三台のみとなったが、六年に三台増加して、本年になって急激な増加を見て所有者九名台数十六台になった。十六台は全部営業用で自家用は一台もない」

と述べ、その16台の内訳について、

「佐賀市内に8台あって、これは肥築軌道会社の4台と、八木貞夫、西原菊三郎の各2台ずつ、そのほかに1台持って営業している者がいる」

と書いている。

いずれにしても大正3年の3台が佐賀県最初の乗合自動車ということになる。

これは、小城郡牛津町の佐賀自動車運輸合資会社の2台と藤津郡多良村の多良自動車株式会社の1台である。

4年に自家用車が1台出来たということであるが、これは佐賀瓦斯株式会社社長で多久鉱業株式会社取締役会長古賀製次郎の所有車である。

その後、6年に佐賀市柳町の八木貞夫のように、個人で1、2台を持って乗合や貸切を営業する者が各地にぼちぼち現れるようになり、さらに7年4月、肥築軌道会社が新馬場を起点に高尾原・蓮池公園間と犬尾・枝吉間に自動車を使用して、1区間10銭で乗合を運行したのである。

2、佐賀県自動車運輸合資会社

大正3年1月25日、佐賀県小城郡牛津町の中移大作、土橋甚八、佐賀市唐人町の吉村吉郎、同市材木町の横尾雄一、同市蓮池町の大間治作ら5人が、それぞれ2000円ずつ出資して総額1万円の「佐賀自動車運輸合資会社」を設立した。

本店は牛津町大字牛津818番地、自動車は東京市芝区虎ノ門の日本自動車合資会社からフィアットを2台購入し、杵島郡武雄温泉と藤津郡嬉野温泉間を2月3日から運行した。

これが佐賀県最初の乗合自動車である。

日本自動車合資会社が販売したフィアットであるが、同社は大正2年2月2日「福岡日日新聞」と同

大正四年六月十九日

佐賀

佐賀〒ポスト 投稿歡迎

▲毎日《まいにち》〳〵待兼《まちかね》て讀《よ》むのは貴紙《きし》の此《この》ポスト欄《らん》です。それが出《で》て居《ゐ》ない時《とき》はガッカリして三度《ど》の食事《しよくじ》も碌々《ろく〳〵》喉《のど》へ入《はい》りませぬ、オ(旅の谷瑞夫)▲佐賀縣《さがけん》共進會《りうしんくわい》の繪《ゑ》ビラがチラホラ、彼處此處《あしこゝ》で見受《みう》ける、プー〳〵の自働車隊《じどうしやたい》や又は紳士淑女《しんしゆくぢよ》が仰《ぎやう》山《さん》らしう出掛《でか》けて御座《ござ》る。前《まへ》を貧弱《ひんじやく》なガタ馬車《ばしや》が逃《にげ》つて居《ゐ》る惜《を》しい事《こと》には喘《あへ》ぐ痩馬《やせうま》が見《み》えない。マサか電車《でんしや》ぢやあるまい、一は文明《ぶんめい》を誇《ほこ》る自働車隊《じどうしやたい》、一は十九世紀《せいき》のスタリ物《もの》のガタ馬車《ばしや》、ナンと佐賀《さが》を代表《だいへう》した面白《おもしろ》い對照《たいせう》ぢやないか(見ル生)

◎自動車《じどうしや》運輸《うんゆ》開始《かいし》　武雄《たけを》温泉《をんせん》、嬉野温泉間《うれしのをんせんかん》は從來交通機關《じうらいかうつうきくわん》に缺如し不便を感《かん》じ居たりしが今回《こんくわい》牛津町《うしづまち》の中移大作及《および》大間治作、吉村吉郎、横尾雄一土橋甚六の諸氏《しよし》相謀《あひはかり》て佐賀《さが》自動車會社《じどうしやくわいしや》を組織《そしき》し來月三四日頃より武雄嬉野間《たけをうれしのかん》の自動車運輸《じどうしやうんゆ》を開始《かいし》する事となりたれば地方民及び浴客《よくかく》は多大《ただい》の便利《べんり》を得る事ならん自動車《じどうしや》は伊太利製《いたりーせい》にして八人《にん》乘《のり》なるが一昨日《さくじつ》當地《たうち》に到着《たうちやく》し昨日市内及び附近《ふきん》を試乘《しじやう》したるに好結果《かうけつくわ》なりし由《よし》武雄《たけを》發着《はつちやく》の時間は概《おほむ》ね汽車《きしや》の時間と連續《れんぞく》し賃金《ちんきん》は五十錢《せん》なりと

◎自働車運轉時間　武雄嬉野間《たけをうれしのかん》の自動車運轉時間《じどうしやうんてんじかん》は左の如く定《さだ》めたり尤《もつと》も開業《かいげふ》は茲一兩日《りやうじつ》の内なるべし

▲上り

	午前			午後	
嬉野發	六、〇〇	八、三〇	一〇、五〇	一、四〇	四、一〇
小田志	六、一五	八、四五	一一、〇五	一、五五	四、二五
武雄着	六、三〇	九、一〇	一一、三〇	二、一〇	四、四〇

▲下り

武雄發	七、三〇	九、五〇	一二、〇〇	二、四〇	六、〇〇
小田志	七、四五	一〇、一五	一二、一五	二、五五	六、一五
嬉野着	八、〇〇	一一、三〇	一二、四〇	三、一〇	六、四〇

佐賀〒ポスト 投稿歡迎

▲武雄嬉野間《たけをうれしのかん》の自働車《じどうしや》は良《よ》い交通機關《かうつうきくわん》であるが賃錢《ちんせん》が高《たか》いのと途中《とちう》で下車《げしや》しても嬉野迄《うれしのまで》の賃錢《ちんせん》を徴《てう》するので困《こま》るモ少《すこ》し安《やす》くして途中《とちう》内田《うちだ》、弓野《ゆみの》、一位原《ゐはら》、築城《つきしろ》の四ケ所位《しよくらゐ》に一分間停車《ぷんかんていしや》して區間乘車《くかんじやうしや》を行《や》つたら如何《いかん》、金滿家《きんまんか》許《ばか》りの爲《た》めに交通機關《かうつうきくわん》を專用《せんよう》されては困《こま》る(行脚生)▲藝者《げいしや》

武雄温泉～嬉野温泉間の乗合自動車開業新聞記事

合資會社設立登記公告

一商號佐賀自動車運輸合資會社〇本店小城郡牛津町大字牛津八百拾八番地〇目的自動車ヲ以テ旅客及貨物ノ運輸並ニ賃貸ヲ營ム〇設立年月日大正參年壹月貳拾五日〇代表社員中移大作〇社員住所氏名出資ノ種類價格及責任金貳千圓無限小城郡牛津町大字牛津八百拾八番地中移大作金貳千圓有限全郡全町大字全八百貳拾壹番地土橋甚六金貳千圓有限佐賀市大字唐人町五番地吉村吉郎金貳千圓有限全市大字材木町五拾九番地横尾雄一金貳千圓有限全市大字蓮池町拾八番地大間治作〇存立時期無期

〇右大正參年壹月參拾壹日登記

佐賀區裁判所

牛津出張所

佐賀自動車運輸合資会社設立登記簿。大正3年1月25日設立

年３月７日の「鹿児島新聞」に広告を出し、鹿児島自動車株式会社、国分自動車株式会社、佐世保自動車株式会社の３社にフィアットを販売したと宣伝している。

この広告の時点では佐賀自動車運輸合資会社は出ていないが、「佐賀新聞」はイタリア製８人乗りと報じているし、森田秀冶が編集した「日本自動車生立之記」には、

「大正元年に同社の小山工場でフィアットのシャシーにボディーを架装して鹿児島自動車に４台、国分自動車に２台、佐世保自動車に２台、そして佐賀自動車に２台納入した」

と記載されている。

佐賀自動車運輸の社長中移大作は、大正２年７月15日、長崎県佐世保市萬徳町の松浦森、同市京ノ坪町の村山喜作らと資本金５万円の嬉野新温泉株式会社を設立して、ホテル、娯楽場、その他関連する土地建物の開発会社を設立している。

彼が乗合自動車を始めたのはそうした嬉野新温泉事業の一環だったのである。

大正４年６月19日の佐賀新聞投書欄を見ると、この佐賀自動車運輸の乗合自動車について、読者から次のような要望が寄せられている。

「武雄・嬉野間の自動車は良い交通機関であるが、賃銭が高いのと途中で下車しても嬉野までの賃銭を徴収するので困る。

もう少し安くして、途中内田、弓野、一位原、築城の四ケ所くらいに一分停車して区間乗車を行ったら如何、金満家ばかりの為に交通機関を専用されては困る」

佐賀自動車運輸では武雄～嬉野の中間小田志間15分、小田志～嬉野間25分、全線40分の所要時間で、午前中３往復、午後２往復で運行、運賃は全線50銭だった。

大正４年３月23日の夕方、佐賀自動車運輸の運転手が、嬉野を運転中、58歳の男をひいて死亡事故を起こした。

九州地方での自動車による死亡事故としては大正３年８月３日に起こった長崎市岩川町の死亡事故に次ぐ２番目の死亡事故だった。

佐賀自動車運輸は大正６年５月15日、中移大作が清算人になって解散している。

3、多良自動車株式会社

佐賀自動車運輸の設立から半年ほどたった大正３年６月７日、藤津郡多良村の新宮清朗ら有志と七浦村の中村寛治、八本木村の多々良栄治らによって多良村1862番地に資本金１万円の「多良自動車株式会社」が設立され、多良～鹿児島間を１台で運行した。

しかし不運なことに、２カ月後の８月25日の暴風雨、高潮の被害によって七浦の県道が決壊して自動車の運行が出来なくなった。

復旧には２年もかかるというので、会社では営業区域を佐賀市に移して運行したが、大正６年５月10日の株主総会で解散した。

その後大正８年に東松浦郡唐津町に「株式会社唐津自動車商会」。

10年に藤津郡西嬉野村に「嬉野自動車株式会社」が設立されたほかは１、２台を持って乗合や貸切を営業する小規模事業者が多く、乗合自動車は振るわなかった。

佐賀縣報　第六十號

大正元年十二月十七日　火曜日

佐賀縣

○縣令

○佐賀縣令第二十四號

自働車ヲ以テ運輸ノ業ヲ營マムトスル者ハ左記各號ヲ具シ管廳ニ願出許可ヲ受クヘシ其ノ變更セムトスルトキ亦同シ

大正元年十二月十七日

佐賀縣知事　不破彦麿

一　原籍住所氏名年齢但シ法人ニ在リテハ其ノ名稱事務所所在地及代表者ノ氏名ヲ記シ定款寫ヲ添付スヘシ

二　營業所ノ所在地

三　營業線路ノ圖面（道路ノ幅員記入）

四　速度（市街地ト其ノ他トヲ區別）

佐賀縣令

五　停車場ノ位置

六　營業時間（發着時間及回數記入）

七　客車ニ在リテハ乘客ノ定員及賃錢額貨車ニ在リテハ貨物ノ積載定量及運賃額

八　車輛ノ構造圖面（寸法記入）

九　車輛ノ種類及輛數

十　動力ノ種類

十一　原動力機ノ名稱構造圖面（寸法記入）馬力其ノ他ノ重要事項

十二　車輛ノ製造場所及其ノ製造年月日古物ナラハ尚其ノ經歴

十三　制御機、制動機、音響器其ノ他附屬機械、器具ノ構造及圖面（寸法記入）

全国40番目という遅い制度である佐賀県の自動車取締規則

佐賀自動車運輸合資会社（佐賀県小城郡牛津町大字牛津818番地）が、日本自動車合資会社から購入したフィアット8人乗り（補助席利用）

九州地方－長崎県

長崎県最初の乗合自動車を検証する

1、長崎県最初の計画

長崎県最初の乗合自動車については「長崎市制五十年史」を見ると、

「明治36年長崎・茂木間に乗合自動車運転を出願した者あり、取締規制がないため試運転名義で許可され11月より運転を開始し、客馬車と競争したが収支償（つぐな）はずして間もなく姿を消した」

と述べている。

「長崎県警察史」もこの記事を取り上げているが、こちらは「裏付けが詳（つまび）らかではないが」、とのコメントを付記している。

明治36年（1903年）11月から運行したとすれば、京都の二井商会に次いで、わが国で2番目の乗合自動車となるので、私もいろいろと探したが、裏付けになる資料は見つからなかった。

また「鎮西日報」の明治36年11月14日号に「自動車交通出願」として、島原の天野信敏を始めとする村の有志たちが、11月12日に県当局に営業許可願を提出した、という記事が見つかった。

しかし、これもその後営業したという記事は見つからない。

おそらく翌年2月に日露戦争が起こったために、計画だけに終わってしまったものと思われる。

戦争が終結し、40年になると長崎県では乗合自動車の営業を出願するものが一挙に4件も現れる。

一つは大阪市西区新町の富永藤兵衛らによる市内と近郊町村間の乗合自動車営業。

次いで広島市中島本町11番戸の杉本岩吉らによる佐世保市内の営業。

三つ目は長崎市の沢山精八郎らによる長崎市内を中心に諫早方面、島原方面、小浜方面の営業。

四つ目は佐世保市浜田町44番地の時計商青木龍三郎が提出した市内大浦石橋から浦上の県立病院下間の乗合運行である。

2、佐世保の青木龍三郎ノックス自動車を購入する

これらの出願対して県では早速、自動車営業取締規制の作成にかかったが、まだ自動車を見たこともない県の役人にとって、取締規制の作成は容易な作業ではなかった。

そこで取りあえず運行に当たっての順守事項9項目を書いた簡単な命令書を作成して明治40年9月30日、出願者らに許可を与えた。

自動車取締規制を発布しないで命令書だけで営業を許可した例は、明治36年9月14日、岐阜県が出した命令書が1件あっただけで極めて異例な処置であった。

営業許可を受けた青木龍三郎は、東京自動車製作所から米国製ノックス18馬力2台を購入した。

ノックスは、マサチューセッツ州スプリングフィールドのハリー・A・ノックスが製造した自動車で、そ

明治四十年十月三日

東洋日の出新聞

●自働車營業許可

佐世保《させほ》市《し》濱田《はまだ》町《まち》四十四番地青木《あをき》龍三郎《りうざぶろう》より本市《ほんし》大浦郷石橋より浦上縣立病院下まで乘合《のりあひ》自働車《じどうしや》の營業を出願したるは既報《きはう》せしが去月《きよげつ》三十日附《つき》を以《もつ》て本縣知事《ほんけんちじ》は認可《にんか》を與《あた》へ同時《どうじ》に附《ふ》帶命令《たいめいれい》を爲《な》したるが今後《こんご》の自働車營業取締《じどうしやえいげふとりしまり》に關《くわん》しては總《すべ》て之《これ》を以《もつ》て標準《へうじゆん》となす由因《よしちなみ》に右願《みぎねがひ》出で當時《たうじ》記《き》せし如《ごと》く區域《くゐき》を六區《く》に分《わか》ち午前《ごぜん》七時よ り午後《ごご》八時まで二臺を以《もつ》て運轉し一時間五回《くわい》平均《へいきん》一日六十五回《くわい》の目論見《もくろみ》なりしが、命令《めいれい》の重《おも》なるもの左《さ》の如《ごと》し

東洋日の出新聞

乘客の定員は車輛毎に之を定め所轄警察官署に屆出づべし△車輛を運轉するときは車掌運轉手を附すべし其車掌運動手の住所氏名年齡は所轄警察官署に屆出づべし其變更ありたるとき亦同じ△車掌運轉手の就業制服を定め所轄警察官署へ屆出づべし△車輛の進行速度は一時間八哩以下とすべし△車掌運轉手就業は不適當と認むるときは所轄警察官署に於て解雇を命ずることあるべし△車掌、運轉手をして酩酊して就業せしめ若は乘客其他公衆に對し侮慢の行爲あらしむべからず△車掌運轉手をして公衆に對し乘車を勸誘せしめ若は進行中飮食喫煙雜話等を爲さしむべからず△往來雜踏の場所にては前驅すること△運轉手には左の事項を遵守せしむべし（一）制限の速度を經過して行車せざること（二）通路の交叉部街角橋梁坂路又は往來雜踏の場所に於ては音響器を鳴し徐行すること（三）乘客其他に對し危險の虞ありと認むるとき又は停車信號ありたるときは直に運轉を停止すること（四）消防機械又は郵便車若は軍隊學生隊伍及葬儀の通過に對しては避讓すること（五）行

車の前途約三十間以內へ牛馬諸車若は步行車あるときは音響器を鳴し警告すること（六）同一の方向に進行する車輛は各車三十間以上の距離を保つこと（七）二車以上聯結して停車せざること（八）停車したる場合に於ては車掌より行車信號あるに非れば運轉を始めざること（九）運轉中は運轉手臺を離るべからざること（十）停止中運轉手臺を離るゝときは危險豫防の手當を爲すこと（十一）乘客乘降の爲めにする外故なく路上に停車せざること但し乘降の際と雖通路の交叉部其他交通の妨害となるべき場所に於て停車せざること△本命令事項に違背し又は公安維持上必要と認むるときは無償にて認可を取消すことあるべし

明治四十年十一月三日

愈々自働車ガ十一月二日ヨリ開通致マス

一通路ハ大浦石橋ヨリ松ヶ枝橋ニ出、出島大波止長崎停車場共進會場ヲ通過シ浦上縣立病院下ニ至ル間

一昇降場石通路間ハ何處ニテモ乘客ノ御隨意タルベシ

一大浦石橋及浦上病院下ニテ御乘車ノ御方ハ自働車到着前乘客待合所ニ於テ切符ヲ御買求メ被下度但シ定員ニ滿ツレバ切符發賣ヲ中止ス

一自働車進行中御乘車希望ノ方ハ車ノ前方側ニ立チテ右手ヲ揚ゲルカ又ハ他ニ便宜ノ方法ヲ以テ運轉士ニ乘車ノ意ヲ示メサルレバ直ニ停車可致候但シ滿員札ヲ車ノ前方ヘ掛ケアル時ハ停車セズ其儘通過可致候間不悪御了知願上候

一進行中御乘車ノ御方ハ車中ニテ車掌ヨリ切符御買求メ被下度候

賃　金

一全通路ヲ五區ニ分チ一區間金四錢トス區別ハ左ノ通リ

大浦石橋ヨリ出島出師橋間（一區）

出島出師橋ヨリ大波止間（二區）

大波止ヨリ長崎停車場間（三區）

長崎停車場ヨリ井樋ノ口（共進會）間（四區）

井樋ノ口ヨリ浦上病院下間（五區）

右區間ヲ通算スレバ

大浦石橋ゟ大波止迄　金八錢

大浦石橋ゟ病院下迄　金貳拾錢

大波止ヨリ病院下迄　金拾貳錢

以下是ニ準ス

十歲以下半賃　五歲以下無賃

一營業時間ハ午前七時ヨリ午後八時迄ナルモ當分晝間丈運轉可仕候

一營業車ハ貳臺ニシテ各廿五分間每ニ發車ノ豫定ナルモ一臺ハ凡貳週間延着ニ付其間一臺ヲ以テ試運轉仕リ貳臺取揃エノ上詳細時間等ハ廣告可仕候

一當分營業上不行屆キ等可有之ニ付不悪御許容被下度日ヲ追テ改正可仕候

追テ本日ト明日ハ開業當日及天長節祝日ニ付自働車ニ滿裝飾ヲナシ試運轉可致候間招待券御所持ノ御方ハ可成當日中ニ御乘車被下度候

十一月二日

長崎市大黑町四十二番地

双信自働車商會

長崎県最初の自動車営業取締規則の代わりに命令書を出して許可した。
下は双信自動車商会の開業広告

れを東京自動車製作所が車体を改造したものである。

運転手は、東京自動車製作所から小林治平が派遣され、彼は地元の佐藤徳次に運転を教えた。

小林運転手を「日本自動車工業史稿」は小林政吉と書いているが、明治41年3月13日に小林運転手が井樋ノ口で人身事故を起こし、そのことを報じた地元の新聞が小林治平と書いているので私としては小林治平とする。

また、このノックス自動車2台については、兵庫県の有馬自動車株式会社が使用したノックスと関係があるので、前述の「兵庫県最初の乗合自動車を検証する」でも紹介している。

3、双信自動車商会、営業を開始する

青木氏は商号を「双信自動車商会」とし、本店を大黒町42番地に置き、大浦石橋から県立病院下までの路線を5区に分けた。

1区は大浦石橋・出師橋間。

2区が出師橋・大波止間。

3区が大波止・長崎駅間。

4区が長崎駅・井樋ノ口間。

5区が井樋ノ口・県立病院下間として、1区間4銭、全区間通しで20銭。

10歳以下の子供は大人の半額。

5歳以下は無料、営業時間は午前7時～午後8時までとし、明治40年11月2日から営業を開始した。

運行の途中でも乗客が合図すれば何処（どこ）でも停車して乗せ、満員の時は表示を車の前方に揚げた。

4、双信自動車商会の解散

長崎県では明治40年10月21日～12月9日まで、井樋ノ口で「第2回関西九州府県連合水産共進会」が開催された。

この共進会50日間の入場者数は61万4421人という盛況で、当然、自動車の乗客も多かった。

ダット自動車をつくった橋本増治郎が九州炭砿汽船株式会社に入って長崎の崎戸炭砿所に赴任した時に、この乗合自動車を見ている。

奥さんに、

「東京にはいまだ乗合自動車がないのに、長崎には乗合自動車が走っている」

と話したというが、それが、この双信自動車商会の乗合自動車である。

しかし、共進会が終了した後は乗客も減少し、翌年1月7日から1区間3銭に値下げしたが、次第に自動車も故障するようになった。

そこで青木氏は、米国製アダムスとホワイト、イタリア製フィアットの3台を新たに購入する一方、株式組織にして長崎自動車の製造を始めたり、2台のノックスを小型に改造して長崎市から海岸沿いに日覚村までの乗合を始めるが、それらの努力もすべて成果を挙げることは出来なかった。

青木氏は、ついに乗合自動車経営をあきらめ、福岡市下新川端町の岩崎亀次郎に事業を譲ってしまった。

譲り受けた岩崎氏は、佐世保市松浦町の川副綱隆氏らと大正2年2月23日、佐世保市白南風町3番地に資本金5万円の「佐世保自動車株式会社」を設立し、新たにフォードとスチードベーカー2台を増車して、佐世保を本拠地に乗合とハイヤー事業を開始したのである。

鎮西日報

明治三十六年十一月十四日

○島原雜信（拾二日支局發）▲自動車交通出願　過日來《くわじつらい》報道《はうだう》せし如く本郡北目《ほんぐんきため》に於《お》ける交通《かうつう》の便《べん》を圖《はか》らん爲《た》め島原諫早間《しまばらいさはやかん》に自動車《じどうしや》を通《つう》せしめんとて島原村《しまばらむら》有志者《いうししや》は夫々協議《それぞれけふぎ》中《ちう》の處《ところ》愈々設立《いよいよせつりつ》する事《こと》となり本日同村天野《ほんじつどうそんあまの》信敏外《のぶとしほか》數名《すめい》より其旨出願《そのむねしゆつぐわん》せりと云《い》ふ一時《いちじ》も早《はや》く開通《かいつう》の運《はこ》びに至《いた》らん事《こと》こそ望《のぞ》ましけれ

明治三十六年十月二十九日

◎島原雜信（廿七日支局發）▲北目の交通機關に就て　本郡島原町《ほんぐんしまばらまち》より以北《いほく》諫早に通《つう》ずる交通機關《かうつうきくわん》の不便《ふべん》なるは今更喋々《いまさらてうてう》する迄《まで》もなき事《こと》にして之《こ》れに電鐵《でんてつ》若《も》しくは馬鐵《ばてつ》を敷設《ふせつ》せんとの說《せつ》は一時《いちじ》有志間《いうしかん》に行《おこな》はれ屢々《しばしば》其會合を催《もよほ》したるも經費《けいひ》の點《てん》に於《おい》て協議《けふぎ》備らざる有樣《ありさま》なるが島原村有志者《しまばらむらいうししや》は大《おほい》に之《これ》を憂《うれ》ひ現今《げんこん》各地に於て用ひられつゝある自動車《じどうしや》を通《つう》せしめんとて過日來町產會社内《くわいしやない》に於《おい》て協議《けふぎ》會《くわい》を開き種々討論の結果《けつくわ》愈々實行《いよいよじつかう》する事《こと》に決定《けつてい》せりと云ふ

長崎県最初の乗合自動車計画

長崎新聞

明治四十年九月十二日

◎市内乘合自動車出願　佐世保《させほ》市濱田町《はまだまち》青木龍三郎氏《らうし》は當市大浦鄕《おほうらがう》大浦町石橋《おほうらまちいしばし》より松《まつ》ヶ枝橋《えはし》に出で出師橋末廣《しゆつしはしすゑひろ》町玉江橋《たまえばし》大波止長崎停車場《ながさきていしやぢやう》を通過《つうくわ》し井樋《ゐひ》の口町《くちまち》を經《へ》て縣立病院《けんりつびやうゐん》に至る道路《だうろ》に於《おい》て自動《じどう》車《しや》の營業《えいげふ》出願書を本縣《ほんけん》へ提出《ていしゆつ》せるが該自動《がいじどう》車《しや》は北米合衆國《ほくべいがつしうこく》マサチユセツスプリングビールド市《し》のノックス會社《くわいしや》の製造《せいざう》に係《かゝ》る十八馬力の冷機横臥式《れいきわうぐわしき》自動車《じどうしや》二臺にして運轉時《うんてんじ》期《き》は毎日午前《ごぜん》七時より午後《ごご》八時迄《まで》十二時間《かん》にして一時《じ》間《かん》二臺《だい》にて五回平均《へいきん》一日六十五回の往復《わうふく》をなさしむる計畫《けいくわく》なりと

東洋日の出新聞

明治四十年十一月三日

◎自働車《じどうしや》の試運轉《しうんてん》　豫《かね》て出願中《しゆつぐわんちう》なりし双信自動車商會《さうしんじどうしやしやうくわい》の自動車《じどうしや》一臺は愈よ今般着荷《こんぱんちやくに》せしを以《もつ》て同商會《どうしやうくわい》にては昨日大浦石橋《さくじつおほうらいしばし》より病院下《びやうゐんした》までの試運轉《しうんてん》を試《こゝろ》み其筋《そのすぢ》の檢査《けんさ》を受《う》けたるに無事結了《ぶじけつれう》し許可《きよか》の指令《しれい》ありたるにより本日《ほんじつ》は開業式《かいげふしき》を、明三日《か》は天長節《てんちやうせつ》を祝《しゆく》して滿車飾《まんしやしよく》を施《ほどこ》し招待劵《せうたいけん》を所持《しよぢ》せる人《ひと》に限《かぎ》りて乘車《じやうしや》せしめ明後《みやうご》四日《か》より營業開始《えいげふかいし》すべし詳細《しやうさい》は廣告《くわうこく》にあり

青木龍三郎が購入しようとしていた車は米国マサチューセッツ州スプリングフィールド市のノックス製18馬力車2台

(上）米国製ノックス。
(中）と（下）奈良県で営業していたノックスを東京自動車製作所で車体を新造して販売した車両である

福岡日日新聞

大正四年十月九日

フォード自動車は乗合用として最も利益ある車體なり

一、車體の輕量にして而もよく多數の客を乘せ得る事

二、機械の故障皆無なる事

三、價格の廉なる事は世界第一にて而も維持費は極めて小額なり

我内地に於ても乗合用として使用さるは既に七十餘箇所の多きに達し好評嘖々たり

米國フォード自動車會社東洋總代理店

セール、フレザー株式會社

自動車部

◎御一報次第斯業の經營に有利なる御相談可申候也

東京市麴町區八重洲町一丁目一番地

電話本局三一八八、同二三九三、同二四七四番

株式會社設立登記

一商號	佐世保自動車株式會社
一營業所	長崎縣佐世保市白南風町三番地
一目的	當會社ハ自動車ヲ以テ旅客及貨物ノ運送ヲナスノ業ヲ營ム
一設立ノ年月日	大正二年二月二十三日
一資本ノ總額	金五万圓
一一株ノ金額	金五十圓
一各株ニ付拂込ミタル株金額	金十二圓五十錢
一公告ヲ為ス方法	所轄裁判所カ登記事項ヲ公告スル一新聞紙ニ掲載ス
一取締役ノ氏名住所	福岡縣福岡市下新川端町三十七番地 岩崎熊次郎 同縣同市下對馬小路百十六番地 白石友吉 長崎縣佐世保市松浦町二十五番地 川副綱隆 同縣同市白南風町三番地 前田長吉 同縣同市相生町五十九番地 山口[illegible]
一監査役ノ氏名住所	福岡縣福岡市因幡町五十八番地 吉村彌三郎 同縣同市大濱町四丁目八十六番地 堀勇助 長崎縣佐世保市榮町十番地 大社源太郎
一存立ノ時期	設立ノ日ヨリ滿三十箇年

右大正二年三月十日登記

佐世保區裁判所

（上）佐世保自動車株式会社が増車で購入したスチュードベーカー、（下左）同フォードＴ型、（下右）佐世保自動車株式会社の登記簿

九州地方－熊本県

熊本県最初の
乗合自動車を検証する

1、2 枚の絵はがきから

新潟県長岡市の上篠正順さんから絵はがきを 8 枚頂いた。

彼は自動車の写っている各地の古い絵はがきを集めておられ、珍しいものを見つけると送ってくださる。

今度頂いた絵はがきの中に、熊本城を背景にして撮った乗合自動車と、日奈久温泉入り口で撮った乗合自動車の 2 枚がある。

車種は違うが、ラジエターグリルの格好から推察して、どちらも明治時代末期から大正時代初期の自動車と思われる。

ひょっとするとこれは、私が探し求めていた熊本県最初の自動車ではなかろうかと、直感した。

熊本県最初の自動車は、熊本商業会議所林千八が大正元年（1912 年）に設立した熊本自動車運輸組が使用したフランス製クレメント・バイヤールと、ドイツ製ロイドであることは分かっていたが、今まで自動車の写真は発見されなかった。

2、林千八の親族を捜す

3 年ほど前になるが、私は熊本に行き、林千八の親族を捜し歩いた。

林氏の親族が当時の自動車の写真を持っていないだろうかと期待したのである。

林千八の住所が、熊本市蔚山町 70 番地（現在の新町 1 丁目）であることを突き止めて捜し当てたが、そこは他人所有のマンションが建っていた。

隣家のお年寄りに聞いてみたが、どこに移転したか分からない、分かったらお知らせしましょうと言ってくださったが、それきり連絡はなかった。

3、東肥鉄道株式会社設立者林千八と
友常穀三郎

林千八は明治 43 年 5 月、神戸の貿易商で栃木県選出代議士友常穀三郎と「東肥鉄道株式会社（福岡県山門部と熊本県菊池郡を結ぶ軽便鉄道で、資本金 200 万円）」の設立を計画して、当局に許可の申請を提示した。

45 年 2 月に建設の許可が下りると、友常氏が設立委員長になって株式を募集すると同時に、鉄道敷設が完成するまでの間、山鹿～南関～矢部川間と南関～萬田～大牟田～三池間に、乗合自動車の兼営を申請したのである。

熊本県出身の友常穀三郎はその 3 カ月前の明治 44 年 12 月、長野県飯田に資本金 10 万円の南信自動車株式会社を設立して社長に就任していたので、鉄道の傍系事業として熊本にも乗合自動車を走らせようと計画したのである。

自動車営業の申請を受けた県の内務部では急きょ、自動車営業取締規制を制定した。

明治 36 年の鹿児島県、37 年の宮崎県、40 年の福

大正元年十月八日

開業廣告

熊本山鹿間直通自動車運輸業來ル八日ヨリ開始ス
其發着時刻及賃金左之通り

熊本洗馬橋發（午前七時 午後一時）　山鹿温泉場着（午前八時三十分 午後二時三十分）

山鹿温泉場發（午前十一時 午後四時）　熊本洗馬橋着（午前十二時三十分 午後五時三十分）

賃金　山鹿熊本間片道金七拾三錢

乗車切符發賣所（熊本 洗馬橋當組事務所 / 山鹿 温泉場前櫻井旅館）

右以外の停車場にては當分の間乗車切符發賣せさるも乗客定員に滿たさるとき車掌にて臨時發賣す

大正元年十月七日　熊本市明十橋通り

熊本自動車運輸組事務所

上は熊本城を背景にしたロイドと下は日奈久温泉入り口のクレメント・バイヤール。下右は大正元年10月8日の熊本自動車運輸組事務所の開業広告岡県と比べて熊本県はかなり遅い制定であった。

それまで自動車営業を申請する者がいなかったためである。

友常穀三郎は発起人たちに、自分が社長をしている南信自動車の営業状況を説明して、乗合自動車は将来的に有望な事業であると力説した。

しかし発起人の中には、自動車は破損しやすい乗り物で、自家用ならともかく、使用の激しい営業用としては適当ではないと、難色を示す者が多く、結局、乗合自動車の兼営は実現しなかった。

東肥鉄道株式会社は資本金を100万円に減額し、本社を熊本県玉名郡南関町に置き、友常穀三郎が社長に、林千八が専務取締役に選任され、大正元年8月24日に設立された。

鉄道との兼営は実現しなかったが、友常穀三郎と林千八は大正元年10月8日、「熊本自動車運輸組」を創設して、市内と山鹿間、市内と木山、川尻方面に乗合自動車を開業した。

使用車種は、南信自動車株式会社が使用しているものと同じクレメント・バイヤール8人乗りと、ロイド16人乗りの2台で、南信自動車株式会社の取締役鷲津光之助が熊本に出張して試運転や開業当日の運転を担当し、その後もしばらく熊本にとどまって運転手の養成に当たった。

4、南信自動車株式会社

長野県の南信自動車株式会社は明治44年12月10日、資本金10万円で設立され、明治45年1月8日から営業を開始していた。

明治時代に設立された乗合自動車はすべて失敗に終わったなかで、長野県の南信自動車株式会社だけは、例外的に成功し、現在の信南交通株式会社の前身となっている。

南信自動車が使用したクレメント・バイヤールはエル・スゾールが輸入し、内山駒之助が車体を乗合自動車用に改造したものである。

内山駒之助といえば、吉田真太郎の東京自動車製作所で国産吉田式自動車を製作し、第1号を有栖川宮殿下に納入したことで有名である。

東京自動車製作所はその後、大倉喜七の資金援助を受けて大日本自動車製造合資会社となったが、内山氏は1年後に吉田氏とともに退社し、彼はエ・レベダークと組んで、輸入車の販売と修理、車体改造部門を引き受けたのである。

明治45年4月4日の「九州日日新聞」を見ると、内山自動車商会がエ・レベダークの販売部として、ロイド乗合自動車の広告を出している。

熊本県の新聞に自動車の販売広告がで出たのは、これが最初である。

5、熊本自動車運輸組のその後

その後、熊本自動車運輸組では4人乗りの乗用車を1台増車してハイヤーも営業し、大正2年2月、組織を変更して資本金15万円の熊本自動車運輸株式会社を設立して日奈久・八代間にも運行する計画を立て、株式を募集するが、この計画は実現しなかった。

大正4年4月、東京輪界新聞社が発行した「全国自動車所有者名鑑」の熊本県の部には、熊本自動車運輸組に代わって東肥鉄道株式会社名で3台が記載されている。

ということは、熊本自動車運輸組が自動車事業を、東肥鉄道株式会社に譲渡したことになる。

また、同年8月に発売された「大正の熊本」第一節「交通の部」を見ると、付記として、

「大正元年十月、市内及び鹿本郡山鹿町に至る自動車運転の開始を見たが、今では中止の姿である」
と記載されている。

熊本県最初の乗合自動車事業は4年間の営業で終止符を打ったのである。

九州日日新聞

大正九年十月八日

●自動車《じどうしや》營業開始《かいし》

自動車《じどうしや》運輸組にては愈々本日より營業を開始《かいし》し先づ山鹿熊本間の直通運轉をなすことゝなりたるが開業前《かいげふぜん》より景氣甚《けいきはなは》だ宜《よろ》しく既《すで》に十二日一番《ばん》の上りと十四日の一番下《ばんくだ》りとは買切《かひきり》の約定濟となり居れる有樣《さま》なり而《しか》して熊本市内《くまもとしない》の運轉《うんてん》は過日到着せし十二人乘《にんのり》にては不適當なりと認《みと》め更に二十二人乘の自動車一臺を購入するに決定《けつてい》し居れる由市内の交通機關としてはなるべく多數《たすう》の人員《じんゐん》を收容し得るを要し腰掛《こしか》け能《あた》はざるものと雖も電車《でんしや》の如く中間《かん》に吊《つ》り革《かは》を設けて起立《きりつ》せしむる設備を要《えう》する次第にして現に信州自動車會社より注文《ちうもん》せし車体二輛横濱に到着し居る由にて特《とく》に其中《そのなか》の一輛を讓受くる豫定にて遲《おそ》くも來月頃には到着するに至《いた》るべし

車は信州自動車会社（南信自動車株式会社）から１台を購入するという

明治四十三年六月十六日

九州の人物（十三）

熊本商業會議所會頭 林千八君

熊本商業會議所《くまもとしやうげふくわいぎしよ》は睡《ねむ》つて居《ゐ》る、無用《むよう》の長物《ちやうぶつ》だ、廢止《はいし》して仕舞《じまひ》へとの議論《ぎろん》が囂《かびす》しかつた時代《じだい》もある、處《ところ》が林君《はやしくん》が會頭《くわいとう》になつてから俄然《がぜん》睡《ねむ》りから覺め、一般《ぱん》からも大《おほい》に重寶《てうはう》がられるやうになつて初《はじ》めて商業會議所《しやうげふくわいぎしよ》らしい商業會議所《しやうげふくわいぎしよ》が出來《でき》、それと共《とも》に林君《はやしくん》もメキ〳〵人物《じんぶつ》を上《あ》げて居《ゐ》る、君《きみ》は切れ及で頭腦明敏《づなうめいびん》で活動的《くわつどうてき》の人である、悠長《いうちやう》な不得要領な眞似《まね》は出來《で》そうに無《な》い、三十歳《さい》にして郡長《ぐんちやう》になり四十歳《さい》にして何《なん》とかで官界《くわんかい》の昇進《しようしん》も隨分《ずゐぶん》早熟《さうじゆく》の方《はう》であつたが農工銀行《のうこうぎんかう》創立《さうりつ》の當時《たうじ》郡長《ぐんちやう》を止《や》めて故《こ》藤村男爵《ふじむらだんしやく》の下《もと》に支配人《しはいにん》となり獨《ひと》りで切《き》つて廻《まは》し今《いま》は取締役《とりしまりやく》になつて居《ゐ》る、自分《じぶん》では立派《りつぱ》に實業家《じつげふか》になり濟《すま》した積《つも》りで居《ゐ》られるかも知れないが、其《そ》の辨論《べんろん》を好《この》んで氣焔大《きえんだい》に揚《あが》る邊りは銀行業《ぎんかうげふ》の採算家《さいさんか》としては惜《をし》い位《くらゐ》に思はれる處《ところ》もある、それも其筈《そのはず》で讀書癖《どくしよへき》があり素養《そやう》があり覇氣《はき》滿々《まん〳〵》と來《き》て居《ゐ》るから一寸《ちよつと》平凡《へいぼん》には化《ば》けられまい、君曰《きみいは》く予《よ》の財産《ざいさん》は藏書《ざうしよ》だとそして新刊《しんかん》の書籍《しよせき》を購《あがな》ふとを樂《たのし》みにして居《ゐ》る君《きみ》が話頭《わとう》に折々《をり〳〵》新らしい熟語《じゆくご》の閃《ひらめ》くを聽《き》くのは是《これ》が爲《た》めであらう その色《いろ》の白《しろ》い髯《ひげ》の無《な》い立派《りつぱ》な体格《たいかく》に角帶《かくおび》をキチンと締《し》めたり新柄《しんがら》なチヨキを着《つ》けたりして端然《たんぜん》として構《かま》へて居《ゐ》る工合《ぐあい》はどうしてもハイカラだ、垢拔《あかぬ》けがして居《ゐ》るその言語應對《げんごおうたい》も亦《ま》た之《これ》に副《そ》ふて垢拔《あかぬ》けしてるから好個《かうこ》の紳士《しんし》として會頭振《くわいとうぶ》りが大《たはい》に揚《あが》つて居《ゐ》る、酒《さけ》も能《よ》く飲《の》める、若《も》し夫《そ》れ君《きみ》が酒間《しゆかん》の隱《かく》し藝《げい》に至《いた》りてはあまり鮮《あざ》やかなるに過《す》ぎて評判《ひやうばん》ものとなり隱《かく》し藝《げい》が今《いま》では「隱《かく》されぬ藝《げい》」となつて仕舞《しま》つて居《ゐ》るから面白《おもしろ》い、年《とし》五十二、見《み》掛けは餘程《よほど》若《わか》い

林千八の人物紹介記事

九州地方－大分県

大分県最初の乗合自動車を検証する

1、4社の自動車会社が相次いで設立

大分県では大正2（1913年）年6月から翌年2月にかけて4社の自動車会社が相次いで設立された。

まず大正2年6月17日、直入郡竹田町の山田虎彦、野崎幸太郎ら有志が竹田町372番地に資本金3万円の「竹田自動車株式会社」を設立。

自動車2台で竹田町～大分市間に乗合自動車を運行した。

次いでその1カ月後、代議士三浦覚一が東国東郡竹田津村の村長禿木如是はじめ梶原萬六ら同村の有志と、7月23日竹田津町161番地に資本金1万2000円の「豊洲自動車株式会社」を設立する。

豊洲鉄道宇佐駅と竹田津間をフォード2台で1日2往復する乗合自動車を運行した。

三浦覚一は、さらに同年8年30日、大分市の弁護士で県会議員の三浦数平、北海部郡佐賀市村の狭間千年らと大分市2558番地に資本金5万円の「豊後自動車株式会社」を設立し、フォード5台で大分市内と鶴崎間にも乗合自動車を運行させた。

会社の設立では竹田自動車が他の2社よりも早かったが、自動車購入と営業開始は豊後自動車が早く、両社が大分県最初の乗合自動車となった。

豊洲、豊後両自動車会社の社長三浦覚一は大野郡赤嶺村に生まれ、農商務省水産講習所を卒業して北海道で遠洋漁業を研修して帰郷し、佐賀関の水産試験所（現大分県農林水産研究センター）の初代所長となるが、その後、官を辞して大分県遠洋漁業株式会社を設立して社長となる。

その後、明治41年、45年の衆議院議員選挙に立候補して当選し、大分港の修築、日豊、豊肥鉄道の実現に尽力した人である。

さらに、大正3年2月16日には速見郡別所町の宮脇国松、日出町の山村羊太郎、下毛郡中津町の中里丈太郎らも別府町225番地に、資本金5万円の「九州自動車株式会社」を設立し、別府市を中心に貸切自動車を開始した。

2、経営不振で豊後自動車が解散する

しかし、大分県での自動車営業は時期尚早であったといえる。

歩くことに慣れている地元の人はほとんど乗らず、また別府温泉の名も全国的には今日ほど知られていなかったので観光客も多くはなかった。

料金も人力車や客馬車と比較して高かった。

別府から観海寺まで人力車が25銭、客馬車が10銭なのに、自動車は1円50銭。

別府～亀川間は人力車が25銭、客馬車10銭、自動車は2円であった。

貸切自動車の場合は1日（10時間）30円、半日（5時間）17円、1時間4円であった。

自動車は人力車と違って3、4人が一緒に乗れたが、それでも料金的には割高だった。

九州日日新聞

大正四年四月十二日

フォード自動車は乗合用として最も利益ある車體なり

一、車體の輕量にして而もよく多數の客を乘せ得る事

二、機械の故障皆無なる事

三、價格の廉なる事は世界第一にて而も維持費は極めて小額なり

我内地に於ても乘合用として使用され居るは既に七十餘箇所の多きに達し好評嘖々たり

[illegible]に有利なる御相談可申候也

米國フォード自動車會社東洋總代理店

セール、フレザー株式會社

自動車部

東京市麹町區八重洲町一丁目一番地

電話本局三一八八、[illegible]

上の写真は豊後自動車株式会社のフォードＴ型。鶴崎警察署前で（「目で見る大分百年」より）。下右は、九州日々新聞にセール・フレザー株式会社が出したフォード車の広告。下左は、豊洲自動車両社の社長を務めた三浦覚一

しかし道が狭く、人力車や客馬車、荷馬車がのろのろ道をふさいで通るので自動車のモットーとするスピード輸送ができないなど採算が取れなかった。

特に、5台の車両を購入した豊後自動車株式会社は経営不振で、大正3年2月19日、社長の三浦覚一、取締役の阿部征矢太郎らが責任をとって辞任し、翌大正4年8月28日の株主総会で三浦数平を清算人に選んで解散した。

わずか2年間の営業であった。

その後、県内の自動車台数を見ると、大正5年に5台、6年に7台、7年に9台とまったく低迷している。

帝国自動車保護協会発行の業界紙「自動車」大正7年9月号は大分県の部でこの点を次のように批評している。

「明治文明の大恩人福澤諭吉を産し、鉄道大臣元田肇、逓信大臣箕浦勝人の二君を出し、しかもわが国屈指の絶景耶馬渓をもつ大分県であるが、自動車では福岡県と比較して極めて微々たるものである。

総数たった9台、大分市に九州水力電気会社とデマリー氏1台ずつと、速見郡の鉱山家成清信愛氏の2台が自家用で、営業用が郡部に5台あるのみである。

大正2年に貸自動車営業が開始された。

それから5年たって貸自動車5台とはとても成績良好とは言えない。それでも県当局は、現在不振であるが、暫次増加の傾向がある、と言っている」

県当局者が増加の傾向にあると述べたように、その後大正8年に20台となり9年に42台、10年には95台と飛躍的に増加した。

3、わが国初のガイド嬢つき観光自動車

この飛躍的な増加は、別府亀の井ホテルの社長油屋熊八の努力に負うところが大きかった。

彼は初代別府市長の神沢又市郎らと大正8年2月7日、別府町700番地に資本金5万円の「大正自動車株式会社」を設立し、別府の地獄めぐりや耶馬渓の観光自動車に女性ガイドを採用した。

これはわが国最初の女性ガイド付き観光自動車であった。

東京市街自動車株式会社が路線バスに女性の「車掌」を採用したのが大正9年1月からであり、同社は11年6月に東京乗合自動車株式会社と改称して遊覧部を設け、観光バスに案内人（ガイド）を添乗させたが、当時はまだ案内人は男性であった。

油屋熊八はまた「山は富士、海は瀬戸内、湯は別府」の標語をつくり、財界人、文化人たちを積極的に招待する一方、宿泊客には料金を度外視したサービスを提供して観光客の誘致に献身的に尽くした。

地元の別府では彼を「別府観光開発の父」とたたえている。

観光客が増加するに従って自動車会社も次々に設立された。

大正9年には下毛郡中津に「中津自動車株式会社」が設立。

10年には東国東郡鶴川に「東国自動車株式会社」、北海部郡神埼に「幸佐自動車運輸株式会社」が設立される。

11年には北海部郡臼杵町に「豊陽自動車株式会社」が設立されて、ようやく大分県に自動車時代が到来するのである。

深耶馬溪「鹿鳴館」とわが国最初の女性ガイドを採用した大正自動車株式会社のハイヤー

別府亀の井ホテルの社長だった油屋熊八は大正自動車株式会社を設立した。写真は油屋熊八と女性ガイド。左は藤田嗣治画伯が描いた油屋熊八の似顔絵（亀の井ホテル所蔵）

九州地方－宮崎県

宮崎県最初の乗合自動車を検証する

1、国分自動車との競合

宮崎県最初の自動車は、明治43年（1910年）に竹崎健助がフランス製クレメントの中古車を購入して宮崎～美々津間を運行したのが最初だという説がある。

この説は多少疑問もある一面、またあながち否定できない面もあるので、確実な裏づけ資料が発見されるまでは結論を保留したい。

そこで私は、大正2年（1913年）5月5日、早川福一、持永真一、安楽伊太郎、小林熊太郎、浜田義平らが北諸県郡都城町大字下長飯4026番地に資本金1万円で設立した「高千穂自動車株式会社」が最初として本稿を述べることにする。

当初高千穂自動車の計画では鹿児島県の国分と宮崎県の都城間に乗合を運行させる予定で、両県の内務部に許可願いを申請した。

ところが、鹿児島県姶良郡国分村の有志らも、ほとんど同時に資本金6万5000円の「国分自動車株式会社」を設立して、同じ路線に営業申請を提出したのである。

国分自動車株式会社は、鹿児島県伊佐郡火口村にも支店を置き、フランス製クレメント・バイヤール1台とイタリア製フィアット2台を購入し、東京から森屋縫之助を運転手に招いて1月14日、国分・郡城間の試運転を行なった。

森屋運転手はかつてフランス人エル・スゾールと一緒にクレメント・バイヤールの宣伝に関西・九州地方をまわって、山高帽をかぶってデモンストレーションした男であった。

後に東京でハイヤーを営み、また自動車レースを開催するなど、東京自動車業組合の有力な組合員になった。

2、高千穂自動車株式会社キャデラックを購入する

国分自動車側が自動車を購入して国分～都城間に試運転したことに刺激された高千穂自動車では自動車の購入を急ぎ、アンドリュース・ジョージ合名会社大阪支店から8500円の高級車キャデラック50馬力を購入した。

キャデラックをあっ旋したのは三重県南牟婁部南輪村賀田の尾崎鉄之助で、彼も取締役として高千穂自動車の経営に参加した。

尾崎氏は明治42年に大阪自動車株式会社が解散した際、使用していた中古のホワイト蒸気自動車6台を購入して三重県宇治山田駅～伊勢神宮間を営業して成功した。

その後大正末までに設立に関与した自動車会社は7、8社にのぼり、後年日本乗合自動車協会の理事、財団法人三重県交通安全協会連合会会長を務め、昭和38年には藍綬褒章の栄誉に浴した人である。

理事、評議員
森屋縫之助氏

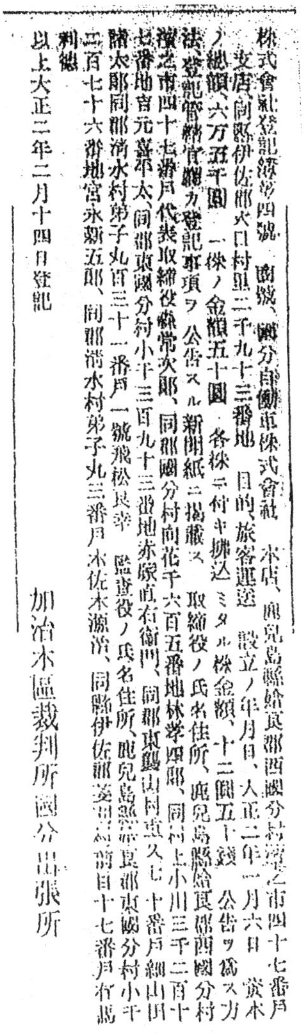

株式會社登記簿第四號 商號 國分自働車株式會社 本店 鹿兒島縣姶良郡西國分村濱之市四十七番戸 支店 同縣伊佐郡大口村里二千九十三番地 目的 旅客運送 設立ノ年月日 大正二年一月六日 資本ノ總額 六万五千圓 一株ノ金額五十圓 各株ニ付キ拂込ミタル株金額 十二圓五十錢 公告ヲ爲ス方法 登記所管轄官廳カ登記事項ヲ公告スル新聞紙ニ掲載ス 取締役ノ氏名住所 鹿兒島縣姶良郡西國分村濱之市四十七番戸代表取締役森常次郎 同郡國分村向花千六百五番地林栄四郎 同村上小川三千二百十七番地宮元喜平太 同郡東國分村小王三百九十三番地赤塚直右衛門 同郡東襲山村重久七十番戸細山田諸太郎 同郡清水村弟子丸百三十一番戸一號飛松民幸 監査役ノ氏名住所 鹿兒島縣姶良郡東國分村小王二百七十六番地宮永類五郎 同郡清水村弟子丸三番戸木佐木源治 同縣伊佐郡菱刈村前目十七番戸有馬利徳

以上大正二年二月十四日登記

加治木區裁判所國分出張所

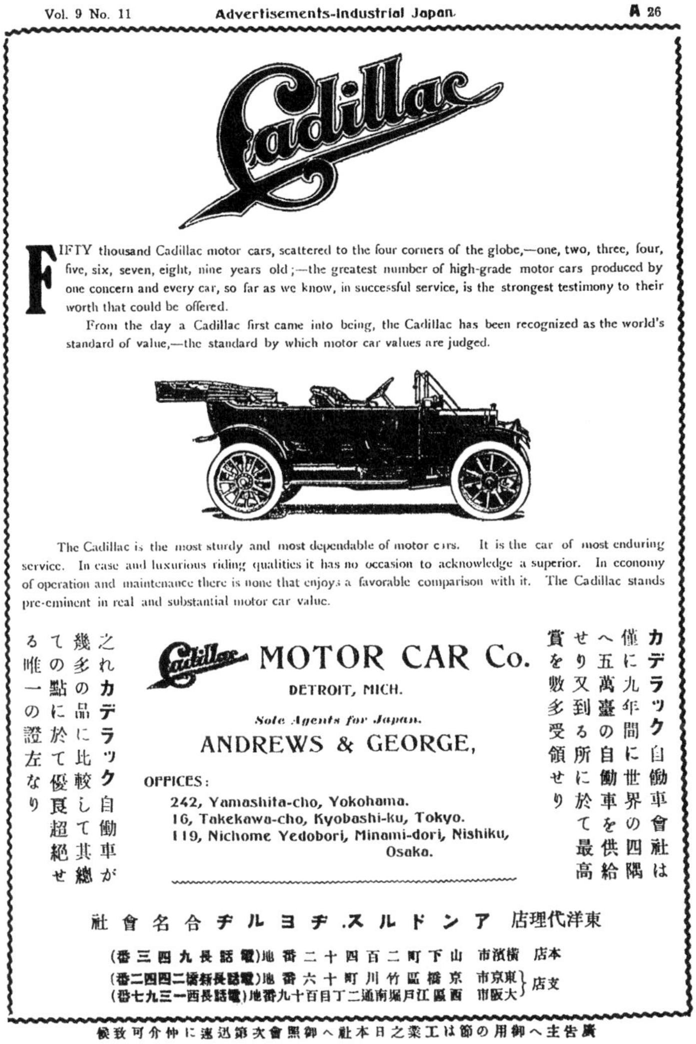

（上）国分自動車株式会社の運転手に招かれた森屋縫之助。東京ではハイヤーを営んだ、（下右）同社登記簿、（下左）大正２年「工業之大日本誌」の広告。高千穂自動車株式会社が購入したキャデラック

3、試運転に3県を走破して営業を開始する

キャデラックが到着すると、さっそく尾崎氏らはデモンストレーションを兼ねて試運転を行なった。

まず霧島峠を登って霧島神社に詣で、下って国分町内を通過、さらに天草灘を左に見て川内、米ノ津と走り、次いで三太郎峠の峻嶮（しゅんけん）を走破して熊本県の八代に向かったが、無名川に架かる橋が墜落しているので引き返して白石に1泊し、翌朝日本三大急流として名高い球磨川の激流を眺めながら人吉に着き、さらに吉松を経て都城に帰還した。

平均時速56キロ、走行距離450キロという、試運転としては前代未聞の長距離運転だった。

この試運転の成果を踏まえて高千穂自動車では営業路線を都城・宮崎間に変更して、大正2年5月29日から営業を開始した。

運行は都城発午前7時30分、宮崎着午前10時30分の所要時間3時間で、帰りは宮崎発午前11時30分、都城着午後2時30分の1日1往復。

料金は都城～宮崎間2円20銭、都城～山ノ口間50銭、山ノ口～田野間1円、田野～宮崎間70銭、3歳未満の子供は無料、3歳以上10歳までは大人の半額。

手荷物は2貫目まで無料、2貫目以上は1貫目ごとに1哩（マイル）1銭で、自転車は遠近にかかわらず80銭だった。

4、1年の営業で解散する

しかし、いかに高級車キャデラックでも、片道3時間の距離を1台で毎日往復するのは無謀だった。道が悪いためタイヤの破損が激しく故障しても予備車がないのである。

優秀な運転手も整備士もいない。

故障するたびに大阪の販売店に電話して技師に来てもらうようでは経営が成り立つはずがなかった。

2カ月後に尾崎鉄之助が取締役を辞任し、新たに黒岩金作と持永善市が就任、監査役に江夏岩吉が就任することとなった。

しかし結局1年間の営業で大正3年5月14日、早川福一、持永真一、安楽伊太郎が清算人になって解散した。

九州地方では明治末から大正3年にかけて一時自動車熱が勃興（ぼっこう）して各地に乗合自動車が運行された。

しかし、自動車や部品を東京や横浜、神戸の販売店から取り寄せ、同時に高給な運転手を雇い入れるので、乗合馬車と比較して料金が割高になり、また人々も習慣的に生活のスピード化に疎かったから、利用する者も少なく収支償わず、すべて失敗に終わっている。

そうした普及にとっての隘路（あいろ）が徐々に解消されるのは大正も半ばになってからフォードのように安くて堅牢な自動車が輸入される一方、梁瀬自動車や日本自動車のような販売会社の支店や代理販売店が地元にでき、東京や大阪の自動車学校を卒業して運転免許をとって帰郷する若者が増加する。

人々も次第に自動車の便益を認識し始める。

宮崎県では大正7年、児湯郡高鍋町に「日向自動車株式会社」が設立。

宮崎郡宮崎町に「宮崎乗合自動車合資株式会社」が、設立される。

同9年に同町に「宮崎自動車株式会社」が設立されて乗合自動車普及の時代を迎えることになる。

営業開始

宮崎都城間

都城發午前七時三十分、宮崎着仝十時三十分、宮崎發午前十一時三十分、都城着午后二時三十分

乘車賃貳圓貳拾錢

右の時間を以て五月二十九日より愈々營業開始致候此段謹告仕候也

高千穗 自動車株式會社 【電話十九番】

株式會社設立登記　商號高千穗自動車株式會社　本店宮崎縣北諸縣郡都城町大字下長飯四千二十六番地　目的鹿兒島宮崎兩縣下竝ニ[illegible]範圍内適當ノ地ニ於テ自動車ヲ使用シ旅客貨物ノ運輸及貸自動車ノ業務ヲ營ムモノトス　設立ノ年月日大正二年五月五日　資本ノ總額金一万圓　一株ノ金額金二十圓　各株ニ付拂込ミタル株金額金二十圓　公告ヲ爲ス方法管轄登記所ノ公告ヲ爲ス新聞紙ニ掲載ス　取締役ノ氏名住所宮崎縣北諸縣郡都城町大字宮丸二千四百七十五番地早川顯一　同所二千五百八十四番地持永眞一　同所二千四百六十一番地安樂伊太郎　三重縣南牟婁郡阿輪内村大字賀田二百一番地尾崎鐵之助　監査役ノ氏名住所宮崎縣北諸縣郡都城町大字宮丸二千四百七番地イ小林熊太郎　同所三千二百三十二番地[illegible]田義平

右大正二年五月十九日登記

都城區裁判所

◎自動車總會　昨二十六日都城町高千穗自動車會社創立總會を開き役員の選擧を行ふ筈なるが登記濟の上は直に都城國分間の營業を開始する由

上の写真は高千穂自動車株式会社が購入したキャデラック。下右は高千穂自動車株式会社の登記簿。下中は創立総会。下左は高千穂自動車取締役で、のちに日本乗合自動車協会の理事になった尾崎鉄之助

鹿児島県最初の乗合自動車を検証する

1、ロコモビル蒸気自動車が輸入される

明治35年（1902年）4月、横浜市山下町77番地のJ・W・トンプソンと機械輸入商ウオルター・S・ストーンが、米国コネチカット洲ブリッチポートのロコモビル・カンパニー・オブ・アメリカから蒸気自動車を輸入して日本代理店を設立した。

輸入した車種は、スタンホープ4人乗り、ドス・エ・ホープ4人乗り、ロコポスト郵便商用車と、2人乗りラナバウト・スタイル2の4車種、8台で、トンプソンは東京市芝区芝口1丁目9番地（新橋駅前銀座側）に展示場を開設して倉林賢造、宮崎峰太郎、鈴木安太郎らを出張所員として派遣し、販売は京橋区山下町11番地（帝国ホテルに近い泰明小学校前）の平島商会を代理店として委託した。

ロコモビルの販売実績については、昭和36年5月に発行された「汎交通」第61巻3号に、宮崎峰太郎が「日本最初の自動車」という回顧談を載せている。それによると、

「明治三十三年四月ロコモビル自動車を輸入し、（筆者注・正しくは35年、以下、年代に1、2年の誤りがあるが記事のまま記載する）、三十四年に横浜ドック会社社長の川田男爵が一台買って、麻布龍土町の自宅から新橋駅まで毎日乗車され、また同年十一月に浅野総一郎も一台購入した。

翌三十四年九月、三重県の有力者平野氏（注・東京の港湾業者平野新八郎）を通じて宇治山田の参宮自動車株式会社に一台納入した。

これが本邦における乗合自動車の第一号で、次いで鹿児島の緒方社長に一台売り、緒方社長は鹿児島・川内町間の乗合自動車を営業した。これが第二番目の乗合自動車であった」

と述べている。

宮崎氏の記憶には年代や川田男爵の住所（正しくは、小石川区新小川町2丁目10番地）などに誤りが見受けられるが、当時80歳近い高齢であり、40年も昔のことであるからやむを得ないだろう。

2、緒方壮吉らロコモビル自動車を購入する

鹿児島新聞の明治36年2月11日号を見ると「自動車購入の計画」という見出しで、

「当市の有志らが自動車を購入して株式会社を設立し、鹿児島市と米ノ津間及び宮崎間の二路線に自動車を運転させる計画である」

と報じている。

しかし、この記事の計画者は緒方壮吉らとは別で、当時、このほかにも何件か当局に営業許可願を出した者がいたようで、同年11月6日の鹿児島新聞を見ると「本県にても既に出願四件に及び……」と報じているのである。

4件もの自動車営業願を出された鹿児島県内務部では、一般道路上を走る乗り物であるから、まず「営業

米国ロコモビル会社日本代理店、横浜市山下町77番地

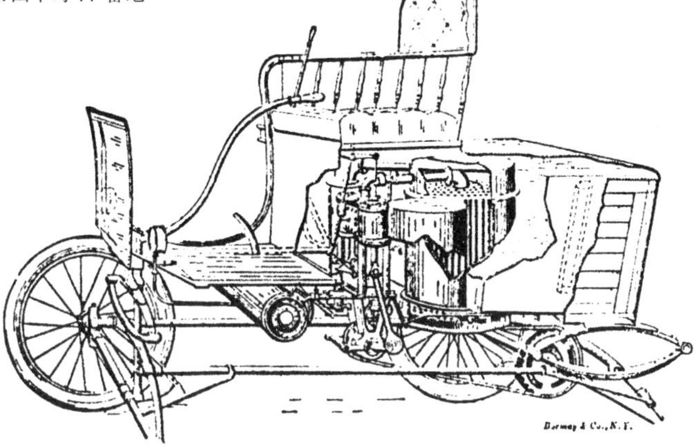

ロコモビルの機関図　THE STANLEY SYSTEM OF THE LOCOMOBILE.

米国ロコモビル会社日本代理店東京陳列場、東京芝区芝口1の9

取締規則」を作成しなければならなかった。

そこで内務部では、佐土原警部と左近允巡査部長を大坂、兵庫、愛知、岐阜の4県に出張させて各府県の自動車事情、取り締まり状況を調査させることにした。

3、当時の自動車事情

11月6日、調査から帰国した佐土原警部は新聞記者に次のように語っている。

「現在、わが国に輸入されている自動車は極めて少なく、大きなものでは六人乗りが東京と神戸に一台づつあり、東京では三井呉服店が呉服配達用に使用している。

外に一人乗り（注・オートバイ）、二人乗りを外人が私用に乗っているだけである。

そのほか京都に三台（四人乗り）で営業している者がいるが、これは未だ京都府が規則を発布していないため正式な営業の取扱を受けていない。

自動車は熟練した運転手なら一時間に八マイルの速力で自由自在に走らすことが出来るが、価格は六人乗りで一台五千円もするというから、本県で営業しようという者がいても、とても採算はとれないだろう。

しかし、それでも営業すると言う者があれば、勿論本県としては許可するし、むしろ奨励する方針である」

この佐土原警部の談話には、宮崎氏が本邦第1号と述べた宇治山田の参宮自動車が出てこないが、同車を購入した山本伊兵衛は、試運転で事故を起こし車両が大破したため営業に至らなかったのである。

鹿児島県は佐土原警部らの調査から1カ月後の12月14日に県令第四十四号で「乗合自動車営業取締規制」を作成公布した。

愛知、長野、京都、富山に次いで全国で5番目の制定であった。

4、緒方氏ら営業を開始する

取締規則が公布されたので、緒方壮吉、松元宗太郎らは上京して4人乗りのロコモビル蒸気自動車を購入し、翌37年4月18日から乗合と貸切の営業を開始した。

乗合は伊敷～東千石町～鹿児島駅間と、東千石町～谷山間、東千石町～花倉間で、料金は伊敷～東千石町間20銭。

東千石町～鹿児島駅間通しが28銭、東千石町～花倉間25銭、東千石町～谷山間40銭。

貸切は4人まで東千石町～花倉間1円、往復1円50銭、東千石町～谷山間1円60銭、往復2円30銭。

待ち時間は1時間を超えた場合30分ごとに50銭だった。

5、日露戦争勃発で運行不能となる

しかし、不運なことに開業する2カ月前に日露戦争が勃発（ぼっぱつ）して、自動車や部品の輸入が途絶えたため、販売したロコモビル会社日本代理店が解散してしまった。

ロコモビル会社代理店だけではなく、トレド蒸気自動車を輸入していたアンドリュース・ジョージ商会、オールズモビルを輸入していたモーター商会も解散して、日本に自動車会社は皆無となった。

そのため、故障してもタイヤが傷んでも、部品やタイヤを注文することが出来ないのである。

短い営業で解散に追い込まれた。

緒方氏らの失敗が影響したものか、鹿児島県では日露戦争が終結してからも、長く自動車に手を出すものはなく、大正元年11月になって、今村武兵衛らが「鹿児島自動車株式会社」を、翌年1月に森常次郎らが「国分自動車株式会社」を設立するまでの7年間、自動車空白時代が続いた。

明治三十七年
四月十九日

自働車運轉開始

本月十八日ヨリ當分ノ內自働車駐車場ヲ起点トシ鐵道停車場及伊敷兵營間ヲ毎日數回運轉致候
谷山、花倉、市來、川內ノ各地行貸切ノ需ニ相應候

東千石町二官舎內
自働車事務所

●自動車賃金表《じどうしやちんきんへう》

第一表

區間	賃金
伊敷東千石町間	金三十錢
東千石町停車場間	金十錢
伊敷停車場間	金廿八錢

(摘要)携帯物他客の妨害とならす膝上に置き携帯し得るものに限る

第二表

區間	賃金	賃金(四人以上)
東千石町花倉間	金廿五錢	片道金一圓 往復金一圓五十錢
東千石町谷山間	金四十錢	片道金一圓六十錢 往復金二圓三十錢

(摘要)貸切は三人以上は四人分四人以上は一人を増す毎に一人分を加へ賃金を申受く但し二人以上往復貸切の時は往復賃金の三割引とす○往復貸切にして時間待一時間を超るときは三十分毎に金五拾錢を申受くへし

鹿兒島新聞
明治三十六年十一月六日

○自動車《じどうしや》に就《つい》て　近時《きんじ》歐米諸邦《おうべいしよはう》より新《あら》たに輸入《ゆにふ》されし自動車《じどうしや》を交通機關《かうつうきくわん》に用《もち》ひんとの計畫《けいくわく》昨今諸所《さくこんしよしよ》に起《おこ》り本縣《ほんけん》にても既《すで》に出願《しゆつぐわん》四件《けん》に及《およ》びしにろ其《その》筋《すぢ》にては其《そ》の取締方《とりしまりかた》の取調《とりしらべ》と實地《じつち》研究《けんきう》の爲《た》め佐土原警部《けいぶ》左近允巡査部長《じゆんさぶちやう》を大坂府外《おほさかふほか》三縣《けん》に出張《しゆつちやう》せしめたるが別項所載《べつかうしよさい》の如《ごと》く一昨日歸縣《きけん》して昨《さく》記者《きしや》に物語《ものがた》りし荒増《あらまし》を記《しる》さんに自動車《じどうしや》の我國《わがくに》に輸入《ゆにふ》されしは極《きは》めて僅少《きんせう》にて大なるものは六人乗なるがろは東京及神戸《とうけうおよびかうべ》に各《かく》一臺《だい》あるのみ外《ほか》には東京《とうけう》三井呉服店《ごふくてん》が使用《しよう》しつゝある貨車《くわしや》を以《もつ》て最大車《さいだいしや》と爲《な》し余《よ》は一人或《にんあるひ》は二人乗《にんのり》が外國人間《ぐわいこくじんかん》に私用《しよう》さるゝのみ京都市《けうとし》に三臺《だい》(四人乗《にんのり》)ありて營業《えいげふ》は爲《な》し居《を》るも未《いま》だ取締法《とりしまりはふ》の發布《はつぷ》なき爲《た》め純然《じゆんぜん》たる營業《えいげふ》の取扱《とりあつかひ》を受《う》け居《を》らず尤《もつと》も同車《どうしや》は乗者《じやうしや》の熟練《じゆくれん》に依《よ》りては如何《いか》なる道路《だうろ》なりとも一時間《じかん》に八哩《り》の速力《そくりよく》を以《もつ》て自在《じざい》に乗《の》廻《まは》り得《う》べしと代價《だいか》は六人乗《にんのり》にて一臺《だい》五千圓餘《ゑんよ》なりといへば本縣《ほんけん》の如《ごと》き縱《たと》ひ營業《えいげふ》を開始《かいし》したりとて容《よう》易は收支《しうし》を償《つぐな》ふ能《あた》はざるべしと併《しか》し實行《じつかう》するものあれば營業《えいげふ》を許可《きよか》するは勿論《もちろん》寧《むし》ろ奨勵《しやうれい》せん方針《はうしん》なりと云々《うんぬん》

開業広告と運賃表。左下は、佐土原警部らを大阪、愛知、兵庫、岐阜、一府三県に出張させて各地の自動車事情を調査させたことを伝える鹿児島実業新聞の記事

沖縄県最初の
乗合自動車を検証する

1、沖縄県に自動車現る

大正5年（1916年）4月14日、那覇市西本町で米穀類、昆布、砂糖などの卸問屋を営む大坪商店が、新たに日本石油の販売代理店になったことから、その宣伝を兼ねて自動車を購入した。

何しろ沖縄で初めての自動車ということで、この文明の利器をひと目見ようと同店前は見物人でごった返したという。

その宣伝効果に目をつけた琉球新報社では、さっそく大坪商店と交渉して自動車を借り上げ、新聞の無料購読券と日石富貴石油の宣伝ビラを積み込み、島内各地の宣伝ドライブを敢行した。

車体に琉球新報社と書いた幕をめぐらし、車輪まで花で飾りたて、糸満、嘉手納、名護、与那原、泡瀬とビラを配りながら連日宣伝に走り回った。

沿道の子供たちは万歳を叫び、人々は「名護まで日帰りしたそうな」と、その速さに驚漢した。

商店夫大坪岩次郎は安政6年（1859年）2月27日、鹿児島市汐見町に武助の次男として生まれた。

母のサトは沖縄県人である。

明治9年、18歳のときに沖縄に渡り、那覇区西本町4丁目18番地で、中国米や内地米などの穀物商を始めたが、当時は内地人が沖縄で商売することなどはほとんどなく、寄留商人と特別視されたため信用を得るまでには大変な苦労だったという。

明治42年沖縄に特別県政が施行されると岩次郎は寄留商人の沖縄県会議員第1号に選出された。

しかし翌年、鹿児島県に支店を設立するため沖縄店を従弟の桑原直太郎に任せて沖縄を去った。

したがって、この自動車は大坪岩次郎が鹿児島で購入して沖縄に送ったものか、あるいは桑原直太郎が直接購入したものか不明である。

2、沖縄自動車商会設立

大坪商店が自動車を購入した翌年の4月26日、国頭郡羽地村字中尾の豪農新城徳助と国頭郡名護町の山入端隣次郎らが那覇区久米町大門前通りに「沖縄自動車商会」を設立して、名護・那覇間の乗合自動車を運行した。

これが沖縄県最初の乗合自動車である。

当初は自動車1台で午前7時半に那覇を発車して午前中に名護に着き、帰りは乗合の様子を見て午後2時ごろに名護を出発して那覇に戻るという運行だった。

開業してみると結構乗客がいたので、さらに英国製ベロース2台を増車して、午前9時に那覇と名護の双方から同時に始発し、12時に名護と那覇に到着。午後は3時に名護と那覇を出発、午後5時に双方とも出発点に戻る定期運行に改善した。

残りの1台は予備として待機、臨時の貸し切りなどに当てた。

山入端隣次郎は名護市第1回の集団移民として、

日本石油の販売代理店、大坪商店の自動車

大正五年五月十七日　琉球新報　水曜日

○暑《あつ》い眞晝《まひる》を
花自働車《はなじどうしや》で
▽市中《しちゆう》めぐり

自働車《じどうしや》が本縣《ほんけん》に初めて來《き》た、京阪《けいはん》でさへ自働車《じどうしや》の音を聞《き》けば往來《わうらい》の人《ひと》が振《ふ》り返《かへ》つて注視《ちうし》する位《くらゐ》で未《ま》だ〳〵我《わ》が國《くに》の人々の眼《め》には自働車《じどうしや》は妙《めう》らしいものの一つとなつてる殊《こと》に本縣《ほんけん》では今度《こんど》西本町《にしほんまち》の大坪商《おほつぼしやう》店《てん》へ來たのが最初《さいしよ》だから首里那覇《しゆりなは》の人にも田舍《ゐなか》の人にも等《ひと》しく珍《めづ》らしいに違《ちが》ひない、本《ほん》や模型寫眞《もけいしやしん》などでは熟知《じゆくち》してる人でも實物《じつぶつ》を未《ま》だ見《み》た事のない人々《ひとびと》や、學生諸君《がくせいしよくん》の爲《た》め此の機會《きくわい》を利用《りよう》して

▲本社《ほんしや》は自働車《じどうしや》を大坪店《おほつぼてん》より借《か》り受け遠《とほ》く名護《なご》、泡瀬《あはせ》、糸滿《いとまん》、與那原《よなばる》等の地方へも乘《の》り出して沿《えん》道の小學生《せうがくせい》や人民に觀覧《かんらん》せしめる事《こと》になつてるが、其《そ》の手初《てはじ》めとして昨日《さくじつ》は午後一時から本社員《ほんしやゐん》を載《の》せて市中《しちう》めぐりをやつた、本社門《ほんしやもん》前《ぜん》、大坪中馬商店《おほつぼちうまさうてん》前《ぜん》で撮影《さつえい》して直《たゞ》ちに大門前《おほもんのまへ》、久茂地《くもぢ》通《どほ》りから若《わか》狹町大通りへ出た、人通《ひとどほ》りの多い西本町《にしほんまち》や大門前などは徐行《じよかう》して路《みち》幅《はゞ》の廣《ひろ》い若狹町《わかさまち》では

▲全速力《ぜんそくりよく》で疾走《しつそう》させると眞《ま》つ赤《か》な梯梧《でいご》の花や黄《き》や白《しろ》の草花《くさばな》で美《うつ》くしく裝飾《さうしよく》した花自働車《はなじどうしや》は燒《や》くやうな暑《あつ》い眞晝《まひる》の空に時《とき》ならぬ風《かぜ》を巻《ま》き起《お》して涼しい事一通《ひととほ》りでない西武門石門《いしぜう》を經《へ》て眞教寺《しんけうじ》前《ぜん》からは又《また》は馬車《ばしや》や人力車《じんりきしや》が多いので徐行《じよかう》するが、いくら警笛《けいてき》を鳴《な》らしてもゆつたりしてよけない、突《つ》き當《あた》りさうになつて怒鳴《どな》られて初《はじ》めて路《みち》をよける横着《わうちやく》な人間の多《おほ》いのには實際《じつさい》呆《あき》れてなぐり飛《と》ばしてやり度《た》かつた、實際本縣人《じつさいほんけんじん》は

▲もつと機敏《きびん》にならなくちや駄目《だめ》だ危險《きけん》と知りながら、それをさけやうともしない、幸《さいは》ひ運轉《うんてん》士《し》が馴《な》れてる人《ひと》だから何《なん》でも無《な》いが下手《へた》だつたら二三人は礫《し》き殺《ころ》されてたかも知《し》れない、今日《こんにち》も市中《しちう》を運轉《うんてん》するから是非《ぜひ》注意《ちうゐ》して危險《きけん》のないやうに機敏に道《みち》を開《あ》けて貰《もら》いたい

明治37年にメキシコの渡り大正6年にフォード1台を持って帰国した人で、那覇郵便局前通りに「アサヒ自動車商会」を開業し、トライアンフ、ピアス、パーソン、プレミア、宮田製作所の旭号などの自転車を販売する傍ら、新城徳助と共同で「沖縄自動車商会」を設立し、アサヒ自動車商会は自転車販売と修理部門を引き受けた。

3、英国製ベロース自動車

英国製ベロースという自動車であるが、これは実に珍しい車である。

当時のわが国の輸入、販売業者をすべて調べてみたが、ベロースを取り扱ったところは見当たらない。

ただ、明治42年7月の「函館毎日新聞」を見ると、恵比須町の柿本商店が「英国製最新自転車ベロース号」として2人乗りのタンデムを2度ほど広告している。

ベロースを製造した会社は、始めは自転車の製造メーカーだったようである。

英国自動車の総合カタログ「コンプリート・カタログ・オブ・ブリテッシュ・カーズ」によれば、

「1909年（注、函館毎日新聞に自転車の広告が出た年）に4気筒シャフト・ドライブ18馬力と24馬力の2種類を植民地用として製造したが、実際に製造したのはこの2台だけで、その後オートバイでは名が知られている」

と述べている。

とすれば、ベロース自動車を購入したのは世界中で沖縄自動車商会だけということになる。

4、その後の沖縄自動車業界

その後大正9年2月に、新城徳助は沖縄共立銀行頭取金城時男、郡本部尋常高等小学校長後藤猪六らと那覇区東町3丁目12番地に資本金5万円の「沖縄自動車株式会社」を設立。

一方、山入端次郎は新城徳助と別れて、那覇市西新町2丁目46番地に「朝日自動車商会」を設立し、国頭方面の定期乗合とタクシー業を始めている。

しかし沖縄県では、大正時代には自動車はほとんど普及しなかった。

内閣統計局の統計を見ても大正8年に3台。

9年に6台、10年に19台。

11年に11台。

12年に14台、13年に23台。

14年に21台、15年に20台である。

前記の沖縄自動車株式会社のほかには、大正10年に当真嗣松、山城朝隆らが那覇市西本町1丁目57番地に「合資会社琉球自動車商会」を設立。

また、祝嶺春喜、小禄庸良剛らが同町2丁目12番地に「合資会社エビス自動車商会」を設立した。

しかしいずれも2、3台で零細経営だった。

大正９年、山入端次郎のフォードと彼の家族たち（那覇出版社提供）。下は琉球新報に掲載された沖縄自動車商会の広告と設立登記簿

琉球新報

大正六年四月二十六日

貸自働車 本日ヨリ開始

本日ヨリ名護行 午前七時半出發

一日借切 一、時間貸ニテモ致ス可候

申込ハ前日御願申上候

電話御申込ハ二〇三番元

事務所大門前山田靴屋ノ隣り

沖縄自働車商會

㋕株式會社設立登記 商號沖縄自動車株式會社 本店那覇區東町三丁目十二番地 目的旅客及貨物ノ輸送 設立ノ年月日大正九年二月六日 資本ノ總額金五万圓也 一株ノ金額金五十圓也 各株ニツキ拂込ミタル株金額 金二十圓也 公告ヲ爲ス方法所轄區裁判所ノ公示スル新聞紙ニ掲載ス 取締役ノ氏名住所 國頭郡羽地村字仲尾七十九番地 新城德助同郡名護村字名護七百八十七番地 仲里金五郎島尻郡眞和志村字天久四千四百六十六番地後藤猪六 監査役ノ氏名住所國頭郡羽地村字川上千三百三十八番地 金城時男那覇區下泉町二丁目十八番地 金城清松 存立ノ時期設立ノ日ヨリ滿十箇年

右大正九年二月二十三日登記

那覇區裁判所

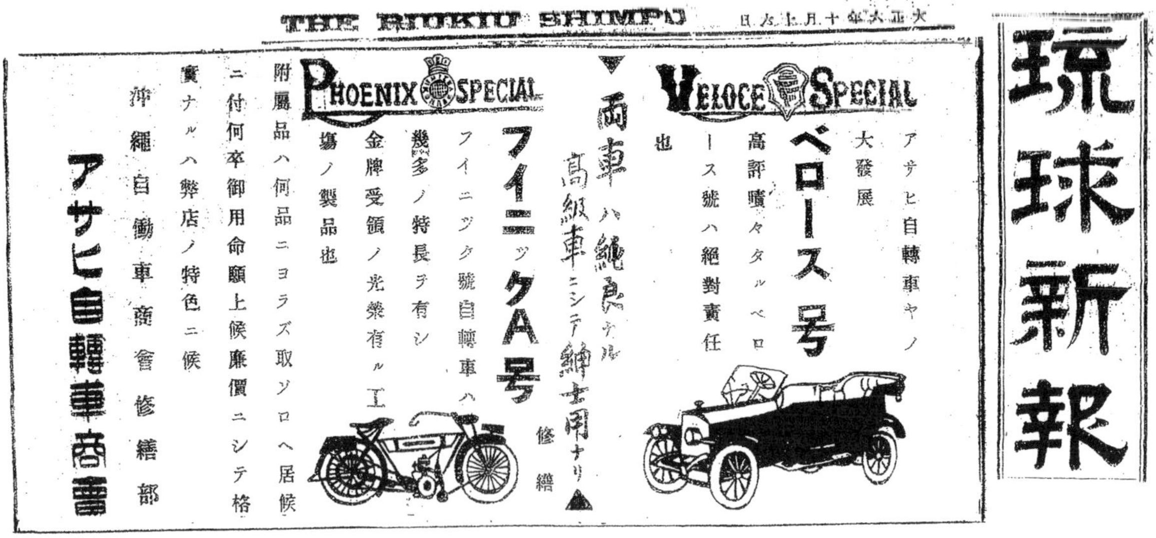

琉球新報に掲載されたアサヒ自動車商会のベロースの広告

1909 年英国製ベロース

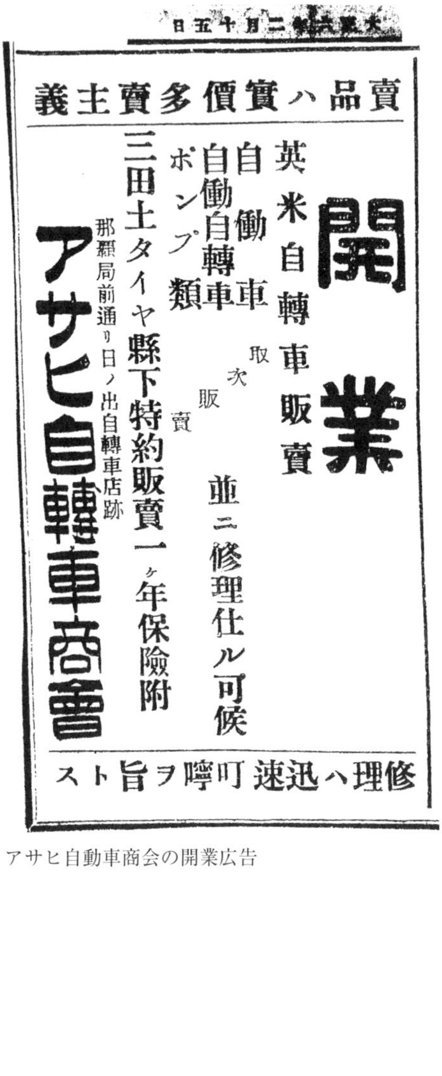

アサヒ自動車商会の開業広告

郵便自動車（名護大宜味）那覇首里間バス
那覇、名護、大宜味、今歸仁、本部間各線

あらかき自動車商會

那覇市上之倉町新天地前　電話三二番
首里　電話二二番
名護　電話　五番

那覇、名護、本部、今歸仁、大宜味、金武等
各線乘合並タクシー

合名會社　**南陽自動車商會**

那覇市大門通　電話六一六番
名護町大通り　電話　九番

（上）名護大通り、センダツ並木の大通り。左に南陽自動車、右にアラカキ自動車の看板が見える（大正14年）、（下）合名会社南陽自動車商会、大正9年11月3日開始。アラカキ自動車商会、大正12年8月20日営業開始

まとめ

全国各都道府県の
乗合自動車誕生の検証を終えて

1、はじめに

全国それぞれの県最初の乗合自動車についてこつこつと執筆してきた。毎回苦労の連続であったが、反面多くの貴重な資料や写真など収穫があって、その喜びが大きかった。

各県の古い新聞や県史、市史、町史、県公報、警察史、業界誌、官報及び現地法務局の商業登記簿、統計書、写真集、当時の観光案内書、各県の自動車取締規則、地図、人物名鑑など、少ない県で200枚、多い県は400枚以上の資料を集めた。

さらに当時の会社登記簿に記載されている取締役、監査役の住所氏名を頼りに、現地調査に歩き回った。

鹿児島県の国分や福井県の小浜、大分県の国見などタクシーの運転手さんに住所リストを渡して半日も探し回ったが収穫ゼロの所もあったし、反対に手紙による依頼で貴重な写真を送ってくださった札幌市の丸井今井デパート広報室、秋田県大仙市の伊藤直人氏、富山県砺波市立郷土資料館などは、本当に感謝感激であった。

また数年分の新聞記事を探すため、数日現地に滞在して県立図書館に通ったところもあったが、探していた記事を発見した時の喜びはまさに格別であった。

各県の県史や市史についていえば、鉄道の「はじめ」についてはかなり詳述して正確であるが、乗合自動車に関しては2、3の県を除いては、曖昧な記述で済ましているところが多く、それらは徹底した検証が必要であった。

乗合自動車はどこでも営業した期間が短い。3年も続ければ長いほうで、ほとんどが2年、なかには半年で解散している所もあるから、無理もないかも知れないが、それにしても、どういうわけか地元の新聞を丹念に調べていない。

古老の話や子孫からの聞き取りに主力を置いているが、古老の追憶や知人の話、孫の話は正確さに欠けるところがある。

また、現地を探し歩いてみると、当時は相当な有力者だった人でも、今では屋敷は跡かたもなかったり、人手に渡ってマンションが建っていたりする。どこに移ったかを役場で尋ねても「個人情報」で教えられないと、取りつく島もない。

2年前になるが、大分県で最初の乗合自動車会社をつくった人が衆議院議員を2期務めた人であることが分かり、苦心惨憺（さんたん）して調査した結果、お孫さんが東京に住んでいることをつきとめて訪れてみると、まるで押し売りでも来られたような態度で「お爺さんのことは何も分かりません」の一言で、玄関にも入れてくれずに追い返された。これで「万事休す」2年間の苦労は水泡に帰してしまった。

大分県の図書館には当時の地元新聞はまったく残っていない。九州交通新聞社が発行した『大分県交通史』の第3章「自動車時代のはしり」には、「県内に最初に自動車が路上を走ったのは、果たして何年で、誰が何処を、どんな車を運転したのか記録は何も残っ

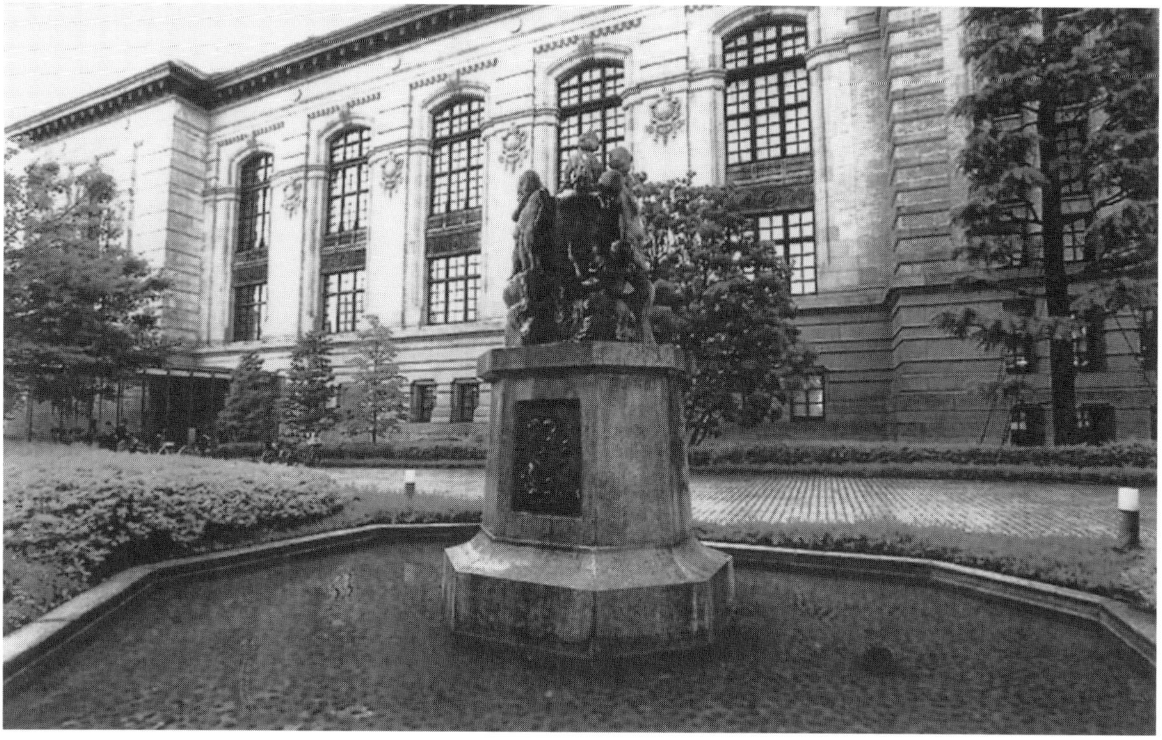

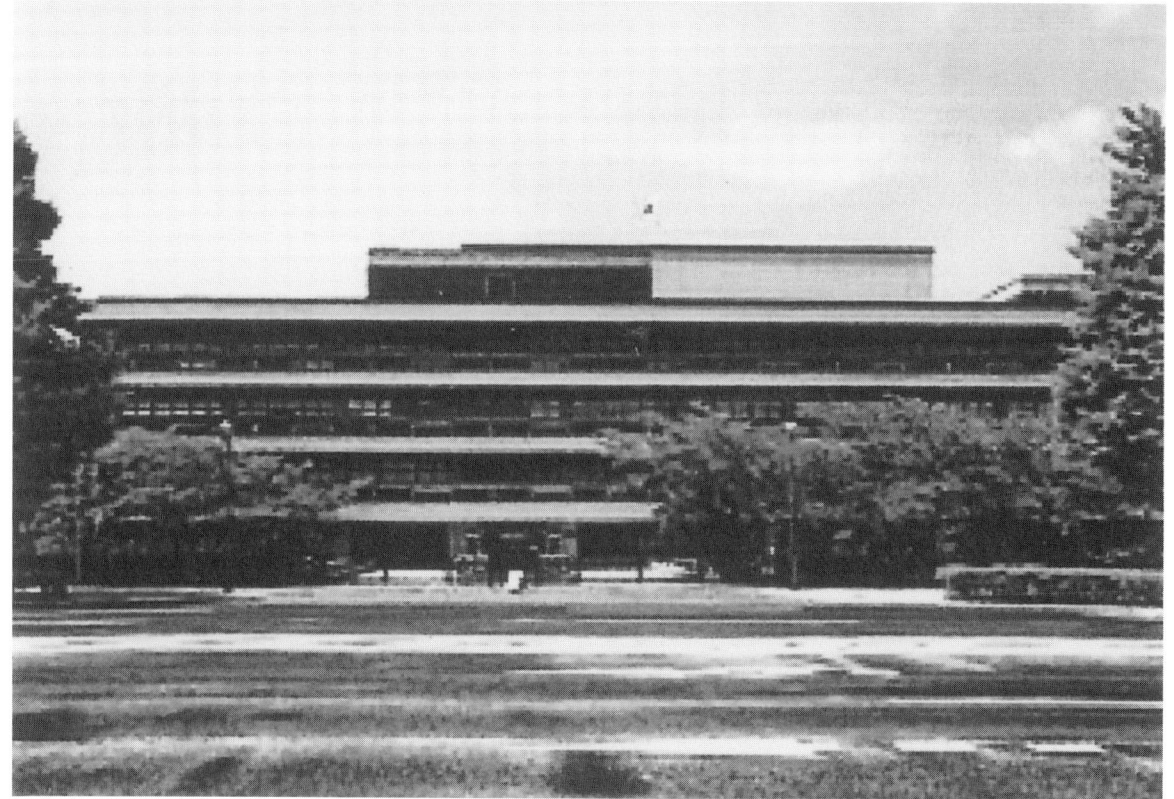

上野公園にあった上野図書館、現在の国際子ども図書館。上野図書館は永田町に移転して、国立国会図書館になった

ていない」と冒頭に書いている。
しかし、日刊自動車新聞での連載を機会に再び挑戦して、どうにか執筆することが出来た。

2、国立国会図書館

各都道府県最初の乗合自動車を調べる上で欠かせないのは当時の新聞である。新聞は事件の年月日がはっきりしているからである。国立国会図書館には、全県ではないが大方全国の古い新聞がマイクロ化して保存されている。
二十数年前、私はある自動車会社を定年退職したときから国会図書館に通っている。その間に、図書館の内部も職員もすっかり変わってしまった。入館するのもカード化され、土曜日も開館しているし、夕方７時まで時間が延長された。
そのため最近は入館者が激増している。日本は文化国家だと頼もしく思う。
初めて通った頃には利用者が少なかった。ご存知のように、国会図書館には戦前の上野図書館から受け継いだ図書が全部所蔵されている。
私は古い米国の週刊誌「ハーパース・ウイークリー」や英国の「グラフィック」、フランスの「ル・モンド画報」などを半年がかりでコピーしたが、当時それら大量の雑誌は数十冊分ずつまとめられて豪華な革製の本になっている。それが上野から今の永田町に移転した時に荷づくりされたままになっていた。移転してから私が最初の閲覧者だったのである。
縛ってある麻ヒモを解いて、大きな封筒から取り出してページをめくると、麻ヒモの屑や革が粉になって飛び散るので、顔なじみの職員さんが作業用の別室を提供してくれた。
或る日、いつものようにその資料を請求すると、職員さんが「佐々木さん身体何とも無いですか」と聞くので「いや別に何ともないですが、なぜ？」と聞き返すと「コピーしていた女性が革の粉を吸って気分が悪くなって休んでいるんですよ」と言うのである。
今でもそのコピーを眺めるとき、館員さんたちの顔が懐かしく思い出される。
ちょっと余談になったが、今回、改めて国会図書館のありがたさをつくづく感じた。

3、日本の自動車史

故五十嵐平達氏は『日本人と自動車』の中で、
「日本で書かれる日本の自動車史と称するものは、資料的にも検証されていない長老談などが多く、保存写真にしても大切なクルマの固有名詞が記入されていない例が多い。そして何よりも、日本の自動車として語られる車両そのものが、現存メーカーを主体とするという点で、歴史書ではなく社史的なものが多い」
と述べているが、まったく同感である。
今回私が最も苦労したのは、自動車の写真を見つけることと、その車種名を断定することであった。
熊本県、長野県のクレメント・バイヤール、京都府のトレド、広島県のオールズモビル、兵庫県、奈良県、長崎県、のノックス、大阪府、静岡県、三重県、島根県、鳥取県のホワイト、山口県のロイド、香川県、愛媛県、新潟県、山形県、栃木県、埼玉県のド・ディオン・ブートン・クレメント、東京府のコンマー茨城県のＮ・Ａ・Ｇ、千葉県のズーベリオール、神奈川県のフランダース、宮崎県、群馬県のキャデラック、岐阜県のローレライ、福岡県のシボレー、佐賀県、岩手県のフィアット、岡山県のスチュードベーカー、北海道のベンツ、福島県のレーカー、秋田県のエバリット、福井県のサイクロネットなど、写真の収集と、フォードのモデルＴを除くその他の車種を断定することに多くの時間を費やした。

4、ステイタス・シンボル論

よく「わが国黎明期の自動車は外国人や財閥など有産階級のステイタス・シンボルであった」と書く人がいるが、これは東京だけを見た場合であって、全国的に見れば、わが国自動車の夜明けは関西地方の乗合自動車から始まっているのである。
東京府統計書を見ても東京の自動車は明治39年（1906年）に日本橋区に1台、翌40年に日本橋区に2台と赤坂区に4台の6台しかないが、関西地方では明治36年から39年末までに、すでに京都府に3

LE MONDE ILLUSTRÉ

JOURNAL HEBDOMADAIRE

ABONNEMENT POUR PARIS ET LES DÉPARTEMENTS
Un an, 24 fr.; — Six mois, 13 fr.; — Trois mois, 7 fr.; — Un numéro 50 c.
Le volume semestriel, 12 fr. broché. — 17 fr. relié et doré sur tranche.
ÉTRANGER (Union postale) : Un an, 27 fr.; — Six mois, 14 fr.; — Trois mois, 7 fr. 50.

43e Année — N° 2203 — 17 Juin 1899

Directeur : M. ÉDOUARD DESFOSSÉS

DIRECTION ET ADMINISTRATION, 13, QUAI VOLTAIRE
Toute demande d'abonnement non accompagnée d'un bon sur Paris ou sur la poste, toute demande de numéro à laquelle ne sera pas joint le montant en timbres-poste, seront considérées comme non avenues. — On ne répond pas des manuscrits et des dessins envoyés.

LES FÊTES DE PARIS. — AUX TUILERIES. — (Dessin de M. PARYS.)

ル・モンド画報。1899年6月17日号の表紙台、鹿児島県に1台、三重県に1台、岡山県に1台、広島県に2台、静岡県に6台、大阪府に23台、兵庫県に2台の乗合自動車が走っている。

東京では明治40年2月まで営業用自動車を許可しなかったし、その後制定した自動車取締規則が極度に厳しく、市内での営業はほとんど不可能だったので大正2年（1913年）まで自動車は営業されなかった。そのため自家用車で、42年には市部に14台、郡部に5台の計28台に増加するが、有栖川宮殿下、北白川宮殿下、大隈重信、岩崎小弥太、三井高保、大倉喜七、森村市左衛門、日比谷平左衛門、浅野総一郎など28台すべてが宮様や財閥などの自家用車だったから、「有産階級のステイタス・シンボル」説になったものと思われる。

大正2年4月になってようやく京王電気軌道株式会社が、東京の郊外豊多摩郡角筈（新宿）から府中国分寺までの軌道未完成区間をバスで中継運行したのが最初である。さらに同年6月に堀之内自動車株式会社が、これも新宿から堀之内妙法寺まで運行したのである。

5、明治時代の自動車販売店

次に、明治時代の自動車輸入商と販売代理店であるが、欧米の商慣行で輸入商社は輸入するだけで、販売は販売代理人に委任した。

京都の福井九兵衛が購入したトレド蒸気自動車は横浜のアンドリュース・ジョージ合名会社が輸入し、日本語に堪能な販売代理人ウイリアム・ボーンが販売し、鹿児島の緒方壮吉が購入したロコモビル蒸気自動車は横浜の米国ロコモビル会社日本代理店が輸入して東京の平島商会が販売し、広島の鳥飼繁三郎のオールズモビルは横浜のブルウル兄弟商会が輸入し、東京のモーター商会が販売している。

また明治38年に設立された大阪自動車株式会社と39年に設立された静岡の東海自動車株式会社が購入したホワイト蒸気自動車は米国人ウイリアム・ゼームズ・シュロスが輸入して販売している。これは直輸入であった。

38年、兵庫県有馬温泉の旅館主たちが有馬自動車株式会社を設立するが、自動車は神戸のゼー・アール商会三浦広吉からノックス2台を購入した。三浦広告はブルウル兄弟商会の神戸支店に勤めていた人で、これも直輸入である。

6、文明の利器と運転手

自動車を購入しても運転手がいない。販売店に運転手の斡旋を頼むが、販売店にも運転のできる者は何人もいない。販売人がしばらく先方に出張して運転を教えることになるが、彼も長くは出張していられないから、ひと通りのことを教えて引き返してしまう。

有馬温泉自動車株式会社に運転手として雇われた大山善太郎の懐古談には、

「自動車の運転をするといっても三浦氏が来てひと通り説明するだけで、直ぐに運転することになる。まことに今考えると脇の下から汗が出るような思いである。しかも今日のように機械が完備していて部分品や付属品に事欠かない時代と違い、カタログは無い、説明してくれる人もいない、独力の実験で会得するより方法がない。手に負えない故障が起こると神戸に電報を打って三浦氏に来て調べると大抵マグネットのタイミングの故障で簡単に直ってしまうが、三浦氏はそれを教えてくれない。金を取る都合があるので彼は難しい修理のような顔をして直し、修理代は出張費を含めて10円もかかるので、三浦氏が修理しているのを盗むようにして覚えた」という。

大山氏は「今考えると脇の下から汗が出るようだ」と述べて、事故については語っていないが、新聞には「またまた事故」と何度も事故をやったことを報じている。

大山氏は有馬温泉自動車株式会社が解散すると大東自動車株式会社に移り、大東自動車株式会社が解散すると上京して報知新聞の自動車部、伊藤伯爵家、三井物産機械部、さらに独立して大山自動車商会、遊覧乗合自動車株式会社を設立して社長となり、日本乗合自動車協会理事になった。関西から関東の自動車界を渡り歩いた人だけに、彼の懐古談は貴重な資料である。いずれにしても明治時代に乗合自動車事業を始めた人たちは自動車の知識がまったくなかったから、自動車

わが国最初の自動車販売店、東京・銀座のモーター商会

わが国最初の自動車販売店、東京・新橋の米国ロコモビル会社日本代理店

は欧米最新式の「文明の利器」であるという盲信から、故障やパンクなどまったく想定していない。二井商会のようにスペア・タイヤも買わずに営業を始めた業者さえあった。

自家用車として使用するならともかく、乗合自動車として酷使すればタイヤは3カ月ほどしか保たなかった。販売店で米国から取り寄せるとしても半年はかかる。これでは事業としてはとても成り立たなかったわけで、わずか3カ月ほどの運行で解散している。

7、乗合自動車の普及

乗合自動車が事業として成り立つためには、営業路線の道路事情や、乗客がどのくらい見込めるか、馬車人力車の妨害はないか、などいろいろ考慮しなければならない点があるが、特に重要な点は、酷使に耐えられるような自動車が安く買えること。故障や事故に素早く対応出来ること。そのためには自社内に修理施設を設けるとか、でなければ自動車販売会社の出張所や代理店が近くにありアフターサービスが手軽に受けられること。そして優良な運転者が安い給料で雇えること。この3つは欠かせない条件である。

そういう条件が満たされ、乗合自動車が普及するのはいつ頃からだろうか。

各府県によって営業用自動車の数には差はあるが、内務省警保局が調査した大正12年末の全国営業用乗用自動車の総数は9600台である。1万台の大台に近づいている。初めて京都に乗合自動車が走ってから20年になる。

各都道府県で最初に乗合自動車事業に挑戦したパイオニアたちは、ほとんが「時期尚早」の痛手を受けて敗退してしまった。当時の地方新聞にわずかに名を留めているのが、せめてもの慰めである。

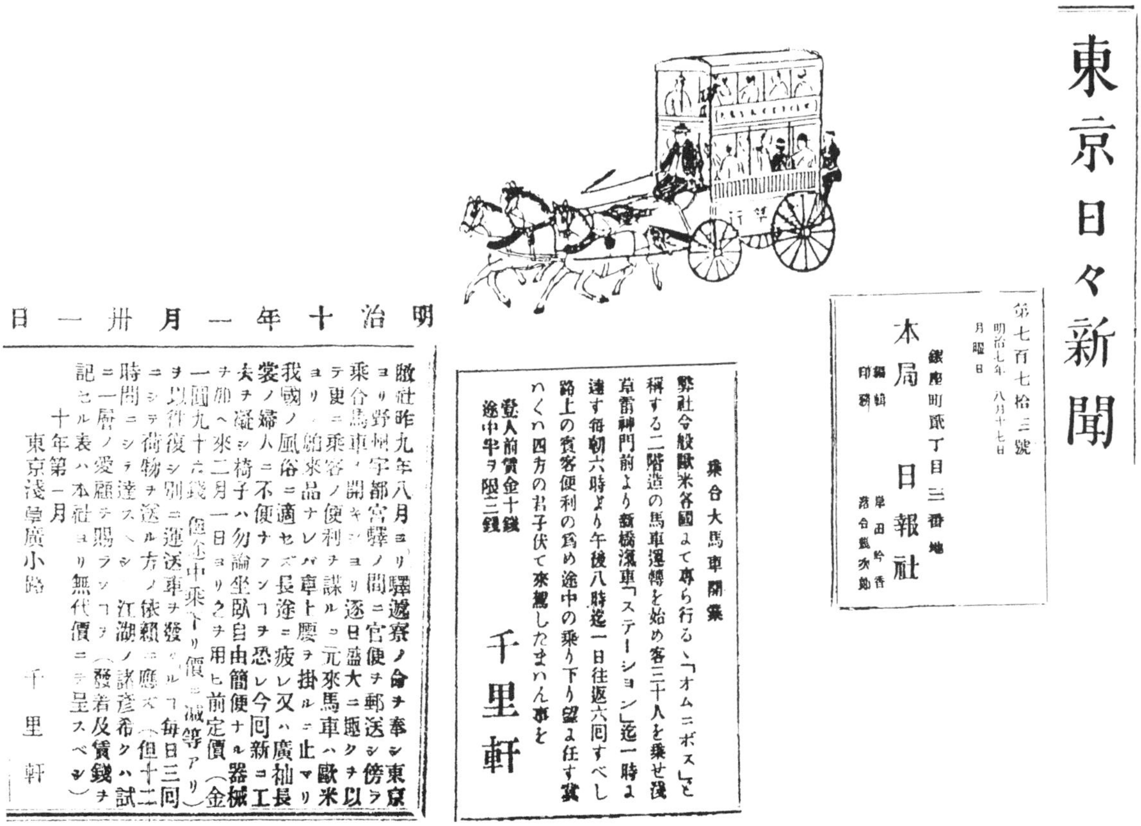

明治9年に登場した二階建ての乗合馬車は「オムニバス」と称され、すでにバスという言葉が使われていた。しかし、日本人には乗合という方がなじみがよかったのか、自動車になっても昭和初期までは乗合自動車と呼ばれた

巻末資料

大正３年～昭和５年の諸車統計

内閣統計局編纂　日本帝国統計年鑑より

187. 諸　車（地方別）　續

地方	馬車		牛車	荷車	自働車	人力車	自轉車	其他
	乘用	荷積						
統計區劃	地方別（大正三年三月三十一日）							
北海道	285	22,224	2	12,364	—	934	3,031	5
東北區	658	25,654	37	100,931	19	7,847	22,276	40
關東區	1,021	36,895	123	445,302	516	36,130	117,350	837
北陸區	258	8,016	137	128,333	9	8,758	18,939	313
東山區	522	11,052	1,273	149,909	13	5,836	38,374	1,508
東海區	1,216	13,217	1,927	319,217	20	10,275	72,275	4,670
近畿區	346	3,483	23,170	267,287	124	24,838	77,683	278
中國區	364	14,104	1,811	166,369	16	11,922	66,568	7,858
四國區	665	2,578	1,291	72,775	3	5,680	31,654	18,251
九州區	2,953	40,283	3,316	139,171	41	12,932	38,859	577
沖繩縣	293	862	3	1,795	—	1,694	67	13
總計	8,581	178,368	33,090	1,803,453	761	126,846	487,076	34,350
道府縣								
北海道	285	22,224	2	12,364	—	934	3,031	5
東北區								
靑森縣	196	6,310	—	5,368	—	565	2,793	—
岩手縣	103	2,918	—	4,182	2	559	906	40
秋田縣	115	2,182	2	10,019	5	1,313	2,038	—
山形縣	113	3,555	—	38,212	7	2,054	6,870	—
宮城縣	46	4,648	24	13,988	1	2,032	4,814	—
福島縣	85	6,041	11	29,162	4	1,324	4,855	—
關東區								
茨城縣	114	6,875	6	62,629	3	2,482	12,613	—
栃木縣	142	5,108	2	25,289	3	2,346	12,394	—
群馬縣	140	2,843	1	37,654	1	1,458	10,787	37
埼玉縣	153	5,384	7	64,048	3	2,032	20,619	—
千葉縣	109	6,961	31	48,720	9	2,105	10,075	643
東京府	185	5,940	53	152,410	406	20,300	41,052	117
神奈川縣	178	3,784	23	54,552	91	5,407	9,810	40
北陸區								
新潟縣	137	3,555	26	69,452	8	4,945	8,415	300
富山縣	20	2,233	—	21,810	—	1,220	4,293	—
石川縣	83	1,684	2	18,063	—	1,390	3,824	13
福井縣	18	544	109	19,008	1	1,203	2,407	—
東山區								
長野縣	462	5,777	—	41,799	7	1,989	12,014	20
岐阜縣	47	4,747	43	59,526	6	2,037	16,866	565
滋賀縣	13	528	1,230	48,584	—	1,810	9,494	923
東海區								
山梨縣	255	1,766	—	9,889	—	476	1,831	155
靜岡縣	611	3,853	71	82,221	6	2,057	12,703	2,820
愛知縣	240	5,978	488	137,261	5	4,910	40,562	—
三重縣	110	1,620	1,368	89,846	9	2,832	17,179	1,695
近畿區								
京都府	51	306	3,048	55,068	50	4,837	12,121	134
兵庫縣	151	738	10,596	72,807	51	7,485	30,842	—
大阪府	95	1,914	6,696	101,896	22	9,566	23,370	—
奈良縣	26	455	803	21,517	—	1,436	5,225	—
和歌山縣	23	70	2,027	15,999	1	1,514	6,125	144
中國區								
鳥取縣	54	796	33	20,260	1	1,112	3,575	16
島根縣	46	1,286	9	19,135	4	1,468	5,402	1,227
岡山縣	32	2,219	1,119	53,508	3	4,223	26,070	64
廣島縣	79	2,625	28	44,387	3	3,049	14,892	3,795
山口縣	153	7,178	622	29,079	5	2,070	16,629	2,756
四國區								
德島縣	48	398	650	19,847	2	1,579	6,416	1,095
香川縣	98	82	46	21,262	—	1,619	10,473	14,368
愛媛縣	379	1,198	580	23,132	1	1,300	9,199	2,780
高知縣	140	900	15	8,534	—	1,182	5,566	8
九州區								
大分縣	658	7,516	4	9,191	12	993	4,278	57
福岡縣	132	8,408	822	80,005	15	3,403	12,100	27
佐賀縣	54	2,516	30	16,817	1	1,599	4,849	118
長崎縣	187	1,541	5	7,501	—	2,007	2,086	—
熊本縣	815	9,909	615	15,790	3	2,674	8,290	1
宮崎縣	451	5,430	481	5,393	3	525	4,062	64
鹿兒島縣	656	4,963	1,359	4,474	7	1,731	3,194	310
沖繩縣	293	862	3	1,795	—	1,694	67	13
總計	8,581	178,368	33,090	1,803,453	761	126,846	487,076	34,350

188. 諸　　車（全國、地方別）　續

	地方	馬車 乘用	馬車 荷積	牛車	荷車	自働車 乘用	自働車 荷積用	人力車	自轉車 自動	自轉車 通常	其他
	統計區畫				地方別（大正四年三月三十一日）						
	北海道	283	23,380	2	12,479	1	—	896	6	3,971	—
	東北區	623	25,677	28	101,615	14	1	7,547	13	21,231	40
									5,337		
	關東區	1,006	37,446	130	460,785	431	106	33,745	237	148,663	38
	北陸區	225	7,817	131	133,978	18	—	8,345	16	22,812	876
	東山區	517	10,948	1,197	152,445	18	—	5,583	25	43,613	3,613
	東海區	986	7,331	1,340	185,973	17	—	5,257	40	40,981	3,255
	近畿區	305	2,591	12,259	268,224	112	2	22,840	72	90,235	323
			10,928								
	中國區	285	14,120	1,730	147,783	8	1	10,521	64	74,645	7,292
	四國區	654	2,546	1,117	74,485	6	—	5,571	9	38,249	15,277
	九州區	2,849	40,838	3,418	141,660	44	—	12,474	43	47,210	197
	計	7,733	172,694	21,352	1,679,427	669	110	112,779	525	531,610	30,911
			10,928						5,337		
	道府縣										
	北海道	283	23,380	2	12,479	1	—	896	6	3,971	—
東北區	青森縣	197	6,357	1	4,688	—	—	566	10	3,010	—
	岩手縣	103	2,971	4	4,152	1	1	553	1	1,337	40
	秋田縣	101	2,112	—	10,200	—	—	1,263	2	3,053	—
	山形縣	103	3,447	—	38,456	10	—	1,909	—	7,746	—
	宮城縣	48	4,702	21	13,885	1	—	1,931	5,337		—
	福島縣	71	6,088	2	30,234	2	—	1,325	—	6,085	—
關東區	茨城縣	110	7,025	7	62,742	1	—	2,413	—	14,866	—
	栃木縣	148	5,242	3	25,786	2	—	2,196	10	14,884	—
	群馬縣	117	2,863	1	38,532	—	1	1,422	12	13,812	6
	埼玉縣	146	5,408	9	65,194	6	—	1,999	12	24,990	—
	千葉縣	116	7,139	30	51,176	7	—	2,000	2	14,712	—
	東京府	189	5,960	18	158,576	415	15	18,516	160	53,359	—
	神奈川縣	180	3,809	62	58,779	—	90	5,199	41	12,040	32
北陸區	新潟縣	140	3,495	28	71,830	6	—	4,722	8	9,930	872
	富山縣	25	2,033	—	21,771	4	—	1,136	7	4,928	—
	石川縣	42	1,750	1	20,059	5	—	1,387	—	4,677	4
	福井縣	18	539	102	20,318	3	—	1,100	1	3,277	—
東山區	長野縣	459	5,744	2	42,785	7	—	1,901	6	14,289	—
	岐阜縣	44	4,675	46	60,267	7	—	1,877	9	18,528	1,950
	滋賀縣	14	529	1,149	49,393	4	—	1,805	10	10,796	1,663
東海區	山梨縣	267	1,705	—	9,962	—	—	495	—	2,905	185
	靜岡縣	616	3,937	74	82,331	8	—	2,017	18	17,603	2,697
	三重縣	103	1,689	1,266	93,680	9	—	2,745	22	20,473	373
近畿區	京都府	54	297	2,924	54,297	46	—	4,501	5	13,329	249
	兵庫縣	159	10,928		72,315	43	—	7,353	37	38,557	—
	大阪府	39	1,833	6,502	102,428	21	2	8,071	26	25,971	—
	奈良縣	30	390	844	23,129	1	—	1,522	1	5,664	—
	和歌山縣	23	71	1,989	16,055	1	—	1,393	3	6,714	74
中國區	島根縣	40	1,442	22	19,872	1	1	1,412	6	6,390	1,273
	岡山縣	38	2,439	1,041	53,474	—	—	4,196	22	29,913	115
	廣島縣	79	2,953	21	43,886	3	—	2,947	27	16,436	4,392
	山口縣	128	7,286	646	30,551	4	—	1,966	9	21,906	1,512
四國區	德島縣	44	443	577	21,121	5	—	1,510	1	7,690	53
	香川縣	93	97	43	20,538	—	—	1,581	2	11,465	12,388
	愛媛縣	388	1,072	471	23,828	1	—	1,320	1	12,340	2,833
	高知縣	129	934	26	8,998	—	—	1,160	5	6,754	3
九州區	大分縣	634	7,668	6	9,759	9	—	966	4	5,759	—
	福岡縣	141	8,657	772	82,601	21	—	3,037	14	15,349	—
	佐賀縣	39	2,505	43	16,089	3	—	1,464	6	5,995	12
	長崎縣	205	1,641	7	7,663	3	—	2,117	1	2,519	—
	熊本縣	807	9,909	594	16,108	5	—	2,681	7	9,465	—
	宮崎縣	458	5,513	375	6,033	1	—	565	7	4,417	179
	鹿兒島縣	565	4,945	1,621	3,407	2	—	1,644	4	3,706	6
	總計	7,733	172,694	21,352	1,679,427	669	110	112,779	525	531,610	30,911
			10,928						5,337		

本表中宮城縣ニ於テハ自轉車ノ自動、通常ノ區別ヲ、兵庫縣ニ於テハ荷積用馬車、牛車ノ區別ノ調査ヲ缺クヲ以テ其ノ總數ヲ掲ク
愛知、鳥取、沖繩ノ三縣ハ調査ナキヲ以テ之ヲ闕ク

188. 諸車 續

區	府縣	馬車 乘用	馬車 荷積用	牛車	荷車	自働車 乘用	自働車 荷積用	人力車	自轉車 自働	自轉車 通常	其他
	地方別（大正五年三月三十一日）										
	北海道	290	26,903	2	13,000	2	—	868	7	5,227	47
東北區	青森縣	192	6,336	5	5,593	1	—	570	10	3,326	—
	岩手縣	88	2,979	—	4,204	2	2	520	1	1,605	40
	秋田縣	103	1,844	—	10,151	—	—	1,378	2	3,236	2,269
	山形縣	98	3,351	—	38,184	8	—	1,881	2	8,449	—
	宮城縣	66	4,726	20	13,768	—	—	1,863	1	5,907	—
	福島縣	67	5,811	2	30,292	—	—	1,291	1	8,052	—
關東區	茨城縣	114	7,158	2	63,575	1	—	2,338	—	18,016	—
	栃木縣	150	5,354	—	26,446	3	—	2,242	6	17,969	—
	群馬縣	127	2,857	1	38,900	2	2	1,346	24	19,142	—
	埼玉縣	140	5,317	8	65,736	9	—	1,948	15	30,678	—
	千葉縣	118	7,465	28	53,246	7	—	1,945	7	16,855	47
	東京府	184	5,869	14	158,065	446	19	17,242	193	64,144	—
	神奈川縣	148	3,787	67	55,757	89	—	4,992	61	14,580	—
北陸區	新潟縣	130	3,534	25	68,255	4	—	4,497	4	11,624	1,296
	富山縣	23	2,033	—	21,775	—	—	1,081	8	5,396	—
	石川縣	32	1,757	—	19,580	8	—	1,370	5	5,086	4
	福井縣	19	556	93	20,841	4	—	1,054	1	4,380	—
東山區	長野縣	445	6,083	—	44,142	5	—	1,833	11	18,411	14
	岐阜縣	39	4,690	43	60,475	5	—	1,840	9	20,776	2,789
	滋賀縣	15	529	1,099	50,549	5	—	1,781	10	11,836	1,676
東海區	山梨縣	286	1,727	—	8,717	2	—	507	1	4,740	169
	靜岡縣	632	4,154	74	86,655	10	—	1,989	25	21,569	453
	愛知縣	205	5,008	1,197	134,612	21	—	3,492	6	62,855	—
	三重縣	97	1,700	1,179	95,160	8	—	2,624	33	23,994	290
近畿區	京都府	47	171	2,807	53,882	69	—	4,805	14	15,386	110
	兵庫縣	143	623	9,473	69,810	58	—	7,178	27	44,363	—
	大阪府	46	1,440	6,897	104,474	33	1	7,681	18	32,662	127
	奈良縣	36	722	839	23,991	—	—	1,375	5	6,641	—
	和歌山縣	23	100	2,042	16,268	2	—	1,390	7	7,951	24
中國區	鳥取縣	55	848	27	18,558	—	—	1,021	4,600		28
	島根縣	39	1,466	38	19,932	4	—	1,320	8	7,069	1,336
	岡山縣	42	2,405	1,064	53,424	—	—	4,044	34	31,986	120
	廣島縣	58	2,759	40	45,778	4	—	2,800	16	18,346	3,539
	山口縣	108	7,322	671	28,749	13	—	1,953	16	23,745	2,829
四國區	德島縣	38	522	560	21,363	3	—	1,591	2	9,153	59
	香川縣	82	91	27	20,038	—	—	1,595	1	13,005	11,550
	愛媛縣	381	1,130	555	24,382	—	—	1,328	7	13,074	2,925
	高知縣	129	1,040	27	9,082	2	—	1,280	13	9,215	—
九州區	大分縣	589	7,770	4	9,975	5	—	953	3	6,334	—
	福岡縣	137	8,689	743	81,478	20	—	3,060	18	23,203	15
	佐賀縣	45	2,654	87	17,157	4	—	1,694	5	6,810	12
	長崎縣	212	1,676	4	7,858	3	—	2,007	1	3,161	—
	熊本縣	803	9,845	552	15,482	10	—	2,709	15	11,865	—
	宮崎縣	429	5,261	254	6,345	—	—	556	1	4,535	32
	鹿兒島縣	563	4,895	1,440	4,672	1	—	1,525	5	5,175	—
	沖繩縣	248	1,012	—	2,218	—	—	872	1	335	—
	總計	8,061	183,969	32,010	1,842,594	873	24	115,229	660	701,867	31,800
									4,600		

明治四十四年度以前ノ自轉車及自動車ハ「其他」中ニ包含ス

大正三年度ニ於テ報告遲延セシ愛知、鳥取、沖繩三縣ノ分ヲ追加訂正セリ

164. 諸　　車

	馬車		牛車	荷車	自働車		人力車	自轉車		其他
	乘用	荷積用			乘用	荷積用		自働	通常	
全國										
明治三十一年度末	4,653	77,897	40,268	1,263,226	—	—	204,419	—	—	22,621
同　三十六年度末	6,631	91,860	28,084	1,348,872	—	—	185,087	—	—	66,521
同　四十一年度末	7,606	138,505	32,699	1,520,283	—	—	165,230	—	—	192,049
大正　二　年度末	8,581	178,368	33,090	1,803,453	—	761	126,846	—	487,076	34,350
同　三　年度末	8,254	179,362	33,267	1,833,723	681	110	118,904	525	597,634	30,981
同　四　年度末	8,091	183,969	32,010	1,842,594	873	24	115,229	660	706,467	31,800
同　五　年度末	7,976	195,068	33,576	1,880,309	1,284	23	112,687	803	867,099	31,981
地方別（大正六年三月三十一日）										
北海道	298	31,077	4	14,020	9	—	878	14	7,047	15
東北區　青森縣	205	6,556	7	5,737	2	—	557	7	3,499	—
岩手縣	93	3,132	—	4,197	3	—	498	1	1,927	43
秋田縣	100	1,923	1	10,071	5	—	1,321	1	3,817	—
山形縣	91	3,296	3	38,306	7	—	1,831	6	9,753	—
宮城縣	65	4,636	22	13,674	1	—	1,780	—	6,690	—
福島縣	67	5,766	1	30,906	—	—	1,316	3	11,247	—
關東區　茨城縣	112	7,403	5	65,038	—	—	2,251	12	21,670	—
栃木縣	151	5,676	—	27,022	7	—	2,242	9	21,246	—
群馬縣	143	2,949	3	40,166	—	2	1,423	19	25,238	6
埼玉縣	140	5,454	8	66,554	13	—	1,922	11	38,389	—
千葉縣	135	7,706	27	53,639	11	—	1,873	10	18,927	—
東京府	161	5,924	20	158,749	688	20	16,634	207	87,005	—
神奈川縣	164	4,280	87	58,092	89	—	5,043	71	19,164	—
北陸區　新潟縣	138	3,556	28	72,527	4	—	4,322	7	13,273	1,802
富山縣	18	2,001	—	21,689	—	—	1,048	5	5,728	32
石川縣	37	1,802	1	20,501	3	—	1,376	5	5,662	2
福井縣	17	579	82	22,022	3	—	1,043	1	5,403	—
東山區　長野縣	438	6,095	1	45,918	7	—	1,854	20	23,522	—
岐阜縣	40	5,052	47	61,172	15	—	1,801	11	24,966	2,210
滋賀縣	15	515	1,160	51,417	8	—	1,699	6	13,236	1,639
東海區　山梨縣	275	1,861	—	10,515	1	—	544	8	4,904	—
靜岡縣	610	4,464	1,239	88,494	12	—	2,024	22	26,522	227
愛知縣	208	5,681	1,023	137,573	27	—	3,374	8	77,632	—
三重縣	86	1,739	1,173	96,442	13	—	2,504	31	28,994	374
近畿區　京都府	52	360	2,965	54,738	66	—	4,079	16	19,761	86
兵庫縣	115	—	10,769	70,864	84	—	7,305	46	52,254	—
大阪府	41	2,451	7,114	105,404	111	1	7,735	52	49,390	592
奈良縣	31	563	1,030	24,828	—	—	1,411	5	7,961	—
和歌山縣	29	173	2,333	16,926	3	—	1,453	14	9,820	22
中國區　鳥取縣	46	888	5	16,858	—	—	1,000	1	5,323	30
島根縣	37	1,576	12	20,026	3	—	1,301	8	8,000	2,116
岡山縣	52	2,800	922	54,290	1	—	3,900	45	41,454	28
廣島縣	53	2,990	53	46,492	2	—	2,672	27	20,529	6,178
山口縣	106	7,371	689	28,915	24	—	1,924	12	25,491	2,063
四國區　德島縣	26	632	553	21,522	3	—	1,489	2	10,316	11
香川縣	68	90	27	20,076	1	—	1,590	—	14,697	11,398
愛媛縣	369	1,332	559	24,593	3	—	1,358	8	14,744	3,083
高知縣	189	1,181	24	9,008	5	—	1,361	24	10,224	5
九州區　大分縣	568	7,802	7	10,183	—	—	923	3	7,359	—
福岡縣	137	9,357	697	84,637	33	—	3,180	24	27,518	—
佐賀縣	47	2,882	19	18,132	4	—	1,486	4	8,015	—
長崎縣	204	1,797	25	7,908	4	—	1,923	2	3,388	—
熊本縣	796	10,189	471	15,983	8	—	2,579	10	13,586	—
宮崎縣	395	4,961	279	6,795	—	—	564	6	5,292	4
鹿兒島縣	565	5,031	1,080	5,421	1	—	1,478	3	6,076	15
沖繩縣	243	1,519	1	2,269	—	—	818	2	440	—
總計	7,976	195,068	33,576	1,880,309	1,284	23	112,687	809	867,099	31,981

明治四十一年度以前ノ自働車及自轉車ハ「其他」中ニ包含ス○兵庫縣ニ於テハ課税上荷積用馬車ト牛車ト區別シ難キヲ以テ其ノ合數ヲ牛車ノ欄ニ掲載ス

163. 諸　車

		馬車		牛車	荷車	自働車		人力車	自轉車		其他
		乗用	荷積用			乗用	荷積用		自働	通常	
全國											
	明治三十一年度末	4,653	77,897	40,268	1,263,226	—	—	204,419	—	—	22,621
	同　三十六年度末	6,631	91,860	28,084	1,348,872	—	—	185,087	—	—	66,521
	同　四十一年度末	7,606	138,505	32,699	1,520,283	—	—	165,230	—	—	192,049
	大正二年度末	8,581	178,368	33,090	1,803,453	—	761	126,846	—	487,076	34,350
	同　三年度末	8,254	179,362	33,267	1,833,723	681	110	118,904	525	597,634	30,981
	同　四年度末	8,091	183,969	32,010	1,812,594	873	24	115,229	660	706,467	31,800
	同　五年度末	8,976	195,068	33,576	1,880,309	1,284	23	112,687	809	867,099	31,981
	同　六年度末	7,694	208,880	35,362	1,936,403	2,757	42	113,274	1,057	1,072,387	25,928
地方別（大正七年三月三十一日）											
	北海道	335	36,109	3	15,413	19	1	900	27	9,783	17
東北區	青森縣	210	6,356	5	6,311	—	—	575	4	4,743	3
	岩手縣	84	3,419	—	1,347	1	—	488	1	2,604	21
	秋田縣	97	2,209	1	10,917	—	—	1,333	—	4,784	—
	山形縣	82	3,187	3	38,655	4	—	1,799	10	11,950	—
	宮城縣	70	4,868	22	14,152	6	—	1,720	—	10,317	—
	福島縣	66	5,894	1	31,650	7	—	1,344	9	14,455	—
關東區	茨城縣	98	7,654	5	67,563	1	—	2,522	14	28,966	—
	栃木縣	149	5,778	1	28,125	12	—	2,235	7	29,039	—
	群馬縣	109	3,047	2	42,022	1	2	1,469	29	34,410	—
	埼玉縣	138	5,522	8	68,392	12	—	1,864	11	48,971	—
	千葉縣	158	7,740	23	54,640	11	—	1,782	7	22,004	—
	東京府	159	6,875	63	163,025	1,599	27	17,388	261	106,434	—
	神奈川縣	176	4,495	113	59,400	206	1	5,209	80	23,552	910
北陸區	新潟縣	118	3,767	38	74,099	2	—	4,064	10	15,196	2,215
	富山縣	12	1,838	—	21,374	3	—	1,024	6	7,332	31
	石川縣	37	1,801	—	21,622	7	—	1,313	2	6,904	—
	福井縣	12	594	68	22,814	4	—	1,006	1	6,460	3
東山區	長野縣	432	6,444	1	47,750	21	—	1,893	29	29,911	—
	岐阜縣	35	5,466	49	62,501	24	—	1,758	22	32,688	—
	滋賀縣	14	509	1,152	53,908	15	—	1,635	8	15,173	—
東海區	山梨縣	273	1,919	—	10,772	10	—	529	10	6,856	—
	静岡縣	588	4,991	255	89,645	25	—	1,998	30	34,778	1,507
	愛知縣	173	6,021	1,140	136,882	70	5	3,355	62	92,864	—
	三重縣	79	1,824	1,056	98,237	15	—	2,480	47	34,457	387
近畿區	京都府	44	400	3,241	57,002	108	—	3,887	20	30,249	435
	兵庫縣	122	—	12,166	74,022	167	—	7,694	47	62,028	—
	大阪府	30	3,128	7,143	110,767	225	5	8,253	76	59,345	—
	奈良縣	17	605	861	23,166	—	—	1,382	4	9,521	—
	和歌山縣	28	203	2,290	17,484	6	—	1,431	19	12,064	251
中國區	鳥取縣	43	1,078	13	19,428	5	—	982	3	6,784	34
	島根縣	39	1,684	19	20,684	4	—	1,282	11	10,802	2,477
	岡山縣	44	2,686	1,082	55,814	20	1	3,718	42	47,728	20
	廣島縣	49	3,491	20	49,636	7	—	2,537	31	24,981	7,970
	山口縣	96	7,506	710	29,183	26	—	1,909	10	28,179	2,475
四國區	德島縣	21	750	579	21,117	7	—	1,386	1	12,644	12
	香川縣	59	96	38	27,488	2	—	1,549	1	17,510	3,811
	愛媛縣	351	1,520	541	25,260	4	—	1,370	13	16,587	3,308
	高知縣	145	1,293	19	9,165	22	—	1,410	27	12,385	2
九州區	大分縣	544	7,717	8	10,113	—	—	955	3	10,585	—
	福岡縣	145	10,520	655	83,788	47	—	3,221	34	31,366	—
	佐賀縣	55	2,994	1	18,623	14	—	1,441	5	9,656	27
	長崎縣	208	1,894	23	8,557	6	—	1,858	4	3,814	—
	熊本縣	773	10,542	555	16,450	8	—	2,465	11	15,983	—
	宮崎縣	367	5,037	250	6,990	2	—	543	5	7,807	—
	鹿兒島縣	574	5,585	1,092	4,971	—	—	1,477	1	7,175	12
	沖繩縣	236	1,824	47	2,479	2	—	841	2	563	—
	計	7,694	208,880	35,362	1,936,403	2,757	42	113,274	1,057	1,072,387	25,928

明治四十一年度以前ノ自働車及自轉車ハ「其他」中ニ包含ス〇兵庫縣ニ於テハ課税上荷積用馬車ト牛車ト區別シ難キヲ以テ其ノ合數ヲ牛車ノ欄ニ掲載ス

165. 諸　車

		馬車		牛車	荷車	自働車		人力車	自轉車		其他
		乘用	荷積用			乘用	荷積用		自働	通常	
全國											
明治三十一年度末		4,653	77,897	40,268	1,263,226	—		204,419	—		22,621
同　三十六年度末		6,631	91,860	28,084	1,348,872	—		185,087	—		66,521
同　四十一年度末		7,606	138,505	32,699	1,520,283	—		165,230	—		192,049
大正　二　年度末		8,581	178,368	33,090	1,803,453	761		126,846	487,076		34,350
同　三　年度末		8,254	179,362	33,267	1,833,723	681	110	118,904	525	597,634	30,981
同　四　年度末		8,091	183,969	32,010	1,812,594	873	24	115,229	660	706,467	31,800
同　五　年度末		8,976	195,068	33,576	1,880,309	1,284	23	112,687	809	867,099	31,981
同　六　年度末		7,694	208,880	35,362	1,936,406	2,757	42	113,274	1,057	1,072,387	25,928
同　七　年度末		7,211	224,296	39,109	2,002,304	3,665	204	113,924	1,403	1,287,504	43,413
地方別（大正八年三月三十一日）											
北海道		349	43,470	3	16,917	35	7	1,165	51	13,780	7
東北區	青森縣	216	6,546	1	6,572	—	—	560	2	5,595	3
	岩手縣	74	3,592	—	4,638	6	2	500	7	3,879	22
	秋田縣	105	2,641	—	12,011	—	—	1,311	—	6,852	—
	山形縣	76	3,117	3	39,894	9	—	1,749	7	14,262	—
	宮城縣	77	5,195	27	14,914	30	3	1,660	15	14,574	—
	福島縣	61	6,132	—	32,722	49	7	1,341	8	19,146	—
關東區	茨城縣	79	7,802	4	70,717	4	1	2,164	19	34,143	—
	栃木縣	155	5,707	1	29,277	5	29	2,252	8	37,160	—
	群馬縣	121	3,166	1	44,148	14	2	1,470	41	44,678	6
	埼玉縣	123	5,442	8	70,709	15	6	1,869	28	61,879	—
	千葉縣	158	7,691	21	56,540	20	—	1,794	6	25,342	—
	東京府	150	7,244	82	163,842	1,632	85	18,447	378	120,397	17
	神奈川縣	208	4,730	143	61,058	329	1	5,373	79	31,108	79
北陸區	新潟縣	102	4,040	35	75,745	3	2	4,103	4	18,091	2,504
	富山縣	17	1,793	—	23,057	12	—	991	11	9,500	—
	石川縣	33	1,844	—	22,936	17	—	1,165	6	8,250	—
	福井縣	9	656	95	23,940	5	—	1,016	1	8,519	2
東山區	長野縣	381	6,650	—	49,204	47	1	1,887	36	36,716	—
	岐阜縣	23	5,685	52	76,713	63	1	1,671	23	39,257	6,516
	滋賀縣	14	391	1,152	52,809	12	—	1,635	8	13,088	1,599
東海區	山梨縣	242	1,920	—	10,334	13	—	534	8	8,337	—
	靜岡縣	560	5,312	213	94,008	54	2	2,029	49	43,420	242
	愛知縣	132	6,261	1,252	139,020	120	17	3,362	84	106,913	—
	三重縣	75	1,606	1,170	97,781	40	—	2,453	50	41,236	439
近畿區	京都府	44	559	3,423	59,517	180	1	3,833	25	40,322	396
	兵庫縣	98	—	13,428	79,098	211	—	7,978	57	73,394	899
	大阪府	25	3,868	7,956	114,601	348	28	8,301	90	65,585	68
	奈良縣	11	524	1,071	23,755	15	—	1,339	9	10,540	—
	和歌山縣	19	276	2,520	18,325	13	—	1,433	16	14,211	52
中國區	鳥取縣	44	1,069	6	20,852	12	—	912	3	9,250	33
	島根縣	29	1,846	14	21,588	11	3	1,263	37	12,989	2,745
	岡山縣	30	2,942	1,133	56,823	42	—	3,746	46	54,380	5
	廣島縣	40	3,678	152	50,405	37	2	2,459	40	29,619	9,231
	山口縣	98	8,452	745	30,589	26	—	2,007	12	36,794	3,941
四國區	德島縣	13	912	548	21,073	15	—	1,340	—	15,924	—
	香川縣	54	136	25	20,397	—	—	1,497	2	19,433	11,038
	愛媛縣	308	1,588	566	26,329	12	—	1,419	16	19,711	3,533
	高知縣	141	1,469	14	9,586	31	—	1,387	35	15,497	3
九州區	大分縣	506	7,705	8	9,129	20	1	998	4	12,321	—
	福岡縣	128	11,649	652	87,735	73	2	3,260	37	37,001	—
	佐賀縣	45	3,017	37	19,104	20	—	1,431	16	11,390	13
	長崎縣	185	2,034	22	9,214	25	—	1,750	5	4,965	—
	熊本縣	744	10,935	509	18,028	12	—	2,391	10	19,260	—
	宮崎縣	345	5,332	826	7,423	11	—	534	7	9,224	4
	鹿兒島縣	555	5,809	1,126	7,049	14	1	1,414	3	8,727	16
沖繩縣		209	1,863	65	3,178	3	—	731	1	845	—
計		**7,211**	**224,296**	**39,109**	**2,002,304**	**3,665**	**204**	**113,924**	**1,403**	**1,287,504**	**43,413**

明治四十一年度以前ノ自働車及自轉車ハ「其他」中ニ包含ス○兵庫縣ニ於テハ課税上荷積用馬車ト牛車ト區別シ難キヲ以テ其合數ヲ牛車ノ欄ニ掲載ス

165. 諸　　車

區		馬車 乗用	馬車 荷積用	牛車	荷車	自働車 乗用	自働車 荷積用	人力車	自轉車 自働	自轉車 通常	其他
	全　國										
	明治三十一年度末	4,653	77.897	40,268	1,263,226	—		204,419	—		22,621
	同　三十六年度末	6,631	91,860	28,084	1,348,872	—		185,087	—		66,521
	同　四十一年度末	7,606	138,505	32,699	1,520,283	—		165,230	—		192,049
	大正　二　年度末	8,581	178,368	33,090	1,803,453	761		126,846	487,076		34,350
	同　三　年度末	8,254	179,362	33,267	1,833,723	681	110	118,904	525	597,634	30,981
	同　四　年度末	8,091	183,969	32,010	1,812,594	873	24	115,229	660	706.467	31,800
	同　五　年度末	8,976	195,068	33,576	1,880,309	1,284	23	112,687	809	867,099	31,981
	同　六　年度末	7.694	208,880	35,362	1,936,406	2,757	42	113,274	1,057	1,072,387	25,928
	同　七　年度末	7,211	224,296	39,109	2,002,304	3,665	204	113,924	1,403	1,287,504	43,413
	同　八　年度末	6,827	244,805	40,587	2,084,865	5,109	441	110,541	2,423	1,611,897	43,359
	地　方　別　（大正九年三月三十一日）										
	北海道	364	48,294	—	18,451	70	14	1,172	51	19,443	—
東北區	青森縣	216	7,124	18	6,943	4	2	577	10	7,067	32
東北區	岩手縣	69	3,790	—	5,055	11	5	482	11	5,608	20
東北區	秋田縣	96	3,132	—	13,592	—	—	1,333	4	9,302	—
東北區	山形縣	54	3,309	4	40,812	28	—	1,667	15	18,286	—
東北區	宮城縣	67	5,737	27	15,887	69	3	1,614	15	19,932	—
東北區	福島縣	61	6,347	1	35,022	47	12	1,327	6	25,875	—
關東區	茨城縣	63	8,781	49	76,551	31	8	1,941	26	43,947	—
關東區	栃木縣	154	6,291	4	31,315	69	4	2,318	21	49,326	18
關東區	群馬縣	99	3,405	3	46,973	37	15	1,497	55	54,192	47
關東區	埼玉縣	180	5,625	13	74,143	29	6	1,839	60	80,085	—
關東區	千葉縣	132	7,947	20	58,225	36	4	1,719	12	30,218	—
關東區	東京府	105	8,530	116	171,338	2,190	193	19,429	521	138,931	11
關東區	神奈川縣	161	4,086	489	56,863	196	11	2,397	565	29.714	1,681
北陸區	新潟縣	109	4,194	30	80,242	23	2	4,078	10	23,669	3,235
北陸區	富山縣	13	1,831	—	22,908	31	2	992	12	12,189	—
北陸區	石川縣	22	1,923	—	24,275	24	2	984	13	10,231	2
北陸區	福井縣	46	906	81	25,205	12	1	974	8	12,698	10
東山區	長野縣	314	7,121	—	53,217	83	4	1,858	44	47,695	—
東山區	岐阜縣	25	5,887	44	65,050	80	7	1,620	24	50,770	—
東山區	滋賀縣	14	505	1,283	54.390	35	1	1,434	20	27,142	1,913
東海區	山梨縣	269	2,138	—	12,166	17	—	558	5	11,389	22
東海區	靜岡縣	515	6,389	208	95,043	90	8	2,132	90	58,816	667
東海區	愛知縣	110	6,583	1,463	141,681	157	30	3,336	151	134,121	—
東海區	三重縣	61	1,673	1,274	99,869	66	1	2,378	89	52,692	86
近畿區	京都府	32	701	3,754	60,362	292	17	3,810	55	51,487	758
近畿區	兵庫縣	88	1,280	13,727	98,871	294	3	8,145	77	92,656	1,028
近畿區	大阪府	28	5,930	7,565	116,694	398	55	8,363	107	79,569	224
近畿區	奈良縣	10	493	1,373	24,211	20	—	1,281	10	13,404	—
近畿區	和歌山縣	17	314	2,604	19,941	25	2	1,416	25	18,775	104
中國區	鳥取縣	19	1,017	6	22,711	21	2	836	5	12,217	34
中國區	島根縣	21	1,911	9	22,525	9	4	1,247	14	15,489	3,022
中國區	岡山縣	18	3,017	1,212	58,019	58	1	3,565	44	62,740	31
中國區	廣島縣	35	3,982	52	53,758	69	6	2,210	35	35,552	10,497
中國區	山口縣	63	8,462	829	30,862	41	—	1,869	17	36,716	5,131
四國區	德島縣	4	990	569	21,461	16	—	1,321	6	19,823	1,488
四國區	香川縣	50	167	61	21,448	30	—	1,515	2	23.664	11,823
四國區	愛媛縣	364	1,662	649	31,865	14	—	1,442	20	24,844	—
四國區	高知縣	157	1,513	19	10,381	50	—	1,384	34	22,163	—
九州區	大分縣	461	7,863	6	9,413	42	1	1,009	10	15,396	—
九州區	福岡縣	122	13,381	733	89,047	122	14	3,174	61	47,364	—
九州區	佐賀縣	46	3,044	6	20.199	30	—	1,339	18	14,847	16
九州區	長崎縣	165	2,167	25	9,734	49	—	1,760	15	5,681	—
九州區	熊本縣	738	11,306	511	18,970	33	—	2,461	11	23,160	—
九州區	宮崎縣	393	5,505	243	9,222	26	—	562	7	10,457	5
九州區	鹿兒島縣	504	6,321	1,430	6,541	30	3	1,296	11	11,432	1,365
	沖繩縣	173	2,231	77	3,414	5	1	877	1	1,123	59
	計	6,827	244,805	40,587	2,084,865	5,109	444	110,541	2,423	1,611,897	43,359

明治四十一年度以前ノ自働車及自轉車ハ其他ノ中ニ包含ス○兵庫縣ニ於テハ課税上荷積用馬車ト牛車ト區別シ難キヲ以テ其合數ヲ牛車ノ欄ニ掲載ス

161. 諸　　車

		馬車		牛車	荷車	自働車		人力車	自轉車	
		乗用	荷積用			乗用	荷積用		自働	通常
全國										
大正二年度末		8,581	178,368	33,090	1,803,453	761		126,846	487,076	
同三年度末		8,254	179,362	33,267	1,833,723	681	110	118,904	525	597,934
同四年度末		8,091	183,969	32,010	1,812,594	873	24	115,229	660	706,467
同五年度末		8,976	195,068	33,576	1,880,309	1,284	23	112,687	809	867,099
同六年度末		7,694	208,880	35,362	1,936,406	2,757	42	113,274	1,057	1,072,387
同七年度末		7,211	224,296	39,109	2,002,304	3,665	204	113,924	1,403	1,287,504
同八年度末		6,827	244,805	40,587	2,084,865	5,109	444	110,541	2,423	1,611,897
同九年度末		6,178	252,747	44,455	2,143,397	7,023	889	110,405	2,478	2,051,104
地方別（大正十年三月三十一日）										
北海道		328	51,342	—	19,392	85	10	1,171	33	23,433
東北區	青森縣	218	7,598	25	7,570	13	1	573	19	10,141
	岩手縣	70	3,967	—	5,504	16	7	494	9	7,185
	秋田縣	86	3,085	—	15,766	36	3	1,292	8	11,796
	山形縣	38	3,264	15	42,724	36	6	1,597	16	21,939
	宮城縣	62	6,001	24	16,601	53	10	1,591	18	23,266
	福島縣	53	6,200	2	36,540	54	11	1,343	17	30,381
關東區	茨城縣	48	9,542	185	74,805	50	10	2,211	27	50,609
	栃木縣	140	6,510	—	31,825	96	6	2,290	34	60,656
	群馬縣	69	2,379	4	48,181	53	31	1,410	67	62,427
	埼玉縣	86	5,636	18	74,694	55	22	1,808	72	93,291
	千葉縣	141	8,254	24	59,634	101	15	1,665	26	35,828
	東京府	106	9,325	188	174,910	2,554	293	18,282	608	279,569
	神奈川縣	151	4,826	1,061	64,183	495	64	5,192	92	47,280
北陸區	新潟縣	90	4,119	16	84,934	43	14	4,085	26	30,194
	富山縣	11	1,887	—	23,781	51	2	923	13	15,690
	石川縣	11	1,965	—	24,482	78	5	904	13	12,447
	福井縣	2	933	71	26,721	41	3	943	8	15,721
東山區	長野縣	301	7,239	—	54,142	121	16	1,823	46	52,571
	岐阜縣	22	5,738	48	64,768	86	11	1,549	34	54,205
	滋賀縣	14	522	1,326	55,595	56	—	1,474	21	32,892
東海區	山梨縣	248	2,071	1	12,943	18	1	552	8	13,877
	靜岡縣	471	6,705	212	97,134	114	7	2,108	83	70,465
	愛知縣	106	6,498	1,515	143,273	176	53	3,297	173	153,012
	三重縣	69	1,873	1,055	100,311	111	6	2,295	109	61,695
近畿區	京都府	16	826	3,303	62,007	354	44	3,597	61	62,784
	兵庫縣	85	1,425	14,163	101,397	405	42	8,097	151	116,814
	大阪府	29	5,966	8,797	116,403	542	122	7,869	230	93,114
	奈良縣	2	549	1,777	24,228	52	1	1,334	17	15,518
	和歌山縣	13	270	2,631	20,349	8	2	1,407	34	21,731
中國區	鳥取縣	15	1,044	4	23,198	20	2	854	4	14,500
	島根縣	23	1,953	20	23,469	12	—	1,197	19	19,198
	岡山縣	10	3,097	1,277	57,453	102	17	3,417	46	75,788
	廣島縣	20	4,114	84	56,819	79	11	2,234	48	42,603
	山口縣	65	7,804	1,650	35,558	71	2	1,827	38	43,043
四國區	德島縣	5	1,061	596	21,795	38	6	1,209	9	23,479
	香川縣	48	196	72	22,159	50	2	1,509	17	31,228
	愛媛縣	319	1,685	713	32,989	22	—	1,420	39	29,550
	高知縣	107	1,491	20	10,798	84	—	1,259	39	25,824
九州區	大分縣	397	8,213	5	9,521	95	—	1,017	15	18,452
	福岡縣	126	13,297	799	91,895	164	25	3,216	48	60,185
	佐賀縣	73	3,141	5	21,848	48	—	1,306	23	21,067
	長崎縣	151	2,227	28	10,519	73	—	1,658	16	6,874
	熊本縣	702	11,687	420	20,033	123	2	2,462	29	28,519
	宮崎縣	347	5,789	225	9,107	22	—	586	4	13,611
	鹿兒島縣	532	6,072	1,951	7,665	57	4	1,369	9	15,255
沖繩縣		152	2,358	122	3,774	10	—	689	2	1,397
總計		6,178	252,747	44,455	2,143.397	7,023	889	110,405	2,478	2,051,104

本表ノ外香川縣ニ猫車ト稱スル小運搬車(16.926)アリ

166. 諸　車

	馬車		牛車	荷車	自働車		人力車	自轉車	
	乗用	荷積用			乗用	荷積用		自働	通常
全國									
大正二年度末	8,581	178,368	33,090	1,803,453	761		126,846	487,076	
同 三 年度〃	8,254	179,362	33,267	1,833,723	681	110	118,904	525	597,934
同 四 年度〃	8,091	183,969	32,010	1,812,594	873	24	115,229	660	706,467
同 五 年度〃	8,976	195,068	33,576	1,880,309	1,284	23	112,687	809	867,099
同 六 年度〃	7,694	208,880	35,362	1,936,406	2,757	42	113,274	1,057	1,072,387
同 七 年度〃	7,211	224,296	39,109	2,002,304	3.665	204	113,924	1,403	1,287,504
同 八 年度〃	6,827	244,805	40,587	2,084,865	5,109	414	110,541	2,423	1,611,897
同 九 年度〃	6,178	252,747	44,455	2,143,397	7,023	889	110,405	2,478	2,051,104
同 十 年度〃	5,827	269,378	52,116	2,203,406	8,265	1,383	106,861	3,422	2,319,089
地方別（大正十一年三月三十一日）									
北海道	349	53,658	—	22,417	92	11	1,278	27	26,405
東北區 青森縣	225	8,293	6	8,006	36	5	611	21	13,254
東北區 岩手縣	66	4,048	—	5,763	—	—	521	13	8,428
東北區 秋田縣	79	3,304	—	16,231	53	3	1,265	13	13,762
東北區 山形縣	26	3,143	16	43,483	52	7	1,576	27	25,402
東北區 宮城縣	53	6,287	22	16,729	51	12	1,500	27	24,360
東北區 福島縣	45	6,716	—	37,741	65	5	1,225	23	37,709
關東區 茨城縣	46	11,537	984	76,381	47	11	2,025	40	59,512
關東區 栃木縣	139	6,789	11	32,303	117	8	2,330	51	71,067
關東區 群馬縣	66	3,936	12	49,258	58	29	1,514	91	66,666
關東區 埼玉縣	78	5,804	97	75,818	75	16	1,758	70	102,406
關東區 千葉縣	123	8,712	85	59,192	155	14	1,601	43	40,424
關東區 東京府	89	10,692	1,298	175,038	2,729	487	17,348	705	202,998
關東區 神奈川縣	144	4,763	2,329	68,252	509	89	4,964	218	64,898
北陸區 新潟縣	67	4,482	18	86,716	98	41	3,855	25	37,861
北陸區 富山縣	10	2,007	—	24,091	50	1	909	20	18,710
北陸區 石川縣	12	2,081	—	23,810	70	5	842	8	15,228
北陸區 福井縣	—	948	87	27,445	51	7	872	7	17,838
東山區 長野縣	231	7,416	—	55,448	106	28	1,798	49	59,830
東山區 岐阜縣	17	6,235	51	69,672	91	18	1,515	33	61,211
東山區 滋賀縣	14	—	1,818	57,175	79	15	1,474	25	33,142
東海區 山梨縣	208	2,247	—	12,876	20	1	556	10	15,554
東海區 靜岡縣	471	6,411	258	97,963	142	13	2,162	85	86,553
東海區 愛知縣	105	6,490	2,600	157,597	284	47	3,156	204	184,592
東海區 三重縣	56	2,010	1,091	101,208	141	16	2,216	144	70,829
近畿區 京都府	24	1,031	3,305	62,036	480	105	3,437	103	88,381
近畿區 兵庫縣	82	1,313	14,418	102,121	440	46	7,591	191	137,772
近畿區 大阪府	25	5,615	10,238	116,022	649	203	7,443	444	111,226
近畿區 奈良縣	1	254	864	27,429	77	—	1,311	18	18,644
近畿區 和歌山縣	16	465	3,166	22,112	41	2	1,356	44	27,546
中國區 鳥取縣	21	1,119	5	23,604	31	3	813	14	17,184
中國區 島根縣	16	2,476	11	23,713	27	1	1,093	19	23,080
中國區 岡山縣	9	3,267	1,638	56,222	113	24	3,285	62	82,018
中國區 廣島縣	22	4,951	549	57,772	130	26	2,161	67	52,990
中國區 山口縣	63	8,555	1,233	37,215	82	8	1,750	74	53,451
四國區 德島縣	5	1,100	611	22,157	51	4	1,314	8	27,877
四國區 香川縣	55	206	513	25,289	55	3	1,531	66	37,869
四國區 愛媛縣	235	2,049	808	34,583	71	13	1,435	29	36,541
四國區 高知縣	102	1,711	24	11,265	92	—	1,158	62	30,795
九州區 大分縣	326	8,799	5	10,059	98	—	993	19	23,541
九州區 福岡縣	158	14,102	1,006	93,015	195	41	3,386	76	80,880
九州區 佐賀縣	79	3,301	1	23,341	66	—	1,337	30	29,170
九州區 長崎縣	137	2,266	27	11,121	87	—	1,479	16	7,775
九州區 熊本縣	679	13,256	411	21,118	182	4	2,436	80	36,620
九州區 宮崎縣	302	5,687	195	9,572	31	1	573	8	15,769
九州區 鹿兒島縣	594	7,120	2,263	9,263	85	10	1,439	12	19,821
沖繩縣	157	2,726	12	3,734	11	—	669	1	1,470
總計	5,827	269,378	52,116	2,203,406	8,265	1,383	106,861	3.422	2,319,089

168. 諸　　車

地方		馬車		牛車	荷車	自働車		人力車	自轉車	
		乗用	荷積用			乗用	荷積用		自働	通常
全國										
	大正二年度末	8,581	178,368	33,090	1,803,453	761		126,846	487,076	
	同三年度〃	8,254	179,362	33,267	1,833,223	681	110	118,904	525	597,934
	同四年度〃	8,091	183,969	32,010	1,812,594	873	24	115,229	660	706,467
	同五年度〃	8,976	195,068	33,576	1,880,309	1,284	23	112,687	809	867,099
	同六年度〃	8,694	208,880	35,362	1,936,406	2,757	42	113,274	1,057	1,072,387
	同七年度〃	7,211	224,296	39,109	2,002,304	3,665	204	113,924	1,403	1,287,504
	同八年度〃	6,827	244,805	40,587	2,084,865	5,109	444	110,541	2,423	1,611,897
	同九年度〃	6,178	252,747	44,455	2,143,397	7,023	889	110,405	2,478	2,051,104
	同十年度〃	5,827	269,378	52,116	2,203,406	8,265	1,383	106,861	3,422	2,319,089
	同十一年度〃	5,463	285,206	55,221	2,219,374	9,992	2,099	100,511	4,591	2,812,478
地方別（大正十二年三月三十一日）										
北海道		383	56,088	—	23,449	101	24	1,250	23	29,879
東北區	青森縣	222	8,894	6	8,356	51	7	611	18	15,928
	岩手縣	58	4,434	1	6,078	—	—	512	24	11,082
	秋田縣	70	3,304	—	16,522	60	5	1,225	25	16,827
	山形縣	32	3,462	18	44,329	56	20	1,478	33	32,368
	宮城縣	49	6,757	16	17,553	67	14	1,561	41	28,166
	福島縣	35	6,838	2	38,053	69	7	1,184	22	42,560
關東區	茨城縣	43	11,913	740	77,044	57	13	1,956	51	74,145
	栃木縣	128	6,797	10	31,976	140	17	2,342	52	77,664
	群馬縣	60	4,026	14	49,391	81	37	1,389	108	70,419
	埼玉縣	74	5,689	141	76,978	94	18	1.676	79	112,566
	千葉縣	112	9,136	556	60,264	208	24	1,527	43	62,134
	東京府	85	10,915	4,157	173,198	3,172	735	16,186	846	233,917
	神奈川縣	139	4,791	3,231	67,977	692	144	4,656	277	79,781
北陸區	新潟縣	49	4,967	17	89,275	139	73	3,617	47	47,686
	富山縣	8	2,152	7	23,632	54	—	879	21	22,319
	石川縣	4	2,056	1	23,042	93	23	800	12	18,224
	福井縣	—	1,109	91	26,925	57	12	803	12	23,534
東山區	長野縣	188	7,753	—	57,065	144	38	1,651	76	68,796
	岐阜縣	12	7,554	122	66,097	112	27	1,415	55	69,501
	滋賀縣	11	648	1,424	57,069	83	25	1,359	62	50,794
東海區	山梨縣	198	2,237	3	13,250	24	4	565	16	18,062
	静岡縣	482	6,686	260	96,637	212	20	2,118	125	109,677
	愛知縣	81	7,154	2,795	159,992	295	97	3,016	282	223,938
	三重縣	38	2,181	1,115	100,973	155	39	2,031	165	79,888
近畿區	京都府	20	1,087	3,684	62,967	536	151	3,262	261	101,877
	兵庫縣	70	1,290	14,820	101,945	505	68	6,822	259	179,718
	大阪府	29	10,861	7,125	117,181	726	245	6,758	533	132,663
	奈良縣	3	420	1,931	24,182	98	12	1,186	28	23,154
	和歌山縣	11	515	2,959	21,404	68	11	1,311	29	33,779
中國區	鳥取縣	10	1,155	12	24,070	67	5	740	21	20,423
	島根縣	9	2,348	17	23,979	41	3	1,011	14	29,407
	岡山縣	10	3,429	1,519	54,783	175	23	3,039	113	99,434
	廣島縣	16	5,277	278	62,884	143	31	2,012	118	73,286
	山口縣	52	8,611	1,419	40,027	156	17	1,596	90	63,898
四國區	徳島縣	2	1,208	649	24,552	63	8	1,267	20	34,040
	香川縣	55	244	1,128	24,265	51	2	1,460	129	45,207
	愛媛縣	225	2,189	838	33,296	63	12	1,403	79	42,620
	高知縣	101	1,849	28	11,781	99	—	1,079	98	41,609
九州區	大分縣	306	8,740	6	10,462	147	5	984	23	30,897
	福岡縣	190	14,146	1,156	93,253	214	38	3,175	91	100,430
	佐賀縣	68	3,429	7	24,728	110	8	1,202	25	35,805
	熊本縣	107	2,453	17	11,821	92	2	1,145	27	10,907
	長崎縣	662	12,816	429	21,845	182	16	2,492	86	46,583
	宮崎縣	288	5,843	150	9,763	66	5	573	6	20,752
	鹿兒島縣	520	7,396	2,053	11,517	160	14	1,418	26	24,480
沖繩縣		148	2,309	269	3,544	14	—	764	—	1,654
總計		5,463	285,206	55,221	2,219,374	9,992	2,099	100,511	4,591	2,812,478

168. 諸　車

		馬車		牛車	荷車	自働車		人力車	自轉車	
		乘用	荷積用			乘用	荷積用		自働	通常
全國										
大正二年度末		8,581	178,368	33,090	1,803,453	761		126,846	487,076	
同三年度″		8,254	179,362	33,267	1,833,223	681	110	118,904	525	597,934
同四年度″		8,091	183,969	32,010	1,812,594	873	24	115,229	660	706,467
同五年度″		8,976	195,068	33,576	1,880,309	1,284	23	112,687	809	867,099
同六年度″		8,694	208,880	35,362	1,936,406	2,757	42	113,274	1,057	1,072,387
同七年度″		7,211	224,296	39,109	2,002,304	3,665	204	113,924	1,403	1.287,504
同八年度″		6,827	244,805	40,587	2,084,865	5,109	444	110,541	2,423	1,611,897
同九年度″		6,178	252,747	44,455	2,143,397	7,023	889	110,405	2,478	2,051,104
同十年度″		5,827	269,378	52,116	2,203,406	8,265	1,383	106,861	3,422	2,319,089
同十一年度″		5,463	285,206	55,221	2,219,374	9,992	2,099	100,511	4,591	2,812,478
同十二年度″		4,912	288,808	63,449	2,185,345	11,679	3,058	89,149	5,790	3,208,406
地方別（大正十三年三月三十一日）										
北海道		397	56,987	—	23,265	126	10	1,127	31	34,614
東北區	青森縣	236	9,543	32	8,737	74	6	584	22	18,548
	岩手縣	44	4,626	1	6,242	48	12	509	21	13,334
	宮城縣	43	7,144	19	17,408	80	19	1,513	49	32,427
	秋田縣	60	3,182	—	16,868	66	6	1,177	30	18,266
	山形縣	17	3,603	13	44,569	64	19	1,386	28	38,919
	福島縣	36	7,038	17	38,289	91	12	1,148	38	50,467
關東區	茨城縣	38	12,126	1,462	76,748	78	28	1,870	55	81,802
	栃木縣	117	7,140	21	31,998	121	12	2,264	54	81.155
	群馬縣	63	4,161	49	50,130	89	42	1,486	129	70,771
	埼玉縣	57	5,576	508	75,221	112	59	1,595	122	127,400
	千葉縣	85	9.422	1,137	59,820	215	58	1,433	46	73,091
	東京府	61	11,462	6.012	148,053	3,497	1,034	11,076	873	250,590
	神奈川縣	97	3,966	4,278	56,696	383	278	2,067	112	75,034
北陸區	新潟縣	47	5,366	89	92,037	198	69	3,444	75	62,876
	富山縣	9	2,395	2	23,070	79	3	843	29	28,321
	石川縣	—	2,188	9	22,751	123	39	711	20	21,892
	福井縣	—	1,159	104	27,119	63	11	799	19	27,297
東山區	山梨縣	198	2,371	—	13,598	31	5	509	22	22,317
	長野縣	151	7,985	5	58,904	190	58	1,673	217	79,417
	岐阜縣	8	6,563	136	65,542	140	30	1,333	99	77,000
東海區	靜岡縣	445	7,034	353	98,336	217	44	2,083	199	134,522
	愛知縣	73	7,603	3,285	161,526	367	162	3,191	430	252,331
	三重縣	44	2,271	1,044	100,632	174	69	1,939	198	90,386
近畿區	滋賀縣	11	712	1,390	58,600	112	40	1,287	99	58,962
	京都府	15	1,133	3,784	63,146	563	220	3,070	274	117,156
	大阪府	26	8,469	9,000	117,537	981	281	6,077	591	149,481
	兵庫縣	44	3	15,856	100,225	658	99	6,101	377	211,750
	奈良縣	1	753	1,688	25,817	132	21	1,164	35	26,846
	和歌山縣	10	621	2,945	21,206	121	9	1,249	57	38,754
中國區	鳥取縣	8	1,209	7	24,292	69	6	723	24	23,888
	島根縣	3	2,494	20	24,322	45	2	962	14	34,733
	岡山縣	7	3,472	1,522	44,127	220	44	2,685	188	109,053
	廣島縣	20	5,376	679	64,433	237	52	1,932	173	82,359
	山口縣	42	8,497	1,500	37,146	258	35	1,501	115	68,299
四國區	德島縣	1	1,363	643	25,133	79	5	1,111	51	45.385
	香川縣	47	298	960	24,577	117	19	1,384	228	52,953
	愛媛縣	161	2,442	955	35,246	156	17	1,334	87	50,016
	高知縣	100	1,928	37	11 965	101	14	1,009	110	50,623
九州區	福岡縣	198	16,253	1,378	94,369	275	39	3,196	192	125,423
	佐賀縣	64	3,565	13	25,488	113	8	1,153	49	39,948
	長崎縣	74	2,358	39	11,519	118	5	1,284	27	11,817
	熊本縣	618	13,064	370	22,213	190	16	2,323	101	55,771
	大分縣	278	8,625	3	10,717	181	13	970	27	36,320
	宮崎縣	266	5,613	277	9,546	90	8	601	20	24,855
	鹿兒島縣	456	7,382	1,804	12,373	214	20	1,371	36	29,259
沖繩縣		136	2,267	3	3,789	23	—	902	2	1,978
總計		4,912	288,808	63,449	2,185,345	11,679	3,058	89,149	5,790	3,208,406

167．諸　　車

		馬車		牛車	荷車	自動車		人力車	自轉車	
		乗用	荷積用			乗用	荷積用		自動	通常
全國										
大正二年度末		8,581	178,368	33,090	1,803,453	761		126,846	487,076	
同三年度″		8,254	179,362	33,267	4,833,223	681	110	118,904	525	597,934
同四年度″		8,091	183,969	32,010	1,812,594	873	24	115,229	660	706,467
同五年度″		8,976	195,068	33,576	1,880,309	1,284	23	112,687	809	867,099
同六年度″		8,694	208,880	35,362	1,936,406	2,757	42	113,274	1,057	1,072,387
同七年度″		7,211	224,296	39,109	2,002,304	3,665	204	113,924	1,403	1,287,504
同八年度″		6,827	244,805	40,587	2,084,865	5,109	444	110,541	2,423	1,611,897
同九年度″		6,178	252,747	44,455	2,143,397	7,023	889	110,405	2,478	2,051,104
同十年度″		5,827	269,378	52,116	2,203,406	8,265	1,383	106,861	3,422	2,319,089
同十一年度″		5,463	285,206	55,221	2,219,374	9,992	2,099	100,511	4,591	2,812,478
同十二年度″		4,912	288,808	63,449	2,185,345	11,679	3,058	89,149	5,790	3,208,406
同十三年度″		4,359	292,213	69,163	2,178,600	14,809	5,778	85,434	8,966	3,675,359
地方別（大正十四年三月三十一日）										
北海道		390	59,828	—	23,401	162	12	1,097	51	40,866
東北區	青森縣	227	9,823	40	9,042	103	7	577	43	20,839
	岩手縣	38	4,736	1	6,659	77	19	528	32	15,379
	宮城縣	29	7,350	36	17,674	121	22	1,451	72	32,389
	秋田縣	53	3,131	—	16,658	61	7	1,144	28	21,019
	山形縣	12	3,740	11	45,011	106	34	1,351	53	43,793
	福島縣	39	6,909	58	38,129	112	23	1,113	63	57,769
關東區	茨城縣	28	12,572	1,898	76,200	138	34	1,758	62	89,900
	栃木縣	115	7,177	66	31,301	179	25	2,178	103	88,373
	群馬縣	50	4,169	139	49,416	132	86	1,403	162	84,911
	埼玉縣	54	5,320	961	74,600	149	198	1,445	198	143,254
	千葉縣	96	9,298	2,123	58,535	295	101	1,356	54	83,183
	東京府	54	13,898	7,367	155,470	4,297	2,555	12,136	1,483	327,035
	神奈川縣	77	4,162	5,287	57,708	531	408	2,694	230	101,428
北陸區	新潟縣	41	5,441	363	92,904	233	93	3,287	122	72,683
	富山縣	6	2,620	23	22,992	100	36	816	46	33,483
	石川縣	1	2,261	4	22,213	128	58	700	46	25,676
	福井縣	—	1,130	143	27,000	104	13	716	32	29,953
東山區	山梨縣	134	2,324	62	14,037	90	30	521	64	26,699
	長野縣	120	7,875	7	60,696	239	162	1,396	177	89,379
	岐阜縣	5	6,459	117	64,378	179	47	1,240	157	83,173
東海區	靜岡縣	386	7,201	289	100,939	374	170	2,000	406	151,826
	愛知縣	52	7,808	3,651	168,058	585	250	2,799	640	273,416
	三重縣	32	2,329	973	100,681	220	74	1,812	268	98,277
近畿區	滋賀縣	10	750	1,435	59,166	133	52	1,206	257	64,879
	京都府	20	1,160	3,845	62,613	677	316	2,853	412	128,162
	大阪府	20	5,811	10,465	109,836	1,316	382	5,400	1,105	223,077
	兵庫縣	39	2	15,027	97,402	732	161	5,448	488	222,251
	奈良縣	1	643	1,462	25,784	166	36	1,099	59	30,035
	和歌山縣	9	667	2,945	20,758	145	19	1,116	61	44,068
中國區	鳥取縣	5	1,247	12	24,562	77	9	644	34	26,690
	島根縣	3	2,497	21	23,564	54	14	914	23	37,751
	岡山縣	21	3,029	1,565	34,605	281	72	2,567	260	118,104
	廣島縣	15	5,388	562	63,450	226	63	1,848	195	101,261
	山口縣	26	7,772	2,033	35,582	298	39	1,325	136	71,352
四國區	德島縣	1	1,488	641	26,120	89	7	1,072	75	46,158
	香川縣	40	345	1,036	24,896	173	30	1,300	150	57,422
	愛媛縣	99	2,294	1,026	35,343	191	18	1,226	115	52,162
	高知縣	64	2,017	74	12,405	187	37	866	180	55,905
九州區	福岡縣	201	15,794	1,390	92,349	363	57	3,069	370	141,039
	佐賀縣	64	3,641	7	26,206	141	13	1,054	124	43,135
	長崎縣	64	2,420	50	11,576	131	6	1,162	41	14,432
	熊本縣	582	13,159	361	22,534	223	24	1,994	141	62,853
	大分縣	238	8,369	2	10,735	110	17	879	52	39,321
	宮崎縣	246	5,932	126	9,692	125	14	610	22	27,641
	鹿兒島縣	416	8,068	1,453	12,141	232	28	1,357	72	31,022
沖繩縣		136	2,159	6	3,579	21	—	907	2	1,936
總計		4,359	292,213	69,163	2,178,600	14,806	5,878	85,434	8,966	3,675,359

本表ニハ免稅ノモノヲ含マス

174. 諸　　車

		馬車 乘用	馬車 荷積用	牛車	荷車	自動車 乘用	自動車 荷積用	人力車	自轉車 自動	自轉車 通常
全國										
大正四年度末		8,091	183,969	32,010	1,812,594	873	24	115,229	660	706,467
同 五 年度〃		8,976	195,068	33,576	1,880,309	1,284	23	112,687	809	867,099
同 六 年度〃		8,694	208,880	35,362	1,936,406	2,757	42	113,274	1,057	1,072,387
同 七 年度〃		7,211	224,296	39,109	2,002,304	3,665	204	113,924	1,403	1,287,504
同 八 年度〃		6,827	244,805	40,587	2,084,865	5,109	444	110,541	2,423	1,611,897
同 九 年度〃		6,178	252,747	44,455	2,143,397	7,023	889	110,405	2,478	2,051,104
同 十 年度〃		5,827	269,378	52,116	2,203,406	8,265	1,383	106,861	3,422	2,319,089
同 十一年度〃		5,463	285,206	55,221	2,219,374	9,992	2,099	100,511	4,591	2,812,478
同 十二年度〃		4,912	288,808	63,449	2,185,345	11,679	3,058	89,149	5,790	3,208,406
同 十三年度〃		4,359	292,213	69,163	2,178,600	14,809	5,778	85,434	8,966	3,675,359
同 十四年度〃		3,905	306,038	66,308	2,186,775	18,562	7,884	79,832	12,378	4,070,614
地方別 (大正十五年三月三十一日)										
	北海道	387	67,774	—	24,003	238	28	1,021	77	41,177
東北區	靑森縣	226	10,153	11	9,162	166	15	579	63	24,161
	岩手縣	26	4,757	1	6,887	115	33	505	41	18,083
	宮城縣	29	7,508	36	17,874	141	22	1,452	72	37,385
	秋田縣	57	3,039	—	16,653	93	12	1,109	32	22,820
	山形縣	11	3,781	7	45,289	157	66	1,278	64	52,286
	福島縣	44	6,671	140	38,443	199	63	1,087	131	67,389
關東區	茨城縣	29	12.206	2,651	77,558	234	83	1,623	70	101,714
	栃木縣	103	7,497	129	32,378	237	46	1,985	169	94,198
	群馬縣	33	4,031	310	49,450	231	179	1,322	228	95,023
	埼玉縣	46	5,089	1,207	72,390	210	246	1,424	237	155,772
	千葉縣	76	9,058	3,301	57,981	358	194	1,317	90	92,095
	東京府	16	11,990	7,980	158,413	4,837	2,877	11,849	1,396	366,066
	神奈川縣	65	3,877	6,099	55,333	636	516	2,638	403	112,880
北陸區	新潟縣	23	5,494	849	94,363	324	154	3,035	147	98,909
	富山縣	5	2,717	34	22,267	131	59	735	81	39,263
	石川縣	1	2,275	2	22,490	165	88	613	84	28,486
	福井縣	—	1,149	136	26,086	115	63	658	56	31,421
東山區	山梨縣	87	2,429	60	14,346	192	56	508	80	30,489
	長野縣	74	7,799	17	61,938	337	252	1,336	307	103,919
	岐阜縣	3	6,389	115	64,051	187	72	1,306	199	92,527
東海區	靜岡縣	361	7,523	427	109,032	481	288	1,950	557	164,382
	愛知縣	41	8,034	4,362	173,559	682	388	2,696	870	302,565
	三重縣	32	2,322	1,004	102,131	240	98	1,743	350	105,217
近畿區	滋賀縣	10	788	1,364	58,466	156	122	1,152	228	72,303
	京都府	18	1,076	4,058	63,333	839	367	2,616	611	139,618
	大阪府	24	7,142	8,464	112,516	1,652	498	4,623	1,484	253,276
	兵庫縣	31	6,573	8,385	99,409	878	190	5,004	1,365	238,822
	奈良縣	1	670	1,890	22,240	167	59	1,049	82	32,653
	和歌山縣	8	768	2,770	20,789	179	22	842	89	48,106
中國區	鳥取縣	4	1,261	11	24,493	76	9	619	48	29,500
	島根縣	—	2,365	24	23,332	64	25	786	29	40,993
	岡山縣	7	3,131	1,230	32,400	365	123	2,158	287	127,596
	廣島縣	10	4,986	410	54,223	295	94	1,729	299	111,247
	山口縣	26	8,063	1,727	35,215	373	81	1,193	149	73,367
四國區	德島縣	—	1,489	557	26,660	139	9	949	92	51,172
	香川縣	30	274	1,342	25,111	451	43	1,203	248	62,457
	愛媛縣	76	2,311	1,179	36,439	206	35	1,171	117	56,699
	高知縣	39	1,966	77	12,680	222	41	722	209	58,622
九州區	福岡縣	209	16,501	1,897	91,268	486	91	2,788	561	154,265
	佐賀縣	46	3,595	16	26,879	172	14	897	106	46,590
	長崎縣	57	2,419	70	11,924	138	27	1,060	79	16,030
	熊本縣	546	13,045	322	22,462	263	53	1,754	216	71,434
	大分縣	235	8,154	2	10,698	245	24	865	86	41,355
	宮崎縣	221	5,857	143	10,072	177	19	608	63	31,634
	鹿兒島縣	401	7,916	1,486	10,182	293	40	1,290	124	32,807
	沖繩縣	131	2,126	6	3,907	20	—	985	2	1,841
總計		3,905	306,038	66,308	2,186,775	18,562	7,884	79,832	12,378	4,070,614

本表ニハ免稅ノモノヲ含マス

174. 諸　車

		馬車		牛車	荷車	自動車		人力車	自轉車	
		乗用	荷積用			乗用	荷積用		自動	通常
全國										
大正六 年度末		8,694	208,880	35,362	1,936,406	2,757	42	113,274	1,057	1,072,387
同 七 年度〃		7,211	224,296	39,109	2,002,304	3,665	204	113,924	1,403	1,287,504
同 八 年度〃		6,827	244,805	40,587	2,084,865	5,109	444	110,541	2,423	1,611,897
同 九 年度〃		6,178	252,747	44,455	2,143,397	7,023	889	110,405	2,478	2,051,104
同 十 年度〃		5,827	269,378	52,116	2,203,406	8,265	1,383	106,861	3,422	2,319,089
同 十一年度〃		5,463	285,206	55,221	2,219,374	9,992	2,099	110,511	4,591	2,812,478
同 十二年度〃		4,912	288,808	63,449	2,185,345	11,679	3,058	89,149	5,790	3,208,406
同 十三年度〃		4,359	292,213	69,163	2,178,600	14,809	5,778	85,434	8,966	3,675,359
同 十四年度〃		3,905	306,038	66,308	2,186,775	18,562	7,884	79,832	12,378	4,070,614
昭和元 年度〃		3,308	304,778	74,929	2,148,555	24,970	10,832	61,949	15,306	4,370,959
地方別　(昭和二年三月三十一日)										
北海道		347	69,952	—	24,342	358	50	926	125	56,961
東北區	青森縣	212	10,210	19	5,141	235	111	558	72	26,477
	岩手縣	15	4,801	1	7,180	221	52	481	55	21,222
	宮城縣	7	7,563	171	17,729	287	76	1,111	164	47,631
	秋田縣	51	3,105	1	16,851	134	18	1,008	35	24,282
	山形縣	14	4,085	133	45,040	258	99	1,253	110	62,646
	福島縣	26	6,475	461	38,152	278	165	1,006	192	78,164
關東區	茨城縣	20	13,624	2,700	77,622	339	160	1,504	128	120,475
	栃木縣	62	7,595	201	32,808	347	109	1,773	267	98,561
	群馬縣	20	3,684	591	48,329	309	284	1,233	313	104,581
	埼玉縣	31	4,305	2,413	70,087	367	394	1,243	259	169,040
	千葉縣	61	8,715	4,375	56,636	387	260	1,182	183	98,094
	東京府	23	10,297	8,290	145,685	6,215	3,471	817	1,648	385,810
	神奈川縣	62	4,083	6,710	63,422	1,181	664	2,037	761	121,740
北陸區	新潟縣	20	5,316	2,349	86,208	441	216	2,693	206	108,974
	富山縣	4	2,559	38	22,142	198	99	644	136	43,731
	石川縣	1	2,196	4	22,395	209	110	571	112	32,644
	福井縣	3	1,109	99	27,459	154	40	604	90	37,152
東山區	山梨縣	79	2,280	108	15,054	285	122	441	86	32,162
	長野縣	45	7,765	84	63,387	546	340	1,103	419	117,079
	岐阜縣	2	6,140	94	63,433	220	100	1,095	228	98,414
東海區	靜岡縣	361	7,178	698	102,403	684	450	1,623	690	173,517
	愛知縣	20	8,242	5,322	173,965	837	538	2,420	1,047	319,834
	三重縣	32	2,243	1,142	100,256	300	152	1,614	467	112,572
近畿區	滋賀縣	10	799	1,341	60,050	199	128	1,067	231	77,995
	京都府	21	1,209	3,517	60,307	1,043	483	2,256	908	150,727
	大阪府	8	8,395	7,906	107,378	2,689	602	4,128	1,611	270,098
	兵庫縣	22	5,731	8,958	97,026	997	286	4,565	810	260,438
	奈良縣	1	403	1,949	18,501	210	66	1,042	113	34,763
	和歌山縣	7	669	3,037	20,405	174	23	765	110	51,744
中國區	鳥取縣	3	1,303	13	24,671	102	14	572	75	32,493
	島根縣	2	2,326	24	22,868	95	37	743	40	41,941
	岡山縣	14	2,951	1,339	31,585	473	195	1,758	379	134,497
	廣島縣	5	4,906	760	49,386	379	181	1,554	476	118,964
	山口縣	23	7,719	1,762	35,243	457	96	990	247	74,669
四國區	德島縣	—	1,575	635	29,372	115	12	1,008	98	55,948
	香川縣	8	244	1,194	22,712	195	59	1,063	196	69,734
	愛媛縣	50	2,358	924	36,401	248	64	1,116	150	59,341
	高知縣	24	1,917	107	12,897	254	50	575	232	10,987
九州區	福岡縣	191	17,633	2,537	93,672	722	165	2,560	776	165,349
	佐賀縣	33	3,488	43	26,841	237	23	788	135	50,298
	長崎縣	61	2,533	34	12,097	145	15	1,044	101	17,766
	熊本縣	462	12,964	349	22,652	397	107	1,735	341	72,000
	大分縣	148	7,850	2	9,552	537	46	843	139	47,424
	宮崎縣	184	6,030	114	11,403	220	33	586	80	36,067
	鹿兒島縣	386	6,141	2,339	16,982	291	67	1,226	250	44,077
沖繩縣		127	2,112	41	825	21	—	1,026	15	1,826
總計		3·308	304,778	74,929	2,148,555	24,970	10,832	61,949	15,306	4,370,959

本表ニハ免稅ノモノヲ含マス

161. 諸　車

	馬車		牛車	荷車	自動車		人力車	自轉車	
	乗用	荷積用			乗用	荷積用		自動	通常
年度末 大正 7	7,211	224,296	39,109	2,002,304	3,665	204	113,924	1,403	1,287,504
〃 8	6,827	244,805	40,587	2,084,865	5,109	444	110,541	2,423	1,611,897
〃 9	6,178	252,747	44,455	2,143,397	7,023	889	110,405	2,478	2,051,104
〃 10	5,827	269,378	52,116	2,203,406	8,265	1,383	106,861	3,422	2,319,089
〃 11	5,463	285,206	55,221	2,219,374	9,992	2,099	110,511	4,591	2,812,478
〃 12	4,912	288,808	63,449	2,185,345	11,679	3,058	89,149	5,790	3,208,406
〃 13	4,359	292,213	69,163	2,178,600	14,809	5,778	85,434	8,966	3,675,359
〃 14	3,905	306,038	66,308	2,186,775	18,562	7,884	79,832	12,378	4,070,614
昭和 1	3,308	304,778	74,929	2,148,555	24,970	10,832	61,949	15,306	4,370,959
〃 2	2,738	306,473	87,358	2,142,590	31,826	14,467	55,530	11,705	4,751,678
地方別（昭和二年三月三十一日）									
總數（內地）	2,738	306,473	87,358	2,142,590	31,826	14,467	55,530	11,705	4,751,678
北海道	306	72,896	—	23,974	483	100	771	177	62,143
青森縣	227	10,583	21	9,103	267	70	525	115	30,743
岩手〃	14	4,817	2	7,324	263	80	414	55	23,994
宮城〃	6	7,688	250	17,341	340	111	954	173	56,503
秋田〃	50	3,070	4	16,686	249	41	966	87	28,177
山形〃	7	4,421	319	45,086	354	153	1,111	108	68,378
福島〃	16	6,656	670	38,092	359	164	937	226	84,478
茨城〃	17	10,998	7,210	69,735	455	250	1,284	147	127,902
栃木〃	43	7,527	470	33,414	449	162	1,561	293	106,753
群馬〃	14	3,489	874	48,214	414	413	1,101	396	110,263
埼玉〃	18	3,864	3,627	67,301	495	532	1,133	283	177,626
千葉〃	51	8,521	5,449	55,448	466	356	1,062	195	103,228
東京府	16	10,311	8,252	151,174	8,212	4,401	818	1,890	426,133
神奈川縣	37	3,646	7,203	68,806	1,094	866	2,301	525	129,096
新潟〃	21	5,548	4,997	91,186	613	306	2,396	241	117,483
富山〃	5	2,439	79	22,078	297	160	578	184	48,380
石川〃	—	2,198	6	21,906	266	162	491	169	35,658
福井〃	—	1,140	159	27,954	316	64	526	129	39,372
山梨〃	23	1,790	100	16,580	325	189	387	145	32,508
長野〃	24	7,264	93	65,039	701	458	906	442	122,007
岐阜〃	1	5,873	131	62,365	301	162	1,015	214	106,044
靜岡〃	305	7,095	769	102,266	872	571	1,665	738	186,706
愛知〃	17	8,126	4,730	159,924	1,079	733	2,225	1,031	332,650
三重〃	27	2,273	1,077	101,083	380	227	1,501	495	118,745
滋賀〃	6	750	1,318	60,293	273	143	990	287	83,556
京都府	22	1,285	3,404	60,160	1,601	529	1,762	1,019	161,546
大阪〃	3	6,909	8,786	102,713	2,818	671	3,526	1,672	283,671
兵庫縣	13	6,472	8,494	97,238	1,317	394	3,969	1,023	276,449
奈良〃	—	486	2,158	16,507	259	94	863	134	37,501
和歌山〃	13	763	2,930	20,499	256	39	713	137	56,608
鳥取〃	3	1,358	25	23,799	105	27	505	104	33,799
島根〃	2	2,347	25	22,723	192	94	683	70	44,193
岡山〃	2	2,882	1,273	30,521	605	254	1,490	616	139,970
廣島〃	4	4,844	746	46,416	514	210	1,347	1,049	133,007
山口〃	22	7,723	1,652	34,554	594	128	723	374	76,540
徳島〃	—	1,512	626	27,622	150	22	816	102	57,962
香川〃	5	285	1,417	21,131	211	63	988	157	74,058
愛媛〃	35	2,310	1,094	34,523	274	108	1,063	177	65,425
高知〃	21	2,030	172	13,336	299	79	535	245	63,620
福岡〃	162	20,603	3,472	102,507	982	316	2,360	854	190,110
佐賀〃	26	3,560	96	27,503	366	62	826	152	53,464
長崎〃	61	2,328	226	12,165	246	51	920	130	19,677
熊本〃	366	13,042	327	21,873	627	258	1,361	343	84,608
大分〃	87	7,677	19	13,073	493	41	751	158	49,602
宮崎〃	163	6,123	50	11,940	213	51	568	92	40,460
鹿兒島〃	349	6,537	2,524	18,716	357	102	1,164	341	49,088
沖繩〃	128	2,414	38	699	224	—	979	11	1,794
朝鮮	88	6,517	98,220	37,183	1,559	129	3,483	343	105,021
臺灣	4	16,105	40,960	6,471	404	96	3,848	71	73,083
樺太	4,062		330	1,094	92		37	3,531	
關東州	1,088	—	21,924		6,481		1,844	457	
南洋	—	—	866	92		—	7	270	

本表ニハ免税ノモノヲ含マス　內地以外ハ昭和元年度ヲ掲ク　樺太ノ馬車ニ馬橇ヲ含ム

162. 諸車

年度末	馬車		牛車	荷車	自動車		人力車	自轉車	
	乘用	荷積用			乘用	荷積用		自動	通常
大正 8	6,827	244,805	40,587	2,084,865	5,109	444	110,541	2,423	1,611,897
〃 9	6,178	252,747	44,455	2,143,397	7,023	889	110,405	2,478	2,051,104
〃 10	5,827	269,378	52,116	2,203,406	8,265	1,383	106,861	3,422	2,319,089
〃 11	5,463	285,206	55,221	2,219,374	9,992	2,099	110,511	4,591	2,812,478
〃 12	4,912	288,808	63,449	2,185,345	11,679	3,058	89,149	5,790	3,208,406
〃 13	4,359	292,213	69,163	2,178,600	14,809	5,778	85,434	8,966	3,675,359
〃 14	3,905	306,038	66,308	2,186,775	18,562	7,884	79,832	12,378	4,070,614
昭和 1	3,308	304,778	74,929	2,148,555	24,970	10,832	61,949	15,306	4,370,959
〃 2	2,738	306,473	87,358	2,142,590	31,826	14,467	55,530	17,705	4,751,678
〃 3	2,232	315,933	85,278	2,116,281	40,063	20,470	43,463	19,028	5,025,124
地方別（昭和四年三月三十一日）									
總數（內地）	2,232	315,933	85,278	2,116,281	40,063	20,470	43,463	19,028	5,025,124
北海道	260	73,667	—	22,550	693	174	393	259	76,539
青森縣	237	11,572	19	8,651	391	84	472	118	33,064
岩手〃	9	4,897	5	7,814	308	128	373	74	25,962
宮城〃	3	7,888	341	16,731	189	407	800	201	61,095
秋田〃	83	3,002	3	16,065	311	66	891	67	28,647
山形〃	2	4,438	357	43,583	409	204	1,040	128	71,703
福島〃	15	6,383	850	37,476	494	212	848	235	87,436
茨城〃	10	19,240	—	72,901	644	303	175	196	132,534
栃木〃	27	7,761	593	33,357	534	203	881	304	110,368
群馬〃	9	3,415	1,368	46,456	521	508	—	472	118,248
埼玉〃	11	3,769	3,451	63,844	577	686	1,036	378	183,308
千葉〃	24	7,988	6,760	53,269	581	484	966	223	109,140
東京府	14	9,662	8,321	147,873	10,178	5,647	681	2,421	456,820
神奈川縣	31	2,925	7,285	70,824	1,069	1,444	2,171	565	141,288
新潟〃	11	6,089	8,156	89,001	815	417	2,010	281	125,507
富山〃	3	2,295	36	20,644	304	194	502	191	48,810
石川〃	—	2,117	2	21,795	336	198	416	165	37,743
福井〃	—	1,138	115	27,420	234	83	477	115	41,119
山梨〃	10	1,891	148	20,069	327	235	329	90	36,303
長野〃	14	7,122	132	67,412	820	571	736	411	124,957
岐阜〃	1	5,691	150	61,415	384	222	901	212	112,944
靜岡〃	195	6,569	1,005	96,332	1,463	820	1,447	846	193,680
愛知〃	17	8,864	5,095	158,371	1,533	1,009	1,776	1,302	350,197
三重〃	28	2,355	1,112	101,047	400	277	1,367	472	126,173
滋賀〃	6	712	1,277	60,425	291	219	929	258	86,633
京都府	5	1,257	3,480	58,673	2,272	716	1,580	1,186	167,834
大阪〃	1	7,769	10,568	106,948	3,174	932	3,384	1,807	309,898
兵庫縣	6	6,576	8,029	96,290	1,702	607	798	998	289,294
奈良〃	—	416	2,045	18,237	297	144	822	125	41,504
和歌山〃	6	868	2,864	19,830	300	51	610	117	59,187
鳥取〃	—	1,404	7	23,712	177	50	446	123	35,341
島根〃	2	2,273	25	22,099	253	183	594	111	47,417
岡山〃	—	2,705	1,676	29,201	689	348	1,265	479	148,756
廣島〃	8	4,498	1,027	41,718	992	367	985	825	134,905
山口〃	19	7,486	1,929	33,941	763	202	596	315	81,611
德島〃	—	1,436	594	29,921	230	83	719	100	62,235
香川〃	2	315	1,458	20,313	295	125	881	157	79,394
愛媛〃	22	2,255	1,184	29,626	339	137	1,006	198	69,208
高知〃	19	2,078	185	15,508	374	133	441	271	65,298
福岡〃	133	21,288	1,939	112,260	1,522	515	2,014	968	199,458
佐賀〃	11	3,561	18	27,031	450	96	627	178	57,394
長崎〃	33	2,302	183	12,724	362	84	842	136	22,119
熊本〃	309	13,136	247	21,543	656	595	1,152	300	87,075
大分〃	58	7,505	18	11,784	551	46	595	167	49,773
宮崎〃	152	6,179	51	12,693	323	100	567	98	42,420
鹿兒島〃	313	6,776	1,166	6,221	493	160	996	366	52,774
沖繩〃	113	2,400	4	683	43	1	926	19	2,011
朝鮮	76	4,599	111,537	37,637	1,838	216	3,119	366	116,252
臺灣	4	16,944	44,723	6,774	634	157	3,784	117	81,460
樺太	2,967		37	1,235	138		34	4,307	
關東州	1,578		—	26,790	763		3,670	15,833	
南洋	—	—	892	90	—	—	7	512	

本表ニハ免税ノモノヲ包含セス。內地以外ハ昭和二年度ヲ掲ク。樺太ノ車馬ニ馬橇ヲ含ム。兵庫縣ノ諸車ニハ此以外ニ三輪車2,351アリ。

164. 諸　　車

	馬車		牛車	荷車	自動車		人力車	自轉車	
年度末	乗用	荷積用			乗用	荷積用		自動	通常
大正 9	6,178	252,747	44,455	2,143,397	7,023	889	110,405	2,478	2,051,104
〃 10	5,827	269,378	52,116	2,203,406	8,265	1,383	106,861	3,422	2,319,089
〃 11	5,463	285,206	55,221	2,219,374	9,992	2,099	110,511	4,591	2,812,478
〃 12	4,912	288,808	63,449	2,185,345	11,679	3,058	89,149	5,790	3,208,406
〃 13	4,359	292,213	69,163	2,178,600	14,809	5,778	85,434	8,966	3,675,359
〃 14	3,905	306,038	66,308	2,186,775	18,562	7,884	79,832	12,378	4,070,614
昭和 1	3,308	304,778	74,929	2,148,555	24,970	10,832	61,949	15,306	4,370,959
〃 2	2,738	306,473	87,358	2,142,590	31,826	14,467	55,530	17,705	4,751,678
〃 3	2,232	315,933	85,278	2,116,281	40,281	20,252	43,463	19,028	5,025,124
〃 4	1,607	305,988	88,441	2,056,817	45,843	25,698	33,080	21,380	5,318,090
地方別（昭和五年三月三十一日）									
總數（內地）	1,607	305,988	88,441	2,056,817	45,843	25,698	33,080	21,380	5,318,090
北海道	—	75,838	—	—	882	341	—	378	87,499
青森縣	238	12,321	31	8,916	362	100	449	100	35,033
岩手〃	6	4,877	10	8,477	374	168	355	78	27,895
宮城〃	2	7,844	458	16,165	469	255	690	224	66,537
秋田〃	31	2,949	29	14,988	369	80	305	83	29,922
山形〃	—	4,399	340	41,646	416	255	892	127	73,877
福島〃	6	6,053	950	35,927	642	290	732	282	94,522
茨城〃	10	18,851	—	70,235	650	422	157	192	134,369
栃木〃	19	7,462	309	33,062	651	251	708	303	113,125
群馬〃	7	3,090	1,181	43,901	604	525	—	468	124,812
埼玉〃	4	3,159	6,788	56,551	731	878	913	353	188,450
千葉〃	21	7,576	8,066	51,032	744	639	849	209	112,506
東京府	9	7,502	7,780	138,371	10,455	7,548	597	3,570	513,096
神奈川縣	24	2,995	7,179	69,147	1,696	1,286	1,774	594	148,519
新潟〃	4	5,895	8,612	87,475	962	566	2,085	308	131,104
富山〃	—	2,178	37	19,814	349	239	455	207	52,816
石川〃	—	2,051	5	22,794	387	266	310	184	40,096
福井〃	—	1,082	123	27,797	318	128	443	114	44,770
山梨〃	4	1,778	152	21,974	433	232	282	69	38,797
長野〃	1	6,619	216	66,160	946	654	60	412	131,065
岐阜〃	1	5,811	148	60,475	519	344	600	210	119,426
靜岡〃	143	5,946	1,324	89,005	1,521	995	1,200	860	200,953
愛知〃	2	7,295	5,707	155,323	1,813	1,282	1,247	1,331	361,591
三重〃	28	2,249	1,237	101,333	510	380	1,195	480	133,010
滋賀〃	11	738	1,051	59,761	381	292	98	244	89,819
京都府	5	688	3,475	56,474	1,688	898	916	1,140	167,481
大阪〃	—	7,375	10,877	109,304	3,520	1,315	3,186	2,155	347,664
兵庫縣	5	6,660	6,825	93,161	2,377	902	807	1,097	302,007
奈良〃	—	394	2,303	26,828	331	209	724	282	45,103
和歌山〃	2	958	2,754	20,716	391	105	541	135	66,310
鳥取〃	—	1,449	11	23,059	215	83	204	154	36,776
島根〃	2	2,037	26	21,606	321	234	512	141	48,725
岡山〃	—	2,680	1,303	27,163	883	438	983	500	152,725
廣島〃	4	4,123	930	38,753	888	480	810	1,013	137,981
山口〃	13	6,954	1,867	32,359	831	299	494	324	84,092
德島〃	—	1,452	599	31,035	407	126	533	119	68,034
香川〃	—	251	1,123	20,032	352	161	763	150	82,395
愛媛〃	19	2,257	841	29,405	375	190	953	190	72,010
高知〃	13	1,904	368	16,900	505	149	381	279	71,040
福岡〃	101	18,875	1,759	118,599	1,902	638	681	1,002	209,547
佐賀〃	10	3,378	49	26,076	525	150	556	134	59,644
長崎〃	22	2,139	130	12,662	457	136	745	151	22,497
熊本〃	296	12,861	237	20,100	866	257	150	290	89,846
大分〃	27	7,231	22	11,016	741	82	452	150	51,075
宮崎〃	128	6,287	74	14,383	327	177	522	113	46,658
鹿兒島〃	276	7,077	1,131	6,174	714	252	845	462	60,860
沖繩〃	113	2,400	4	683	43	1	926	19	2,011
朝鮮	76	3,633	109,275	28,948	2,375	362	3,315	596	124,819
臺灣	4	18,134	45,821	7,088	1,042	314	3,899	135	92,925
樺太	3,983		1	1,263	212		26	4,757	
關東州	1,828	—	19,137	9,235	1,052		3,876	23,372	
南洋	1,231		—	137	—	—	5	687	

本表ニハ免稅ノモノヲ包含セス。沖繩縣及內地以外ハ昭和三年度ヲ揭ク。樺太ノ馬車ニハ馬橇ヲ含ム。關東州ノ牛車ニハ荷馬車ヲ含ム。

佐々木 烈（ささき・いさお）

昭和4年(1929年)3月新潟県佐渡郡佐和田町に生まれる。旧制府立第七中学校中退、慶応外国語学校英語科卒業。佐々木梱包興業自営、解散後、国際自動車株式会社入社。国際ハイヤー株式会社を経て、平成元年定年退社後、日本の自動車史研究に携わる。現在、千葉県船橋に在住。

○著書など

昭和55年11月『街道筋に生きた男たち』出版、綜合出版センター
昭和60年 6月『ザ・運転士』出版、綜合出版センター
昭和63年 8月『車社会その先駆者たち』出版、株式会社理想社
平成 6年 4月『明治の輸入車』出版、日刊自動車新聞社
平成11年 1月『佐渡の自動車』出版、株式会社郷土出版社
平成16年 3月『日本自動車史』出版、三樹書房
平成17年 5月『日本自動車史 II』出版、三樹書房
平成24年 6月『日本自動車史 写真・史料集』出版、三樹書房
その他、「軽自動車情報」全国軽自動車協会連合会機関誌、「トラモンド」株式会社トラモンド社、「日刊自動車新聞」など自動車関係記事多数執筆。

日本自動車史

都道府県別 乗合自動車の誕生
写真・史料集

2013年2月26日　初版発行

著　者　佐々木　烈
発行者　小林　謙一
発　行　三 樹 書 房
〒101-0051
東京都千代田区神田神保町1-30
TEL　03(3295)5398
FAX 03(3291)4418

印刷・製本　株式会社 シナノ パブリッシング プレス